U0164982

本书研究受 2012 年江西省经济社会发展重大招标课题"我省开展旅游扶贫的战略思想与实现途径研究"资助

本书的出版得到江西省高校人文社会科学重点研究基地南昌大学旅游规划与研究中心资助

旅游扶贫：
江西的构想与实现途径

LÜYOU FUPIN: JIANGXI DE GOUXIANG YU SHIXIAN TUJING

黄细嘉 陈志军等著

人民出版社

策划编辑:刘智宏
责任编辑:岳改苓
封面设计:张 煜

图书在版编目(CIP)数据

旅游扶贫:江西的构想与实现途径/黄细嘉,陈志军 著.
-北京:人民出版社,2014.12
ISBN 978-7-01-013941-8

Ⅰ.①旅… Ⅱ.①黄…②陈… Ⅲ.①不发达地区-旅游业发展-研究-中国
Ⅳ.①F592.7

中国版本图书馆 CIP 数据核字(2014)第 215834 号

旅游扶贫:江西的构想与实现途径
LÜYOU FUPIN :JIANGXI DE GOUXIANG YU SHIXIAN TUJING

黄细嘉 陈志军 等著

人民出版社 出版发行
(100706 北京市东城区隆福寺街 99 号)

环球印刷(北京)有限公司印刷 新华书店经销

2014 年 12 月第 1 版 2014 年 12 月北京第 1 次印刷
开本:710 毫米×1000 毫米 1/16 印张:16.75
字数:292 千字
封面地图来源:国家测绘地理信息局网站;审图号:GS(2008)1383 号

ISBN 978-7-01-013941-8 定价:45.00 元

邮购地址 100706 北京市东城区隆福寺街 99 号
人民东方图书销售中心 电话 (010)65250042 65289539

《旅游扶贫：江西的构想与实现途径》
研究和撰稿人员

负责人：黄细嘉　　南昌大学教授，博士

顾　问：张志豪　　江西省扶贫和移民办公室副主任

　　　　曾宜富　　江西省旅游局副巡视员

成　员：陈志军　　南昌大学讲师，硕士

　　　　李向明　　江西财经大学副教授，博士

　　　　黄志繁　　南昌大学教授，博士

　　　　李松志　　九江学院教授，博士

　　　　龚　鹏　　宜春学院教授，博士

　　　　何小芊　　东华理工大学讲师，博士

　　　　陈友华　　南昌大学副教授，博士

　　　　黄红珍　　江西省旅游研究院规划师，硕士

　　　　杨福林　　南昌大学副教授，博士

　　　　龚志强　　南昌大学副教授，博士

　　　　许庆勇　　南昌大学讲师，博士

序

　　贫困是一个世界性的社会问题。贫困不仅会成为人类健康长寿的主要制约因素,更会成为人类社会可持续发展的桎梏。贫困问题是一个世界性难题。因此,消除贫困就成为各个国家和政府的重要任务之一。

　　江西省委、省政府高度重视扶贫开发工作,按照中央的统一部署,坚持开发式扶贫方针,始终把扶贫开发纳入江西省经济社会发展总体规划。自2012年始,作为民生工程和新农村建设的重要任务,江西省创新扶贫思路,实施"四个一"组合式扶贫模式,即省级领导每人定点扶贫一个县,指导帮助该县进行扶贫攻坚和振兴规划;每县安排一个省直部门协助搞好定点扶贫;每县安排一个国有控股企业、实力较强企业配合开展定点扶贫;自2012年起,省财政预算连续十年集中支持国定、省定特困片区和原中央苏区每县每年1000万元。真正实施定点、定向、定位的旅游扶贫计划,效益显著、效果明显、效应凸显,开启了旅游扶贫带动城市和乡村发展的新模式。同时,落实行业扶贫责任,动员社会力量参与扶贫等一系列举措,加大实施扶贫攻坚力度,在中国特色扶贫开发道路上探索、积累了符合江西实际的扶贫开发经验,对全省经济发展、社会和谐发挥了重要作用。到2012年年底,江西省的农村贫困人口由2011年的438万人减至385万人,减少了53万人,减幅达12.1%;农村贫困发生率由12.6%降至10.8%,下降了1.8个百分点;重点扶贫攻坚的38个县的农民人均纯收入5160元,比上年增长15.36%,高于全省农民人均纯收入增幅1.76个百分点。未来江西省委、省政府将在全省组织实施扶贫攻坚"六大工程"——贫困农户帮扶到户脱贫工程、贫困群众移民扶贫搬迁工程、贫困群众培训转移就业工程、贫困农户合作经营增收工程、贫困地区基础设施建设工程、贫困地区基本公共服务提升工程,进一步深入推进扶贫开发工作,落实大扶贫工作格局。

　　江西省属于我国集中连片分布的贫困区域之一，是我国贫困攻坚的重点省份。江西省的 38 个扶贫攻坚县（市）大多位于山区、库区及地质灾害频发区，集中分布在赣南地区和环鄱阳湖区域，红色、绿色、古色等旅游资源丰富。旅游扶贫作为一种依托原生态文化和资源的扶贫模式，适用于江西多数贫困地区，不仅有利于旅游资源丰富的贫困地区发展区域经济，而且有利于促进其生态环境的改善，为扶贫工作开辟了新途径。近年来，江西将旅游开发作为扶贫工作的新举措，一些典型的贫困地区诸如井冈山、鄱阳县、上犹县、石城县的旅游业，已发展成为扶贫攻坚县（市）的重点产业，红色旅游带动革命老区发展、乡村旅游推动乡村地区发展，旅游扶贫成为江西扶贫开发的重要模式之一。同时，应该充分认识到江西旅游扶贫开发还有许多不尽如人意的地方，比如存在管理体制、开发机制、资金投向、设施建设、产品开发、监督体系、教育培训等制约瓶颈和具体问题，应不断进行研究和探索。

　　《旅游扶贫：江西的构想与实现途径》一书，是在南昌大学黄细嘉教授主持的 2012 年江西省经济社会发展重大招标课题"我省开展旅游扶贫的战略思想与实现途径研究"的终期成果基础上形成的，是一份具有理论意义和实践价值的对策性研究成果。在 2013 年江西省"两会"期间，该课题的研究报告即作为会议参考文献，发给各位代表和委员参阅，反响热烈。本书汇集了南昌大学、江西财经大学、东华理工大学、九江学院、宜春学院等高校以及江西省旅游局、江西省扶贫和移民办公室等行政职能部门的众多专家学者的学识和智慧，全面、深入、准确地分析了江西旅游扶贫存在的制约瓶颈和具体问题，通过借鉴国际和我国各地在旅游扶贫方面的经验，从指导思想、战略目标、战略思路、主要任务等方面提出江西旅游扶贫的总体构想，对江西旅游扶贫开发的总体战略模式进行布局，并提出"建立多层级试验区，开发三大特殊产品，构建四大特别机制，实施七大特色工程"等多项具体措施和有针对性的实现途径；同时，构建了旅游扶贫开发绩效评价指标体系，提出旅游扶贫开发绩效反馈与监管措施和手段，能够有效保障旅游扶贫工作的开展并取得实际成效。另外，本书还创新性地提出旅游扶贫对象瞄准的原则和依据，选定了 10 个重点、22 个一般旅游扶贫开发县（市），提出创建以"红色旅游"为主体的赣南国家旅游扶贫试验区的构想及相应措施。本书所研究的问题与江西省乃至全国经济社会发展战略吻合度高，具有较强的时效性和实效性。

　　综上，本书不仅对国内外的旅游扶贫经验进行了尝试性的理论探讨，而且重点对江西旅游扶贫工作进行了有价值的对策研究,提出了具体、系统、有效的江西旅游扶贫战略构想和实现途径,为江西制定旅游扶贫战略、寻找旅游扶贫实现途径,提供了具有指导性的路径和具有科学性的决策依据,同时对我国其他地区的旅游扶贫工作实践亦具有借鉴和启示意义,具有较强的理论和实践价值。

当然,旅游扶贫的研究是一个事关国计民生的大课题,本书还存在实践领域有待拓展、理论问题有待深入、应用方案有待优化等问题。借此机会,希望黄细嘉教授带领的南昌大学旅游规划与研究团队,继续在旅游学术研究领域和应用对策研究工作方面多出成果,为旅游产业和旅游扶贫工作的发展贡献才智和力量。

是为序。

目 录
CONTENTS

第一章

江西旅游扶贫开发背景与现状

　　旅游扶贫开发是一种特殊的开发扶贫形式,以发展旅游业带动经济欠发达地区贫困人口脱贫致富为主要目标。① 近年来,国际社会一直致力于挖掘和探索旅游产业在消除贫困问题上的潜力和能力。以发展旅游业带动贫困地区、经济欠发达地区的贫困人口脱贫致富,是近年来旅游部门主动参与扶贫工作的创举,也是从实践中总结出的推动旅游业深入发展的新思路。这不仅为我国经济欠发达地区的发展和农村人口的脱贫致富开辟了新途径,也为我国旅游经济的持续发展找到了一个新的增长点。②

第一节　旅游扶贫开发背景

一、国际背景

　　贫困问题自始至终都伴随着人类的发展,无论是富裕的还是贫穷的国家和地区,都存在贫困现象,其差别仅仅是贫困的程度和数量以及政府是否将消除贫困作为首要任务。纵观人类历史上所出现的理想社会,无非是衣食无忧和幸福快乐,而没有贫困、没有苦难则是所有"乌托邦"的最基本要求。这个

---

① 丁焕峰:《国内旅游扶贫研究述评》,《旅游学刊》2004 年第 3 期。
② 王颖:《中国农村贫困地区旅游扶贫 PPT(Pro-Poor Tourism)战略研究》,上海社会科学院博士学位论文,2006 年。

问题如此重要,以至于各个国家、团体和研究机构投入了大量的人力、物力和精力研究贫困及其相关问题,以期找出相应的对策。尽管联合国在 1945 年成立之初就把"消灭贫困"庄严地写进了《联合国宪章》,但随着人类社会的发展,全球贫困现象依然严重。据联合国统计,目前发展中国家仍有近 13 亿人口生活在绝对贫困状态,每年约有 1800 万人死于贫困,世界上贫富之间的差距越来越大,最贫困的人口甚至连干净的水和最基本的营养都难以满足。贫困不仅仅成为关乎人类健康的主要制约因素,更是人类社会可持续发展的桎梏。

从贫困现象的历史演变和当今巨量的绝对贫困人口可以看出,如果不采取积极的措施,贫困现象不会随着人类社会的经济、文化发展而自行消亡。从人类意识到贫困现象而采取措施到现在,种种扶贫模式、对策和技术层出不穷,再加上资讯手段的发展和普及,几乎所有的措施都已尝试,但效果与预期远不成比例。各个国家和地区的自然和人文条件各不相同,而任何一种减贫手段都非常具体且适用范畴有限,盲目套用别国的模式往往事与愿违。而且,贫困地区的资源利用方式是当地人在与贫困的长期斗争中所遴选、演化出来的自然和社会的选择,如果没有新的、因地制宜的模式和方法,保持原先的资源利用方式并给予适当的资源注入是当前可靠的减贫途径。更重要的是,如果屡屡把贫困地区和贫困人口当作减贫的"试验田",频繁地"试错",不仅会造成资源的巨大浪费,还会打击贫困人口的自尊和自信,更会使扶贫的代言人——政府的公信力急剧下降。此外,如果在扶贫中附加施予者的利益诉求,将自己的价值观强加给被施予者,这就从出发点上违背了减贫的初衷。

有鉴于近一个半世纪,特别是第二次世界大战后全球旅游业的迅猛发展,一些国家和地区开始探讨将旅游和减贫结合起来的研究与实践,并做了一些有益的尝试,所取得的成果也是显著的,通过旅游消除贫困展示出了光明的前景和强大的生命力。难能可贵的是,通过旅游消除贫困的方法将多年来一直倡导的可持续发展与减贫结合起来,使扶贫从一种负担转变为社会、经济发展不可或缺的内容。而且,从全球范围来看,通过旅游来消除贫困的做法,在总体上起到了保护生态多样性和当地环境,充分、合理开发当地资源,促进人地和谐的积极作用①。

---

① 王铁:《基于 Pro-Poor Tourism(PPT)的小尺度旅游扶贫模式研究》,兰州大学博士学位论文,2008 年。

　　1992年,在里约热内卢地球问题首脑会议上,国际社会通过了《21世纪议程》,这是一项前所未有的可持续发展全球行动计划。之后,各行各业包括旅游业应该走可持续发展的道路成了人们的共识。但人们关注的焦点多是环境问题,对发展问题考虑得较少,贫穷问题则更不是关心的中心议题。直到1999年英国海外发展研究所在联合国可持续发展委员会(CSD)第七次会议上发表《可持续旅游与脱贫——国际发展局报告》,才首次在国际论坛上用PPT(Pro-Poor Tourism)的概念把贫穷与旅游发展问题联系在一起,并提出了它们两者之间存在联系的四点理由,即两点风险和两点机会。1999年,联合国可持续发展署第七次会议明确提出了"旅游扶贫"口号,第一次将贫困人口和贫困问题放在了首位。2000年,英国国际发展局(DFID)成立旅游挑战基金,专门资助国际上的PPT试验项目。同年,《联合国千年宣言》提出了"到2015年贫困人口减少一半"的目标。2001年,《最不发达国家旅游业的加那利群岛宣言》(UNLDC III)重申,旅游发展作为所有欠发达国家"增加参与国际经济、减少贫困和取得社会经济发展的途径",作为朝着脱贫、和平与发展、取得进步行动的一部分,标志着旅游与贫困联系在一起的思想已开始实践了。

　　2002年7月,世界旅游组织与联合国贸易和发展委员会联合起来,实施"可持续发展旅游作为消除贫困的工具"战略(简称"ST-EP"),致力于帮助世界上最贫穷国家消除贫困;2002年8月,世界旅游组织召开题为"旅游及其对减贫的贡献"专题研讨会,并于会后出版了《旅游扶贫》(*Tourism and Poverty Alleviation*)一书;2003年,"旅游:消除贫困、创造就业与社会和谐的动力"被选为世界旅游日的活动主题。旅游扶贫这一理论与实践受到了广泛关注,并在全球掀起了实践的热潮。

二、我国的实践

　　我国幅员辽阔,人口众多,各地区自然、社会和文化条件千差万别,再加上我国近百年来的坎坷发展经历,导致我国贫困人口众多。有鉴于此,从20世纪70年代末80年代初期开始,我国开始了大规模减贫工作,并取得了令世人瞩目的成就,正如1990年世界银行在《世界发展报告》中指出的,"中国的成绩是一个例外"。

　　我国20世纪80年代初期的扶贫主要是一种道义性的、慈善性的救济行为,主要形式是物质扶贫,即扶贫主体运用一定的物质资料(主要是各种生产和生活资料,如粮、衣、化肥等)帮助、支持扶贫客体开展生产和经济活动以摆脱贫困的一种方式。这种"输血"式的扶贫模式是通过政府的财政转移支付实现的,主要用于生活救济。随着扶贫工作的推进,其弊端越来越明显:贫困户单纯依赖救济,长期处于"等、靠、要"的状态,经济上无法实现真正的发展,从根本上解决不了贫困问题。[①] 20 世纪 80 年代中期,中央政府根据当时的贫困特点,制定了新的扶贫政策,并在 1986 年正式成立国务院贫困地区开发领导小组,从此开始了全国范围内有计划、有目的的扶贫工作。各地方政府尤其是贫困地区政府,也积极制定了自己的经济发展计划,增强扶贫济困的能力。与此同时,积极争取沿海发达省的市、县来对口帮扶,开始重视动员全社会扶贫力量参与主要针对贫困地区区域发展的扶贫活动。政府在强化扶贫职能的同时,也注意吸引中介组织积极参与扶贫工作。

20 世纪 80 年代后期,"七五"计划将旅游业正式纳入国民经济和社会发展计划,标志着旅游业同农业、工业等行业"平起平坐",这无疑给蓬勃发展的旅游业注入了新的生机。我国旅游资源蕴藏丰富的地区与贫困地区有很大的重合性,旅游资源具有高密集度、高档次、高品位的优势,这样就在"发展旅游业"与"扶贫"之间建立了有机联系。一批贫穷落后但拥有较高质量旅游资源的地区得到了国家和地方计划内资金的扶持,开始有计划地开发旅游资源,在旅游扶贫方面取得了可观的成效。湖南的武陵山区,四川的九寨沟和黄龙寺地区,贵州西部的龙宫和织金洞及东南部民族地区,广西的融水、龙胜等县,甘肃定西的渭县及老根据地江西井冈山、山东蒙阴县等,都把旅游业作为扶贫开发的手段,这些地区通过发展旅游走上了致富的道路。可见,旅游业已成为贫困地区脱贫致富最为有效的行业之一。1991 年,在全国旅游局长会议上,贵州等一些省级旅游局率先提出了"旅游扶贫"的口号。1996 年,国家旅游局在旅游发展重要问题调研提纲中将旅游扶贫问题研究选为重要议题之一,开始对旅游扶贫开发工作进行专题研究和工作总结。[②]

进入 21 世纪,国家先后提出了西、中部区域发展战略,这些都对贫困地区旅游扶贫实践带来了机遇。2000 年 8 月,国家旅游局在宁夏西海固地区试办了全国第一个旅游扶贫试验区——六盘山旅游扶贫试验区。之后,在 2002 年

---

① 刘卉:《车溪景区旅游扶贫效益的空间差异研究》,华中师范大学硕士学位论文,2011 年。
② 李佳:《三江源地区扶贫旅游发展模式与机制研究》,中国科学院研究生院博士学位论文,2009 年。

1月召开的全国旅游工作会议上,进一步提出了"试办国家旅游扶贫试验区"的工作设想和具体意见,在政府层面上拉开了旅游扶贫工作的序幕。这标志着旅游扶贫进入了由各地方政府和旅游部门主导的新阶段。除能够带来经济效益之外,旅游扶贫亦被视为和谐社会建设的重要组成部分。2001年9月,山西省旅游局将吕梁山区临县碛口古镇确定为首个省级旅游扶贫试验区。2003年1月,广东省政府正式启动旅游扶贫工程,省政府计划从2003年起,连续5年每年安排旅游扶贫资金3000万元,专项用于全省贫困山区和次发达地区旅游基础设施等公共性项目建设的支出,并由广东省旅游局会同相关部门确定了河源市东源县东江画廊旅游区等14个首批旅游扶贫重点项目,使得旅游扶贫工作在省级政府层面上真正纳入政府的工作计划并进入实施操作阶段。同时,各省也纷纷建立旅游扶贫试验区以推动贫困地区的经济发展。

国家旅游局在2004年10月发布的数据显示,25年来,通过发展旅游直接受益的贫困人口有6000万至8000万人,占全部贫困人口的1/4到1/3。[1]旅游扶贫开发作为一种最富活力的扶贫模式,具有其他扶贫模式不可比拟的优越性:(1)关联性广;(2)带动性大;(3)受益面宽;(4)可持续性强,对农村社会经济的可持续发展起着不可估量的作用。2012年是广东省旅游扶贫工作的第十个年头。广东省旅游局的统计数据显示:十年来,广东省共投入旅游扶贫资金4.07亿元,扶持的重点项目共10批695个,覆盖全省90个县(市、区)。同时,自2002年以来,全省交通和公路部门协助解决旅游扶贫项目所在地旅游交通瓶颈道路400多条,共计7000多千米;全省旅游扶贫项目所在地吸引外资、侨资、民资开发旅游项目与合同协议资金逾1000亿元;旅游扶贫项目已直接解决就业人数16万人,间接带动就业60多万人。一度落后贫穷的粤北山区和东西两翼,得益于旅游扶贫资金的注入,焕发出新的活力,而持续十年的旅游扶贫工作已成为广东省"山区崛起、两翼齐飞"协调发展格局的重要推手。[2]

近年来,随着经济社会的快速平稳发展,人们的生活水平日渐提高,休闲时间也逐步增加,人们外出旅游的机会增多,全国旅游业呈现蓬勃发展态势,我国农村旅游扶贫开发也迎来前所未有的机遇。2011年是"十二五"规划的

---

[1]　裴闯、石新荣:《乡村旅游:中国反贫困战略的新实践》,《人民日报(海外版)》2004年10月27日。

[2]　蔡华锋、周人果:《旅游扶贫:开创全国扶贫新模式》,2012年8月30日,见 http://news.southcn.com/g/2012-06/30/content_49623757.htm。

第一年,中央决定将农民人均纯收入 2300 元作为新的国家扶贫标准,这个标准比 2009 年提高了 92%。把更多低收入人口纳入扶贫范围,也预示着我国未来十年扶贫开发任务艰巨,返贫压力仍然较大,因此,旅游扶贫也将承担起更大的责任。

第二节　旅游扶贫理论基础

一、贫困与反贫困的主要理论

(一)贫困恶性循环理论

1953 年,美国哥伦比亚大学教授拉格纳·纳克斯(Ragnar Narkse)在《不发达国家的资本形成》一书中系统阐述了发展中国家的贫困问题,提出了"贫困恶性循环"理论。纳克斯认为,发展中国家长期存在的贫困,是由若干个相互联系和相互作用的"恶性循环系列"造成的,其中"贫困恶性循环"居于支配地位,而资本形成不足是产生贫困恶性循环的中心环节。从资本供给方面看,发展中国家人均收入低,人们的绝大部分收入用于生活消费支出,很少用于储蓄,导致储蓄水平低而资本形成不足,结果生产规模和生产效率都难以提高,从而导致人均收入低下,如此周而复始,便形成一个"低收入—低储蓄能力—低资本形成—低生产率—低产出—低收入"的恶性循环。从资本需求方面看,低收入意味着发展中国家的人民购买力低,国内市场容量狭小,致使投资诱因不足,缺乏足够的资本形成,生产规模小,生产率低下,导致低收入水平,如此周而复始,便形成一个"低收入—低购买力—投资引诱不足—低资本形成—低生产率—低产出—低收入"的恶性循环。供给和需求两个循环相互联结、相互作用,造成了发展中国家在封闭条件下长期难以突破的贫困陷阱。

(二)不平衡增长理论

美国著名发展经济学家赫尔希曼(A.Hirschman)于 1958 年出版了代表作《经济发展战略》一书,倡导把不平衡增长看作经济发展的最佳方式,提出了"发展是一连串不均衡的锁链"的命题。该理论指出:经济发展是一个动态过程,是一系列不平衡发展的连锁反应。在经济发展的初期,"极化效应"占主导地位,因此区域差异会逐渐扩大;但从长期看,"涓滴效应"将缩小区域差距。赫尔希曼认为,在投资资源有限的情况下,发展中国家取得经济增长的最有效途径是实施优先发展的不平衡增长战略。赫尔希曼提出了不平衡增长的两条路径:其一,"短缺发展",也就是先对直接生产性活动投资,随着直接生产性活动投资的发展,必然会引起社会预摊性资本短缺,从而提高直接生产性活动投资的机会成本,这样就迫使投资向社会预摊性资本转移;其二,"过剩发展",即先对社会预摊性资本投资,随着社会预摊性资本投资不断增加,其机会成本也会增加,从而相对地降低直接生产性活动的成本,这就促使人们增加对直接生产性活动资本的投资。赫尔希曼认为,根据"引致决策最大化"原则,发展中国家应精心选择并优先发展国民经济产业结构中关联效应最大的产业。由于产业间内在关联的存在,一个产业的一项投资通过关联效应机制传递到其他产业,引起这些产业的连锁投资。赫尔希曼认为,选择"关联效应"大的产业进行投资,其效益会大于对"关联效应"小的产业的投资。所以,不平衡增长的过程应由"关联效应"大的产业的牵动来加以实现。赫尔希曼还强调,不平衡增长的目的是要实现更高层次和更高水平的平衡增长,只不过平衡增长是目的,不平衡增长是手段。

经济学家威廉姆森(J.G.Williamson)在1965年提出一种倒"U"型理论,进一步论述了不平衡发展的预期结果:区域经济成长是一个从不平衡到相对平衡的演变过程;在区域发展初期,区域经济差异呈拉大趋势,这种不平衡表现在生产要素首先集中在少数点或地区(发展极)上,可以获得较好的效益和发展。在区域成长后期,聚集经济向周边地区扩散渗透,并导致区域经济差异的进一步缩小。①

总体而言,"不平衡增长"理论认为,投资不足是造成贫困的原因之一。在资本不足的情况下,应该投资那些创造力强、利润高、"联系效应"大的主导产业。这样投资才能通过"联系效应"传递到其他部门,诱发其他部门的投资。许多发展中国家都以此理论为基础来制定其经济发展战略。

(三)包容性增长理论

从理论上来说,经济的增长可以通过产生"波及效应"来解决弱势群体的贫困问题。但是,大量的实践证明,"发展"的辐射效应并不是"自动"完成的。总的GDP增长和人均GDP增长,并不意味着增长的分配随着总量的提升和人均水平的改变而"平均"提升,并不必然带来收入水平的普遍提升和生活水

---

① 王世豪:《不平衡增长理论的资源配置效率实证分析》,《经济体制改革》2005年第1期。

平的全面提升。在过去的几年中,包容性增长(inclusive growth)作为发展经济学中的一个新概念受到越来越多的理论与实际工作者的关注。"包容性增长"这一概念最早由亚洲开发银行在 2007 年首次提出。有学者把包容性增长界定为机会均等的增长。也就是说,包容性增长既强调通过经济增长创造就业与其他发展机会,又强调发展机会的均等化。就政策层面上,一方面,包容性增长需要保持经济的高速与持续的增长水平;另一方面,包容性增长要求通过减少与消除机会不均等来促进社会的公平与共享性。这两个方面是相辅相成的,没有经济增长就没有机会,如果没有机会,机会均等也就成为空中楼阁;而如果机会不均等,社会缺乏共享性,经济就不可能保持高速而持续的增长。应该说,包容性增长的基本内涵就是公平性的增长,是包容更多的人群和地区的增长;在包容性增长的指导下,经济增长所惠及的就不仅仅是一部分人、少数人,改革的成果也就不会仅仅为少数人、个别人所分享;包容性增长将使经济发展的实惠更多地为广大的普通老百姓所享受,使更多普通人群的生活得到实质性的提高和改善。

2010 年 9 月 16 日,第五届亚太经合组织人力资源开发部长级会议在北京人民大会堂隆重开幕。胡锦涛出席开幕式并发表题为《深化交流合作 实现包容性增长》的致辞,"包容性增长"是致辞中的一个关键词。2010 年 10 月召开的中共十七届五中全会的一项重要议程就是,研究关于制定"十二五"规划的建议,包容性增长成为主要内涵之一。胡锦涛一年中在两次国际公开场合阐述对"包容性增长"的中国式理解,是对未来中国民生建设的宏图扩展,它不仅阐述了未来经济建设工作中不可忽略的重要元素,还成为未来经济建设的根本出发点。

二、可持续旅游理论

可持续发展理论(sustainable development)是 20 世纪 50 年代西方国家工业化经济迅速增长,出现了世界性的人口膨胀、资源危机、环境恶化等严重影响社会发展的问题之后,人们经过反复思考和探索,于 20 世纪 80 年代提出的一种探讨人类发展道路的新思路。1992 年,联合国环境与发展大会(UNCED)通过了《21 世纪议程》和《里约环境与发展宣言》两个纲领性文件以及《关于森林问题的框架声明》,签署了《生物多样性公约》和《气候变化框架公约》。通过这次会议,国际社会就环境与发展等问题达成共识,接受了"可持续发展"的思想。概括地讲,可持续发展是一个以生态可持续性为基础、经济可持续性为主导、社会可持续性为目的的"经济—社会—自然"三要素高度有机的系统整体;在这个整体中,必须追求这三种可持续性的高度统一,即人类在追求经济效益的同时,追求生态和谐与社会公平,最终实现人类的全面发展。

第二次世界大战后,随着旅游业在全球范围内的蓬勃发展,旅游业对环境的消极影响开始逐步显现,若不解决旅游带来的环境污染和环境破坏的问题,就会从根本上削弱旅游业的发展基础。在这种背景下,可持续发展思想被应用到旅游领域,形成了旅游业的可持续发展思想。1997 年 6 月,世界旅游组织、世界旅游理事会、地球理事会在联合国第九次特别会议上正式发布了《关于旅游业的 21 世纪议程》,明确了旅游业可持续发展的目标,由此可持续旅游完成了理论的奠基和与实践的对接,世界旅游发展进入了可持续发展阶段。可持续旅游的实质要求旅游与自然、文化和人类生存环境成为一个整体,强调将保护旅游地的生态环境和提高居民生活相结合,并最终实现旅游资源的持续利用、旅游生态环境的持续稳定、旅游业的持续发展和社会的持续进步。可持续旅游是可持续发展理论在旅游业中的具体体现,与一般意义上的可持续发展理论在本质上是一致的,主要包括以下几层含义:一是发展机会的公平性。强调本代人之间、各代人之间应该公平分配有限的旅游资源,一部分人旅游需要的满足不能以旅游区环境的恶化为代价,当代人不应为自己发展的需要而损害后代公平利用旅游资源的权利。二是生态系统的持续性。强调旅游资源的开发与旅游业的发展应在生态系统的承载能力之内,必须保证可更新旅游资源的使用速率应保持在其再生速度限度之内,不可更新旅游资源的耗竭速率不应超过寻求作为代用品的可更新旅游资源的速率。三是旅游与环境的整体性。两者是相互联系的有机整体,要牢记这样的一个旅游发展理念:环境不是我们从先辈那里继承来的,而是我们从后代那里借来的,要把旅游看成这样的一种活动——人为保护好前代人遗留下的环境,或是利用前代人留下的环境,为后代创造更加优异环境的行动。四是发展战略的共同性。要实现可持续旅游这一全球性目标,必须采取全球性的发展战略和联合行动,在旅游业发展中既尊重所有各方因文化、历史和社会经济发展水平的不同而形成的差异,又要在保护环境与发展旅游方面采取国际统一行动,反对狭隘的政治观、区域观和民族观。①

我国学者在吸收国外"可持续旅游"思想时也提出了"旅游业可持续发展"的概念,并指出其实质是改善旅游业的经营机制,以不损害资源和环境为

---

① 　王富玉:《可持续旅游的理论与实践》,《管理世界》1999 年第 4 期。

前提,追求最优效益,实现旅游业的持续发展。1997 年,"首届全国旅游业可持续发展研讨会"在北京召开,并通过了一个名为《中国旅游业可持续发展的若个问题与对策》的报告,该报告在结合我国旅游业发展实际情况的基础上提出了"四个战略"目标。旅游扶贫中的可持续发展,强调旅游资源的保护和永续利用,更强调旅游业作为扶贫的一种途径,不仅保持旅游业高水平的发展能力,更重要的是扶贫的目标地区社区居民获得可持续发展的能力与机会。

三、比较优势理论

比较优势理论,又称比较利益学说,是大卫·李嘉图在其《政治经济及赋税原理》一书中首次提出的。该学说的核心思想是:任何国家或地区都有自己相对有利的生产条件,生产同类商品在各国的生产费用是不同的。在两个国家中,如果其中之一能以较低的成本生产最利于本国的商品,以这种商品出口换取在本国生产相对不利的商品,将使两国资源都得到有效的利用,使两国均能获得"比较利益"。自 19 世纪初以来,比较优势的内涵日益丰富,除传统的生产成本优势外,机会成本、自然资源、劳动力、资金、技术水平、规模经济、运输条件、市场条件等都成为比较优势的内容。

比较优势原理在旅游经济中有着重要的运用和表现,不同的国家和地区有自己独特的旅游资源。特殊的旅游产业政策、不同的旅游产业基础和环境,在开发旅游资源、生产旅游产品时,有着自身相对的有利条件,能生产出本国、本地区最有利的旅游产品,满足国内外相应的游客市场需求。在旅游扶贫过程中,区域和区域之间的比较利益是贫困地区与发达地区经济产生合作并扩大交流的根本动力和基本条件。

第一,要素赋存的空间差异是旅游扶贫的必要条件。要素赋存的空间差异指的是生产要素在地理空间分布和地域经济系统演变运动中的不均匀性——即差异性。旅游业的要素——旅游资源、旅游设施(基础设施和接待服务设施)、旅游服务和旅游者的空间差异性是极其普遍和客观的。旅游资源从满足旅游者需求的角度——空间差异性是绝对的。旅游扶贫的基本原理之一就是旅游者的空间差异性和跨区域流动,世界上不存在两个完全相同的客源地区,这是旅游扶贫又一重要的客观基础。从旅游现象的基本矛盾出发,旅游业要素赋存的空间差异性大,才能常常形成各具特色的旅游区——旅游地域生产综合体。旅游资源、景观和旅游文化的区域差异越大(通常表现为空间距离越远),就越能吸引旅游者(即越能吸引更远的异地游客),这实际上就是贫困地区旅游业能凭借资源优势吸引外来旅游者的根本所在。

第二,贫困地区旅游扶贫的直接动力是区域经济利益。地区经济发展状况归根结底是人类经济活动在地域空间长期分化组合的结果,从区域分工中获得各种利益,包括经济利益,是旅游扶贫实施的直接动力的内在原因。旅游扶贫使各地区根据区域旅游资源方面的比较优势,将其生产、经营活动集中在旅游业的发展方面,最大限度地利用旅游资源,提供更多的旅游产品。通过要素的区际流动,获得稀缺资源,在外来竞争压力下,区内资源得到更有效的配置。许多拥有丰富旅游资源和劳动力的贫困地区,缺少足够的资金开发旅游资源,缺少旅游发展所需要的高素质人才和管理技术。而另外在许多经济发达地区,人们的休闲旅游需求旺盛,但苦于旅游资源贫乏、地域空间狭小、自身旅游业发展受限制等。在旅游扶贫实施的过程中,这两种类型的区域通过友好协作联合,实行各要素的跨区域流动,彼此都从对方获得自己的稀缺资源,自身的资源和要素也得到有效配置和利用,从而达到"双赢"。而落后地区通过市场竞争,自身旅游企业得到锻炼,旅游危机意识增强,旅游人才规模和素质得以提高,旅游政策和环境得以改善,旅游经济得以发展。

四、旅游乘数理论

"乘数"(Multiplier)是经济学中的一个基本概念,乘数理论反映了现代经济的特点,即由于国民经济各部门的相互联系,任何部门最终需求的变动都会自发地引起整个经济中产出、收入、就业等水平的变动,后者的变化量与引起这种变动的最终需求变化量之比即是乘数。1882 年,经济学家巴奇获特(Bagehot)分析了紧缩产业对经济中其他产业所引起的负面影响。自此,不少经济学家便对乘数理论展开了长期的研究,并在 20 世纪 20 年代末 30 年代初掀起一股乘数理论研究高潮。庇古(Pigou)、博塞拉甫(Boserup)、吉布林(Giblin)和沃明(Warming)等经济学家均从不同视角提出了各自的乘数分析方法。其中,英国经济学家卡恩(Kahn)于 1931 年最早提出乘数概念。然而,现代乘数理论主要是沿着凯恩斯乘数模型和里昂惕夫投入—产出模型两大主线发展而来。①

---

① 王颖:《中国农村贫困地区旅游扶贫 PPT(Pro-Poor Tourism)战略研究》,上海社会科学院博士学位论文,2006 年,第 16 页。

　　鉴于旅游业具有综合性强、涉及面广的特点,旅游学术界在一些旅游经济学的著作中,往往对经济学的乘数理论加以修订和发展,形成了旅游乘数理论,并以此来说明旅游业具有促进国民经济各部门倍数增长的优势。马西森(Mathieson)和沃尔(Wall)于1982年提出了旅游乘数概念的雏形,即"旅游乘数是这样一个数值,最初旅游消费和它相乘后能在一定时期内产生总收入效应",这一定义在一定程度上揭示了旅游乘数的本质,但它将旅游乘数仅仅理解为旅游收入乘数,因而具有很强的片面性。世界著名的旅游学者、英国萨瑞大学的阿切尔教授及其他的旅游学者在近三十年来的研究工作中,逐步发展和完善了旅游的乘数分析方法,使之成为各国学者和官方机构分析旅游对于经济影响的有力工具。根据阿切尔的定义,旅游乘数就是指旅游花费在经济系统中(国家或地区)导致的直接、间接和诱导性变化与最初的直接变化本身的比率,这可以分为五种类型:其一,销售乘数,又称交易乘数,是指单位旅游花费引致的区域内营业额增加量;其二,产出乘数,是指旅游花费给整个经济系统带来的产出水平的增加量;其三,收入乘数,是指在一个特定的时间内,最初的旅游花费在旅游目的地导致的总的累积性收入的倍数;其四,就业乘数,是指单位旅游花费引致的直接就业、间接就业和诱导就业三者之和于直接就业本身的比值;其五,消费乘数,指每增加一单位的旅游收入所带来的对生产资料和消费资料的影响。旅游业产业关联度大,涉及食、住、行、游、购、娱六要素,而这六要素又分别有自身的关联产业及基础产业。因此,旅游业的发展能直接或间接地带动这些产业的发展,从而对整个国民经济增长及产业结构的变动等起到推动作用。

　　旅游乘数理论是旅游经济影响研究中的主要理论,它描述旅游收入在旅游地经济中的流动与扩散,从而说明旅游业对促进经济发展的作用。旅游乘数的大小主要取决于旅游收入与漏损。影响旅游收入的主要因素有:资源质量、区位和交通条件、接待能力与环境容量等。其中,资源质量是主要因素中的决定性因素。影响旅游收入漏损的因素主要有:一是目的地经济水平。若经济水平低,则产业结构和产业关联也相应较低,旅游发展所需的各种物质产品和服务都必须从区外输入,收入漏损大;二是当地人力资源质量和管理水平。若高素质的人力资源缺乏,则需要用高薪从区外引进相关人才,以保证和提高管理和服务质量,造成旅游收入漏损;三是出境旅游的规模,出境旅游直接导致收入流出目的地,造成收入漏损。这说明,旅游业的发展需设法增加收入,培育产业链,减少收入漏损,这样才能充分发挥其乘数效应,从而产生良好的扶贫效果。

五、利益相关者理论

利益相关者(stakeholder)理论的基本思想起源于 19 世纪,当时盛行一种协作或合作的观念。之后,这种思潮一直处于被人遗忘的角落,直到 1963 年斯坦福研究所首次使用了"利益相关者"这个术语,才再度引起世人关注。真正把利益相关者研究上升到理论高度的是美国学者弗瑞曼(Freeman)。他认为,利益相关者是指任何可以影响该组织目标的或被该目标影响的群体或个人,并指出任何一个企业的发展都离不开各种利益相关者的投入或参与,企业追求的是利益相关者的整体利益,而不仅仅是某个主体的利益;这些利益相关者包括企业的股东、债权人、雇员、消费者、供应商等交易伙伴,也包括政府部门、本地居民、当地社区、媒体、环境保护主义等压力集团,甚至还包括自然环境、人类后代、非人物种等受到企业经营活动直接或间接影响的客体。利益相关者的相关理论已经成为现代西方企业战略管理研究的重要领域和分析工具,被视为企业的构成要素并已经纳入广义的企业管理范畴。

利益相关者理论从 20 世纪 80 年代开始引入旅游研究领域,并在促进旅游发展中起到了至关重要的作用。作为综合性行业,旅游业比大部分其他行业所涉及的利益主体都要多,因此将各相关利益主体纳入规划和决策过程是保证旅游活动得以可持续发展的关键。① 依据我国的现实国情和旅游发展的实际情况,有学者将旅游产业的利益相关者分为旅游开发商、政府(政府中的经济及旅游部门)、当地社区(当地居民及当地民间组织)、压力集团(政府环保局、媒体机构、科研所及学校、环境、野生动物、人权、工人权利等非政府组织)、旅游者五类。在这些利益相关者群体之间,存在着复杂的相互依赖和相互矛盾的关系。各个利益相关者只有在旅游大系统中相互协调,才能保证旅游业的可持续发展和扶贫目标的实现。

六、社区参与理论

参与(participation)是社会学中的一个概念。社区参与理念根植于西方,源于西方的公民参与理念,是公民参与理念在社区的实践。在西方社会,社区

---

① Alf. H. Walle, "Business Ethics and Tourism: From Micro to Macro Perspectives", *Tourism Management*, 1995, 18(4):263-268.

参与意味着对传统权力的否定,也意味着权力从主要决策者转向传统意义上不扮演决策角色的民众。同时,在某种程度上,社区参与还意味着这是一个对民众进行教育与赋权的过程。在此过程中,民众和那些能够帮助他们的人合作,在规划、管理、控制和评估必要的集体行动中,识别民众所面临的问题及民众的需要,增加民众承担责任的能力。社区参与主要包括三方面的内容——主体赋权、承担责任、获取收益。从广义上来说,社区参与既指政府及非政府组织介入社区发展的过程、方式和手段,也指社区居民参加发展计划、项目等各类公共事务与公益活动的行为及其过程,体现了居民对社区发展责任的分担和对社区发展成果的分享,但更多指的是后者。从狭义的角度讲,社区参与则仅仅指居民的参与实践。社区参与最重要的主体是社区居民,客体是社区的各种事务,心理动机是公共参与精神,目标取向是社区发展和人的发展。只有居民的直接参与和治理,才能培育居民的社区归属感、认同感和现代社区意识,才能有效整合与发挥社区自身的各种资源。

社区参与的概念之所以能够引入旅游研究领域,与旅游可持续发展理念的提出息息相关,因为社区参与理念认为人是发展过程中的主体,这一主体有权利参与到旅游业的各个环节中去,这恰恰符合旅游可持续发展的理念。20世纪70年代后,可持续发展的思潮在世界范围内兴起,旅游业也开始关注旅游可持续发展的问题。1985年,旅游社会学大师墨菲在《社区:旅游方法》一书中提出了"社区参与"的概念,重视居民在当地旅游发展中的作用,强调社区居民参与旅游规划和决策,使规划能反映当地居民的态度和想法,以减少居民对旅游的反感情绪。此后,社区参与的研究日益受到学者们的重视,学者们对社区参与旅游的意义、内容、途径,社区参与的层次、类型,旅游发展对社区的影响及社区参与的影响因素等问题展开了探讨。[1] 社区参与旅游已经成为旅游可持续发展的重要保障和重要因素,同时也成为民族地区和西部地区社区发展重要而有效的途径。社区最大限度地参与到旅游管理中,并实现社区利益的最大化,是消除相关利益群体的潜在冲突、消除旅游业发展障碍的重要方法。

在许多地方的旅游扶贫开发中,由于缺乏社区参与,旅游开发的利润主要由开发商所得,旅游开发带来的负面影响却留给了当地,当地贫困人口没有获

---

① 时少华:《权力结构视角下社区参与旅游的研究》,中央民族大学博士学位论文,2012年,第3~4页。

得本地旅游业发展带来的任何福利。为了转变这种旅游开发的内部经济性和外部不经济性,应采用社区参与的旅游开发模式,更好地实现经济效益和环境效益的统一。旅游目的地社区及贫困人口以其自有的各种生产要素(资金、土地、劳动力、技术等)进入旅游决策与执行体系,参与旅游发展决策,广泛从事各类旅游活动,以此获得利益分配而脱贫致富,在获益的同时也能促进环境保护和社区的全面发展。

七、科学发展观理论

科学发展观,是中共中央总书记胡锦涛在 2003 年 7 月 28 日的讲话中提出的"坚持以人为本,树立全面、协调、可持续的发展观,促进经济社会和人的全面发展",按照"统筹城乡发展、统筹区域发展、统筹经济社会发展、统筹人与自然和谐发展、统筹国内发展和对外开放"的要求推进各项事业的改革和发展的一种方法论,也是中国共产党的重大战略思想。科学发展观是对党的三代中央领导集体关于发展的重要思想的继承和发展,是马克思主义关于发展的世界观和方法论的集中体现,是我国经济社会发展的重要指导方针,是发展中国特色社会主义必须坚持和贯彻的重大战略思想。

科学发展观,第一要义是发展,核心是以人为本,基本要求是全面、协调、可持续,根本方法是统筹兼顾。这四个方面相互依存、相互促进,构成了有机的统一整体。①

在科学发展观体系中,"发展"是第一要义,科学发展观所要求的发展,是要牢牢扭住经济建设这个中心,坚持聚精会神搞建设、一心一意谋发展,不断解放和发展社会生产力。更好地实施科教兴国战略、人才强国战略、可持续发展战略,着力把握发展规律、创新发展理念、转变发展方式、破解发展难题,提高发展质量和效益,实现又好又快发展,为发展中国特色社会主义打下坚实的基础。努力实现以人为本、全面协调可持续的科学发展,实现各方面事业有机统一、社会成员团结和睦的和谐发展,实现既通过维护世界和平发展自己又通过自身发展维护世界和平的和平发展。

"以人为本"是核心。科学发展观所要求的发展,是要始终把实现好、维护

---

① 苏振锋:《论现代发展观的演进与科学发展观的内涵》,《西北大学学报(哲学社会科学版)》2009 年第 2 期。

好、发展好最广大人民的根本利益作为党和国家一切工作的出发点和落脚点,尊重人民的主体地位,发挥人民的首创精神,保障人民的各项权益,走共同富裕道路,促进人的全面发展,做到发展为了人民、发展依靠人民、发展成果由人民共享。

"全面、协调、可持续"是基本要求。科学发展观所要求的发展,是要按照中国特色社会主义事业总体布局,全面推进经济建设、政治建设、文化建设、社会建设,促进现代化建设各个环节、各个方面相协调,促进生产关系与生产力、上层建筑与经济基础相协调。坚持生产发展、生活富裕、生态良好的文明发展道路,建设资源节约型、环境友好型社会,实现速度和结构质量效益相统一、经济发展与人口资源环境相协调,使人民在良好生态环境中生产生活,实现经济社会的永续发展。

"统筹兼顾"是根本方法。科学发展观所要求的发展,是要正确认识和妥善处理中国特色社会主义事业中的重大关系,统筹城乡发展、区域发展、经济社会发展、人与自然和谐发展、国内发展和对外开放,统筹中央和地方关系,统筹个人利益和集体利益、局部利益和整体利益、当前利益和长远利益,充分调动各方面积极性。统筹国内、国际两个大局,树立世界眼光,加强战略思维,善于从国际形势发展变化中把握发展机遇,应对风险挑战,营造良好的国际环境。既要总揽全局、统筹规划,又要抓住牵动全局的主要工作、事关群众利益的突出问题,着力推进、重点突破。

八、PPT 与 ST-EP

(一)PPT(Pro-Poor Tourism)

PPT 是指有利于贫困人口发展的旅游,强调贫困人口能够从旅游中获取包括环境的、经济的、社会的和文化在内的净收益,并保证旅游发展对减少贫困有所帮助。PPT 不是一种旅游产品,也不是旅游业的一个组成部分,而是一种方式和途径,核心是使贫困人口获得更多的发展机会和净收益,而不是单纯地扩大旅游产业的范围。1999 年,英国国际开发署委托相关专家开展了一项关于可持续旅游和消除贫困的研究,在这个研究中"PPT"(Pro-Poor Tourism)被第一次明确表达出来,这也是国际上第一次真正将旅游发展与反贫困直接相连的研究。①

---

① 张伟、张建春、魏鸿雁:《基于贫困人口发展的旅游扶贫效应评估——以安徽省铜锣寨风景区为例》,《旅游学刊》2005 年第 5 期。

PPT 提出之后,在 2000 年 9 月到 12 月间,全球多个地区推行了 PPT 项目,以验证 PPT 的可行性。2001 年,在英国国际发展局经济与社会研究组织资助下,英国海外发展协会、国际环境和发展协会以及格林威治大学国际可持续旅游中心的研究者,联合其他一些合作者对 PPT 的研究和实践进行了总结,形成了一系列的 PPT 报告。该报告以案例研究的形式,选择了全球的六个典型 PPT 项目(在这六个项目中,四个来自非洲,另外两个分别是亚洲和拉丁美洲),从多个方面进行了客观的回顾和评论。根据 PPT2005 和 2006 年度回顾的报告,由世界各国政府、各种基金、非政府组织、研究机构和旅游企业推行的 PPT 项目涉及亚洲、非洲、拉丁美洲和南美洲的数十个国家和地区。PPT 已经成为国际上旅游和反贫困研究与实践的基础。

(二)ST-EP(Sustainable Tourism and Eliminating Poverty)

2002 年 8 月,世界旅游组织关于可持续发展的峰会(World Summit on Sustainable Development)在南非的约翰内斯堡召开。世界旅游组织和联合国贸易与发展会议(UN Conference on Trade and Development, UNCTAD)在会上首次提出了把"可持续旅游作为消除贫困的有力工具"这一概念,即"ST-EP"(Sustainable Tourism as an effective tool for Eliminating Poverty),并马上展开这一概念的启动计划,主要包括四个方面:成立基金会(吸引来自商业、慈善组织和政府的专项基金)、组建研究组织(以明确关联性、原则和模型的应用)、形成操作上的框架(激发和提高私营企业、消费者和社区进行有益合作和实践)、召开年度研讨会(招集公共、私人和民间利益相关者以获得信息、交换意见和促销)。事实上,这一计划的启动将联合国消除贫困的指导思想和世界旅游组织长期追求的可持续旅游的目标联系起来,成为这次南非峰会的中心议题。联合国千年发展目标计划到 2015 年将世界的极端贫困人口减半,而 SE-EP 对这一目标积极响应。

"ST-EP"这一词汇一经产生,在国际上便迅速取代并淘汰了 PPT 这一几近同义的用法,因为 PPT 有太强的负面含义——在西方人的理解中,没有人会愿意被称为"穷人"或"贫困人口"(the poor),这个缩写带有歧视性的色彩。因此,ST-EP 是一个更能为所有人所接受,不带贬义的中性缩写词。它更能体现不论贫富、人人平等的公平价值观。①

虽然到今天为止 ST-EP 的发展也并不成熟,但是旅游业所具有的事实说

---

① 朱璇:《旅游扶贫战略的演进与发展》,《商业时代》2007 年第 6 期。

服力却使得越来越多的机构制定相关政策,并到很多发展中国家中去尝试利用旅游消减贫困的行动。这些机构中最知名的包括世界旅游组织、亚洲发展银行、世界银行、英国国际发展局、荷兰 SNV 发展组织,以及联合国的一些技术性机构如联合国贸发会和其他一些国际旅游组织如亚太旅游协会等非官方机构。在需要消除贫困的背景下,把旅游业的发展完全留给发展中国家的私人部门去处理会产生很大的问题,因为这些国家的私人部门资金短缺,制度和能力都不健全。在这种情形下,特别需要加强私人部门和国家旅游权威部门之间的合作。这个国家旅游部门必须代表国际组织或机构的利益,并负责该国旅游产业的发展和运作。只有这样,才能保证 ST-EP 战略的有效设计和具体实施。为了实现这一目标,还必须有来自国外的经验丰富的专家参与到这些国际组织的合作项目中来。

（三）PPT 与 ST-EP 之间的区别

PPT 和 ST-EP 都关注旅游和贫困问题,以至于部分组织和学者将两者等同。在实践中,两者之间的交叉和重叠也比比皆是。但需要指出的是,PPT 与 ST-EP 也有各自的侧重点和区别。首先,PPT 与 ST-EP 的理念核心不同,ST-EP 以对环境的关注为重点,它只是一种保护旅游业赖以生存的环境以达到旅游可持续发展的途径,而 PPT 把贫困人口放在整个问题的核心,环境只是影响贫困人口的一个因素。其次,大部分 ST-EP 项目聚焦于主流旅游目的地,可能不适用于发展中国家解决日益加重的贫困问题;与之相反,PPT 着眼于发展中国家的旅游目的地,推行优秀的、适合发展中国家贫困状况的旅游实践。

第三节　江西省旅游扶贫开发现状及问题

一、江西省旅游扶贫开发现状

（一）江西省扶贫开发历程

改革开放以来,党和国家正式启动全国范围内有计划、有组织的大规模开发式扶贫,取得了举世瞩目的巨大成就,我国已成功走出了一条中国特色的扶贫开发道路。江西省历届省委、省政府高度重视扶贫开发,按照中央的统一部署,始终把扶贫开发纳入经济社会发展总体规划;扶贫开发取得了显著成就,已经从以解决温饱为主要任务的阶段,转入巩固温饱成果、加快脱贫致富、改善生态环境、提高发展能力、缩小发展差距的新阶段。

1.解决区域性贫困阶段

江西省的扶贫工作与国家在20世纪70年代末开始的大规模减贫工作是同步的。党的十一届三中全会以来,全党工作以经济建设为中心,实行改革开放,为江西省扶贫开发带来了契机。1983年,江西省政府组织600多名专家对鄱阳湖及赣江流域进行多学科综合考察后,提出"把三面环山、一面临江、覆盖全省辖区面积97%的鄱阳湖流域视为整体进行系统治理"的理论,同时创造性地提出"治湖必须治江、治江必须治山、治山必须治穷"的治理理念,扶贫工作成为系统开发治理江西的重要组成部分。20世纪80年代中后期,"山江湖"工程把治理山江湖和发展经济、脱贫致富结合起来。由于贫困人口主要集中在山区、湖区,这些地方要发展经济摆脱贫困,就必须治理山水,改善生态环境,提高生态经济系统的生产力。基于这种认识,"山江湖"工程进一步提出"立足生态,着眼经济,系统开发,综合治理"的方针,将山江湖工程由单纯的山水治理系统工程扩展为治山、治水、治穷相结合并融为一体的生态经济系统工程,先后形成了9大类型100多个试验示范基地和推广点。省委、省政府科学决策,决定把山、江、湖开发治理作为振兴江西经济的奠基工程和促进经济社会与环境协调发展的治本之策来抓,成立了江西省山、江、湖开发治理领导小组暨办公室,由省长挂帅,对山、江、湖开发治理进行统一规划、管理和协调。编制《江西省山江湖开发治理总体规划纲要》,并于1991年提请省人大常委会审议并批准,从而把"山江湖"工程纳入法治的轨道。

近三十年来,山江湖区先后建立9大类26个试验示范基地和127个推广点,112个农业综合开发基地和6个小流域治理样板。从1985年到1996年,全省400万贫困人口脱贫;水土流失面积从330万公顷下降到130万公顷;全省城镇植树造林230万公顷,基本上消灭了宜林荒山,森林覆盖率由31.5%上升到59.7%,泥沙入湖量大大减少。全省水面积达2500万亩,占全国淡水面积的1/10。昔日"山光、田瘦、人穷"的荒凉山村,初步出现了"山青、水绿、人富"的喜人景象。

2.综合扶贫阶段

进入21世纪,省委、省政府立足江西实际,坚持把扶贫开发纳入经济社会发展总体规划,作为民生工程和新农村建设的重要任务。省委、省政府高度重视扶贫开发,按照中央的统一部署,始终把扶贫和移民纳入经济社会发展总体规划。特别是近五年来,坚持把扶贫和移民工作作为全省"三农"工作、民生工程和新农村建设的重点任务,扶贫开发与全国同步取得显著成效。

一是扶贫开发形成强大合力。江西省在自身财力还不充裕的情况下,投入的财政扶贫资金由2001年的2.4亿增加到2010年的7.5亿,十年累计投入财政扶贫资金总量近50亿元,整合专项扶贫、行业扶贫、社会扶贫投入超过160亿元,各级共有2000多个部门和单位深入贫困农村定点扶贫。

二是贫困群众收入水平稳步提高。21个重点县农民人均纯收入由2001年的1339元提高到2010年的3109元,十年间增长了1.32倍;按2008年1196元的扶贫标准同比统计,全省贫困人口由2001年的346.4万人下降到2010年的72万人,贫困发生率由10.82%降至2.1%。

三是贫困农村基础设施和人居生态环境明显改善。全省集中扶持了4269个贫困村,按照新农村建设的要求,逐村实施完成了整村推进扶贫规划,生产生活条件和人居、生态、发展环境明显改善,一大批受到扶持的贫困村成为新农村建设的示范点。

四是特困地区群众贫困问题逐步解决。自2003年率先在全国开始试点到2010年年底,江西省在深山区、库区和地质灾害频发区等特困地区深入开展移民扶贫搬迁,共搬迁安置37万多贫困群众,成为深受群众和社会赞誉的民心工程,在全国产生了广泛影响。同时,在"三农"政策倾斜支持、各行各业大力扶持下,贫困地区自我发展能力明显提高,社会各项事业快速发展,基本公共服务水平不断提升,最低生活保障制度全面建立,农村居民生存和温饱问题基本解决,贫困地区民生得到显著改善。

在取得巨大成绩的同时,江西省扶贫开发任务仍然繁重艰巨。省内还有相当一部分群众处在生存条件恶劣、地质灾害严重地区,连片特困地区扶贫攻坚任务仍然十分艰巨,巩固温饱成果、加快脱贫致富、改善生态环境、提高发展能力、缩小发展差距还有大量工作要做。江西省经济仍欠发达,特别是贫困地区基础差、底子薄、实力弱,制约发展的深层次矛盾比较突出。扶贫对象规模仍较大,还有3400个贫困村和386万贫困人口;经济社会发展不平衡,现有21个扶贫重点县发展仍然滞后;传统农业比重较大,特色产业发展规模不大、竞争实力不强、比较效益不高,贫困群众增收渠道不宽;抵御自然灾害和抗击市场风险能力不强,返贫现象比较严重;特殊贫困问题凸显,还有相当一部分群众处于生存条件恶劣、地质灾害严重地区,尤其是连片特困地区扶贫攻坚任务十分艰巨;相对贫困问题突出,与毗邻沿海发达地区存在发展差距。

江西省在今后的扶贫工作中,将紧紧围绕加快全省发展的大局,紧密结合鄱阳湖生态经济区建设和促进中央苏区振兴发展战略,在鄱阳湖区特殊类型地区探索生态扶贫和移民工作模式,突出原中央苏区和特困片区 38 个县扶贫攻坚主战场,瞄准扶持贫困农户和移民家庭提高收入水平、改善发展条件、增强自我发展能力三大工作目标,以连片特困地区、扶贫重点县和移民集中安置区、农村有劳动能力贫困人口、扶贫和移民工作"民生工程"任务等工作为重点。依据"十二五"扶贫和移民规划、《江西省农村扶贫开发纲要(2011—2020年)》等重要政策措施,构筑专项扶贫、行业扶贫、社会扶贫"三位一体"大扶贫工作的新格局。

(二)旅游扶贫开发现状

1978 年,党的十一届三中全会决定将党的工作重点转移到社会主义经济建设轨道上来,做出了"实行改革开放"的新决策,启动了农村改革的新进程。在江西省省委、省政府的正确领导下,江西省旅游业步入发展轨道。1979 年 3月,江西省旅行游览事业管理局成立。1985 年 5 月,省政府决定把旅游业作为江西省国民经济的重要行业,并纳入国民经济和社会发展"七五"计划,指导思想是实现旅游业由事业接待型走向经济产业型的转变。"八五"计划指导思想是选择适度超前的总体发展战略,随着该计划的超额完成,旅游生产力已具备一定规模。"八五"期间,江西国际旅游接待实现效益型增长,全省接待海外旅游者人数年均增长 6.83%,旅游外汇收入年均增长 43.95%。"九五"期间,旅游业呈现出持续、快速发展的势头。这一时期江西省旅游业的发展呈现出"重海外轻国内"的特点,交通较为便利、经济较为发达的南昌、九江、景德镇等地旅游业发展较快。作为产业扶贫的一种形式,江西省旅游扶贫开发是伴随着旅游开发而兴起的,并且在旅游开发中的地位日益显著,在扶贫开发中也发挥着日益重要的作用。

1.红色旅游带动老区发展

2000 年 1 月,江西省省委、省政府作出了《关于加快发展旅游业发展的决定》,明确提出本省旅游业发展的战略目标:力争经过 5~10 年的努力,把旅游业培育发展成为本省国民经济新的支柱产业。"十五"期间,江西省确立了"以大力发展红色旅游为龙头,引领和带动绿色、古色、蓝色旅游快速发展,并促进全省经济社会全面发展"的指导思想。2000 年,江西率先提出"红色旅游"的概念。2001 年,推出"江西——红色摇篮、绿色家园"主题形象口号。2004 年,发起并联合有关省市签署《七省市共同发展红色旅游宣言》,举办了

"新世纪、新长征、新旅游、新形象——2004 中国红色旅游万里行"活动，在全国率先出台省级红色旅游发展纲要。2005 年，省政府和国家广电总局、国家旅游局共同主办了"2005 中国（江西）红色旅游博览会"，取得了圆满成功。2011 年，江西红色旅游接待人数超过 5000 万人次，综合收入达 440 亿元，约占全省旅游总人数和总收入的 30% 和 40%。《江西省红色旅游发展规划（2013—2017 年）》预测，到 2017 年，全省红色旅游接待人数突破 1.9 亿人次，预计占全省旅游接待人数的 40% 左右；红色旅游综合收入达到 1900 亿元，预计占全省旅游综合收入的 40% 左右，带动直接就业 70 万人，间接就业 300 万人；参与红色旅游的群众人均年增收 800 元以上。

红色旅游的快速发展，改变了贫困地区群众"靠山吃山"的境况，成为贫困地区经济的有效增长点，使贫困地区经济发展方式实现了由"救济型"向"开发型"的转变。井冈山是蜚声中外的"红色摇篮"，拥有保留完好的革命旧址遗迹 100 多处，其中 24 处被列为全国重点文物保护单位，3 处被列为省级重点文物保护单位，35 处被列为市级文物保护单位。自 2003 年以来，以旅游业为龙头的第三产业已成为井冈山市的最大产业。井冈山景区的大街小巷，商铺林立，旅馆随处可见，来自全国各地乃至世界的游客络绎不绝，红色纪念品和当地土特产销售繁荣。茨坪景区周边的农民大多成了从事旅游食品、副食品、旅游商品、用品的生产、加工和销售的专业户。红色旅游的兴旺，让井冈山焕发出生机和活力。红色旅游，不仅成为井冈山最响亮的一张名片，也成了拉动当地经济发展的助推器。据了解，2010 年，井冈山以红色旅游为主的旅游产业综合收入达 30.24 亿元，对财政的贡献率超过 64%。可以说，江西省大力发展红色旅游的战略决策，破解了革命老区经济社会发展滞后的难题。

瑞金市是闻名中外的红土圣地，市内有叶坪、沙洲坝、"长征第一山"等著名革命旧址群，拥有红井、"二苏大"会址等国家级重点文物保护单位 33 处，被列为全国十二大红色旅游重点区的第二大重点区。沙洲坝镇位于瑞金城西 5 千米处，是中央苏区革命旧居旧址群和瑞金红色旅游主要景点所在地。近年来，镇政府立足于"城郊型、旅游型"的经济特点，大力发展红色旅游，特色餐饮、农家乐、观光农业和职工出租屋、便利店等旅游配套服务业竞相发展，镇域经济发展活力显著增强，年接待游客 300 余万人；2011 年，旅游收入约达 8.4 亿，农民人均收入由 2005 年的 3400 元增长至 2011 年的 4500 元。在旅游开发的推动下，村庄建设也得到了长足的进步，形成了古树掩映、白墙青瓦、芳香田野、如诗如画的景象，路小房矮、人畜混居的村庄旧貌发生了根本性变化。

与此同时,旅游发展中还存在一些问题,主要表现为:一是村民参与旅游程度不高,一些景区用围墙把景区和村民分隔开来,景区里面的服务行业承包给少数人,导致村民无法参与到旅游中去,没有发展出"旅游服务一条街";二是旅游开发资金缺乏,一些村庄有了好的旅游项目,但资金缺乏,无法启动,农民积极地组织了合作社,但同样由于资金短缺,无法有效地组织起来。

2.乡村旅游带动农村发展

进入21世纪,随着社会经济的快速发展和双休日制度、"黄金周"制度的完善,越来越多的旅游者将旅游目的地转向农村田园,乡村旅游进入大发展时期。在国内乡村旅游蓬勃发展的大环境下,江西省乡村旅游业进入快速发展阶段,乡村旅游目的地逐步覆盖省内的各中小城市、县城周边地区和一些风景区周边,呈现出赣鄱大地乡村旅游到处开花的繁荣景象。

乡村旅游的发展有利于吸纳乡村农业劳动力创业就业,促进农民脱贫致富,能有效地促进农村贫困地区经济的快速发展。对于促进保增长、保民生、保稳定,推动旅游产业发展和新农村建设,都具有重要作用。江西省积极探索"农旅结合、以农促旅、以旅强农"的乡村旅游发展模式,各级政府部门进一步加大了乡村旅游的扶持力度。2009年,开展了江西省乡村旅游十万人创(就)业行动,实施多项农村金融支持政策,开辟乡村旅游创业绿色通道,鼓励旅行社开辟乡村游新线路。2010年,省政府召开了全省乡村旅游工作现场会,制定了《江西省乡村旅游点质量等级的划分与评定》省级标准,有效促进了乡村旅游发展。在政策的强力推动下,江西省众多贫困地区依托优越的自然生态条件和浓厚的乡土风情,大力发展乡村休闲旅游,按照"因地制宜,合理规划,突出特色,规范管理"的要求,结合现代农业建设、农村村庄整治和旅游景区开发,把乡村休闲旅游产业作为解决农民就业、提高农民收入的一个重要抓手。旅游业已成为江西省一些旅游资源丰富的贫困地区的重点产业,乡村旅游成为推动江西省贫困地区社会经济发展的重要引擎。

被誉为"中国最美乡村"的婺源县通过乡村旅游的有效激活,促进了全县特色生态产品的产业化、规模化、效益化发展。据不完全统计,婺源县各类旅游从业人员有6万余人,农民身份的有2.3万多人,人均年收入达到12000元以上。"十一五"扶贫开发工作重点村庆源村乡村旅游起步较晚,但发展速度较快,参与旅游服务的也有80余户,参与率达30%,全村人均年增收1000元以上。扶贫重点村大彰山乡上村在发展乡村旅游前,茶叶种植面积只有200亩,如今已发展到了500余亩,人均增收1200元以上。婺源旅游产业扶贫的快速发展,除了使该县农户大幅增收及该县和周边地区的农民工就业问题得到缓解之外,还使该县的基础设施建设得以良性循环——婺源的旅游产业扶贫得益于公路等基础设施的修整,而旅游产业发展初见成效之后,该县又将所获利润进一步投置于基础设施建设:全县 16 个乡镇、1 个工业园区、1 个街道办事处全部通了柏油路;新农村建设试点村逐年增加,2008 年全县新农村建设的资金总量已近 5500 万元,完成改水、改厕、改路等公益性和非公益性建设项目 732 个。婺源基础设施建设的进一步完善,极大地改善了该县各乡镇的生产生活条件,有力地提高了农户们的生产生活水平。① 婺源李坑村因其保存完好的徽派古建筑群和秀丽的自然景观,于 2003 年被评为省级历史文化名村。在乡村旅游开发的带动下,李坑村的旅游扶贫功效明显,村委会下辖的李坑村、李坑头自然村居民分别每年享受 2160 元/人和 1728 元/人(80%)的旅游发展分红,每年递增 60 元,共 1111 人享受到分红待遇,油菜种植补贴 80元/亩;直接参与旅游经营、就业的居民达 50%以上,经营主要涉及餐饮、旅馆、土特产商铺,就业主要集中在酒店服务员、环卫、电瓶车司机、船工等方面。同时,旅游发展中也存在着较为突出的问题:第一,景区内危房较多,原因在于政府、旅游发展公司对危房修缮补助少,居民不愿花钱维修;第二,村内田地荒废现象严重,农民不愿种地;第三,旅游漏损现象严重,所销售的旅游商品均来自于外地甚至其他县市,当地土特产严重缺乏;第四,在景区的经营管理过程中,旅游开发商与村民个人利益冲突经常发生。

乐安县流坑村被誉为"千古第一村",是国家重点文物保护单位和国家首批历史文化名村之一。自 1997 年进行旅游开发以来,流坑村的村容村貌得到了很大的改善,旅游经济效益逐步显现,对当地群众脱贫致富起到一定的带动作用,农民人均收入由原来的 1800 多元上升到现在的 3000 元。虽然古村的开发与保护工作取得了一定成绩,但还不尽如人意,尤其是旅游业呈现停滞不前趋势,主要表现为以下三个方面。一是景区设施很不完善。经过十多年的发展,流坑还不是成熟的景区,没有游客服务中心,旅游接待设施(宾馆、指示牌、公厕、停车场、休憩场所等)缺乏。二是旅游收入低,村民无法获益。流坑村每年旅游门票收入仅 30 万元左右,其中的 10%用于村民分配,村民每人每年只得到六七元。三是违章建筑多,影响古村风貌。村中有 260 多栋具有重

---

① 李志敏:《最优美乡村的致富经——江西省婺源县旅游产业化扶贫侧记》,《老区建设》2009 年第 11 期。

要文物价值的古建筑,但很多是危房;村民意欲到外面建房,也规划了用地,土地已经进行了平整,但没有用地指标,无法建设,因而村中出现很多违章建筑,严重影响了古村的风貌。

随着贫困乡村旅游业的迅猛发展,旅游业"一业兴、百业旺"的行业带动优势越发显著。在旅游景区成功开发的同时,餐饮业、农副土特产品加工和包装销售、旅游纪念品开发,甚至房地产业、客运业等也蓬勃发展,民俗文化和民间艺术得到挖掘与展现,从而带动了贫困地区产业结构的调整,找到了一条能够发挥贫困乡村资源优势、适合其健康发展的新路子。例如,上饶市"十一五"扶贫开发工作重点县玉山县紫湖镇张岭村,紧邻三清山风景区,地理区位优越,2011年张岭村接待游客超过5万人次,该村村民查春甫将四乡八邻生产的茶叶、笋干、小鱼干、野生葛粉等特产以及竹木工艺品集中在一起开了一家三清山特产店,让许多原来藏在深山人不识的特色农副产品卖出了高价钱,农副产品附加值不断得到提升,查春甫不但自己成为老板获得了稳定的收入,同时也带动周边贫困群众脱贫致富。在贫困地区发展旅游产业,不仅极大地促进了贫困农民增收致富和生产生活方式的变革,而且深刻地影响着贫困农民的思想观念。贫困群众以前过着农耕生活,交往范围小,交往对象以亲属、邻里为主,现在通过发展旅游扶贫,每天一开门就要面对来自天南海北、国内国外的游客。全方位开放的交往方式,取代了原来的封闭生活,眼界与从前大不一样。贫困农民越来越渴望文化知识,更加追求健康的生活方式,环保意识也显著增强。在婺源县江湾镇江湾村、鄱阳县团林乡蛇山村等旅游扶贫发展较好的地方,处处干净整洁的环境给人留下了深刻印象,当地群众有着强烈自觉的环境保护、生态保护意识。

二、存在的问题

旅游扶贫开发虽未确立为江西省扶贫开发的重要战略,但作为产业扶贫的一种形式,旅游扶贫是伴随着旅游开发而发挥其扶贫功能的,在扶贫开发中发挥着日益重要的作用。旅游业已成为江西省一些旅游资源丰富的贫困地区的重点产业,红色旅游带动革命老区发展、乡村旅游推动乡村地区发展,旅游扶贫成为推动江西省贫困地区经济社会发展的重要模式。

近年来,江西省贫困地区将旅游开发作为扶贫工作的新举措,取得了显著成绩,通过旅游开发以消除贫困的方法也日益受到各级政府的重视和青睐,呈现出良好的发展态势。同时,应该充分认识到江西省旅游扶贫开发还有许多不尽如人意的地方,存在严重的瓶颈。首先,虽然江西省旅游扶贫工作在政府一些职能部门的工作中有所安排,但既没有专门的旅游扶贫工作计划,也未出台专门主导旅游扶贫工作的政策,而旅游扶贫工作主要是政策导向的工作,所以政策的瓶颈问题日益凸显。其次,扶贫工作的开展是一个投资导向、资金导向的工作,投资存在交通等基础条件的制约。由于江西经济欠发达,因发展不足造成的政府财力有限、基础设施建设相对滞后、金融市场发育不全等,制约旅游扶贫工作的开展。只有经济发展了,财力强了,政府才能有更多的财力从事扶贫开发工作,社会才能形成"先富帮后富"的局面,所以发展不足也是一个瓶颈问题,且在旅游扶贫工作中日益暴露出来。最后,制约旅游扶贫开发的资金、交通和人才三大症结仍然存在,关键瓶颈仍未破解。

为了准确找出问题,破解旅游扶贫工作难题,使旅游扶贫工作的实现路径更具针对性,本书课题组选取井冈山市菖蒲村、婺源县李坑村与江湾村、瑞金市沙洲坝镇、乐安县流坑村、资溪县新月畲族村等这些开展了旅游扶贫工作的村镇作为调研对象,通过实地调查,深入进行案例分析,发现江西省旅游扶贫开发存在以下突出问题。

(一)旅游扶贫目标聚焦错位

真正意义上的旅游扶贫,应该明确以"扶贫"为其宗旨,发展旅游业只是手段和途径。在实施旅游扶贫的过程中,主导目标是贫困人口利益的保障和发展机会的创造,战略目标是贫困人口的脱贫和发展,核心问题是贫困人口如何在旅游发展中获益并增加发展机会。[1]

在江西省旅游扶贫工作的实际操作中,很多地区政府部门对旅游扶贫开发的核心目标理解得不够透彻,对旅游扶贫目标的聚焦产生错位,简单地将旅游扶贫等同于旅游开发,把旅游业的繁荣、地区经济的整体增长视为主导目标,把旅游开发活动的目标集中在努力获取最大数量的经济收入上,严重忽视开发贫困人口的经济发展机会,甚至使当地的贫困人口由于技能与资金的短缺而被孤立在旅游开发活动之外。[2] 总之,旅游扶贫没有着眼于贫困人口的"生存、生活、生产"问题。尽管旅游扶贫的成功与否取决于地区旅游业的整体发展水平,在合理的运作中,地区整体收益也会流向贫困人口,但现实证明

---

① 王兆峰:《民族地区旅游扶贫研究》,中国社会科学出版社 2011 年版,第 76 页。
② 郭清霞:《旅游扶贫开发中存在的问题及对策》,《经济地理》2003 年第 4 期。

了地区经济增长不等于贫困人口的受益。如果旅游扶贫的"途径"转而成为"目标",那么贫困人口的发展就存在被疏离于旅游业发展之外的风险,首先在旅游扶贫理念上就存有隐患。

此外,在旅游扶贫开发模式方面,一些贫困地区以政府主导为主,旅游扶贫更多成为晋升工程、政绩工程和形象工程。在旅游扶贫开发过程中,普通百姓因受权力资本因素的制约和受益程度不一而参与程度低,旅游扶贫呈现出"投资热、民生冷""政府热、百姓冷""企业热、家庭冷""商家热、农户冷"的状况,这是典型的扶贫目标错位的表现。①

(二)资金流向失当

贫困人口要在旅游开发中真正受益,存在很多限制因素,如投入资金问题、信息吸纳问题、人口素质问题、权力资本问题、发展机遇问题等,其中最为突出的是投入资金问题,这实质上是造成贫困的重要原因。旅游扶贫的特殊性在于如何消除或减少贫困人口参与的障碍,同时扶助其在旅游中的就业和发展。旅游扶贫中的"扶"是缓解贫困的外部推动力量,即通过一定的组织规则把外部资源传给贫困者,这种外生性资源包括物资、资金、技术、信息等稀缺资源。

江西省部分地区为了让资金产生集聚效应,地方干部为了做大做强某个产业或企业,将扶贫资金或扶贫项目资金主要投向已经具有一定规模和影响的项目或企业,而真正需要扶贫的贫困家庭、贫困人口并未得到实质性的帮助和扶持,他们仍然是创业没有资金、就业没有机会、兴业没有能力,生存、生产、生活状况没有得到改善或改变。富者越富、贫者越贫或贫者还贫的状况越发严重。在旅游扶贫开发中,一些地区政府投入的旅游扶贫资金流向失当,常常忽略对当地贫困人口的扶持,当地农民因缺乏启动资金被排斥在旅游活动之外。贫困农民仅仅被作为廉价的劳动力使用,从事最低层的工作,获得微薄收入。这使得各个利益主体在旅游扶贫开发中没有实现和谐发展,旅游扶贫的脱贫致富功效不能得到充分发挥。例如,瑞金市沙洲坝镇与旅游相关的村落有沙洲坝村、官山村、金龙村三个村,三个村共有村民 1800 户,7000 人,但参与旅游业并获得收益的大概只有 20 户;一些景区(点)用围墙把景区和村民分隔开来,景区里面的服务行业承包给少数人,导致村民无法参与到旅游中去,没有发展出旅游服务一条街。又如,乐安县流坑村被誉为"千古第一村",

---

①　向延平、彭晓燕:《旅游扶贫开发的思考与建议》,《宏观经济管理》2012 年第 4 期。

全村共有 6700 多人,但目前只有 4 家农民开办旅游餐馆,全村参与旅游经营活动并获得利益的民户不超过 20 户,大多数村民没有在旅游开发中获得真正的利是。

(三)扶贫收益率低

旅游利益分配的公平性是决定贫困地区旅游健康发展的关键因素之一。在旅游扶贫开发中,以盈利为目的的外部投资者是旅游地开发主体的重要组成部分,但同时也是与贫困地区争夺旅游利益的组织与群体。有的贫困地区为促进当地旅游业的顺利开发,会提供优惠政策吸引外地投资,有时甚至会过度赋予外地投资者政策、物资、资金等方面的优先权而放弃相当部分的利益分成权利。由于未形成健全的社区参与机制,江西省一些地区在旅游扶贫开发中,将旅游扶贫等同于旅游开发,注重旅游的发展对当地经济的积极影响,忽略当地贫困人口的直接参与,忽视当地贫困人口公平均等的参与机会,致使扶贫资源分配不公,使得当地旅游业的大部分收益集中在少数开发商、经营者手中,弱化了旅游扶贫的乘数效应,造成旅游扶贫开发项目受益居民比例不高,不但影响了当地贫困人口整体脱贫致富,反而造成贫富差距逐步拉大的趋势。一旦缺乏合理的利益分配机制或旅游收益分配不均,旅游开发公司与村民个人利益冲突就会经常发生,冲突较为严重的会极大地影响当地旅游业的发展。例如,2011 年 8 月,因当地村民与旅游公司产生利益纠葛,婺源县李坑、江湾、汪口等景区出现了部分村民为争取门票利益而拦阻游客的现象,一些景区因此关闭。此外,欠发达地区由于经济自给能力的限制而造成旅游收入的漏损,如婺源县李坑村旅游漏损现象严重,所销售的旅游商品均来自于外地甚至其他县市,当地土特产严重缺乏。漏损使得旅游业带动当地经济整体增长的扩散效应降低。

(四)产品开发乏术

旅游产品缺乏创新,一味仿效现象严重,是我国旅游业中普遍存在的问题,这一问题在江西省旅游扶贫开发中表现得也较为突出。一些贫困地区在开发旅游资源时,两眼只盯着自己的"一亩三分地",表现出较强的封闭性和盲目性,其他地方怎么搞,本地区就怎么弄,或者心血来潮,胡乱开发,缺乏规划。一提到扶贫旅游产品开发想到的就是开发一个景区或发展农家乐、渔家乐等传统方式,这样的旅游扶贫产品开发模式势必出现资金困难和资源短缺等制约因素。造成这种现象既有缺乏经验、没有认清自己与周边地区的旅游资源优势等客观方面的原因,也有急功近利、缺乏战略眼光等主观方面的原因。模仿他人开发旅游产品的路子,因产品开发有经验可循,开发费用以及不确定因素减少,从短期来看似乎有利可图。但从长远来看,这种做法并不明智。一味地模仿他人,尤其是近邻地区,可能会造成恶性竞争或开发大量低品位的产品,让游客产生厌烦感。其实,城乡差别是造成"广阔农村大有作为"的市场条件。只要转换一下思路,认识到差别就是旅游市场、就是旅游产品,那么,农耕生活、民俗活动、乡土建筑、田园风光、传统作坊等也是可资体验的旅游产品,旅游扶贫产品就会大大地丰富起来,如日本组织学生到农村体验生活的修学旅游即可以借鉴。

(五)涉旅部门互动不够

旅游涉及"吃、住、行、游、购、娱"等多个环节,旅游扶贫工作需要多个部门共同协作;要使旅游扶贫取得最佳的经济效益,重要的一点是要注意与其他产业共同发展。从现实情况来看,由于旅游管理部门掌握的财力和资源有限,所以由其直接开展的旅游扶贫开发工作不是很多,但农业、林业、文化、交通、水利等相关部门进行了大量的旅游扶贫工作或其许多工作与旅游扶贫相关联,旅游行政管理部门理应对涉旅游扶贫的工作给予一定的指导,但由于条块分割,部门之间缺乏良好的协作,旅游与相关联行业的配合也不是很到位,互动也不够,致使旅游产业扶贫开发的功效没有得到充分发挥。尽管目前江西省旅游扶贫开发大多已经初步形成了多元主体积极参与的局面,但它们之间各成体系,缺乏对接。一些贫困地区的政府部门认为发展旅游仅是旅游部门的事,没有把旅游当作脱贫致富的一项综合性产业去培育,旅游部门与交通、林业、文化、水利等相关部门缺乏良好的协作,旅游业与生态农业、种植业、食品加工业等关联产业配合不够紧密,从而影响了当地旅游业的深入发展,扶贫旅游开发对当地社会经济的带动作用不强;在旅游资源丰富地区的扶贫开发中,无论是"救济式扶贫""造血式扶贫",还是"攻坚式扶贫",其工作内容大多都局限于农业生产开发活动,一直没有把扶贫与旅游开发结合起来,依然存在着"两张皮"的现象,产业扶贫开发的功效没有得到充分发挥。

(六)过于依赖政府投入

资金是旅游扶贫开发的关键因素之一,江西省贫困地区虽然拥有丰富的旅游资源,但由于自身条件落后,缺乏足够的资金来支持旅游业的发展,致使许多独特的资源还是"养在深闺人未识",未能变成特色旅游产品。在江西省很多贫困地区,普遍还未建立与旅游投资活动相适应的投资管理机制和市场引导机制,投资方式较为单一,多以政府部门投入为主。政府部门用于旅游扶贫的资金有限,除在开发启动阶段给予资金扶持外,以后就放手让其自谋出路,使得景区发展长期处于以门票收入为主的初级阶段。例如,乐安县流坑古村每年旅游总收入仅 30 余万元(含门票、停车票、导游费),流坑旅游公司为流坑村委会的下属单位,有门票管理员、导游、环卫工人、傩舞团、守馆人员等近 50 人。旅游收入主要用于工作人员工资、古建筑简易维修、环境卫生整治、旅游宣传促销,扣除以上开支外,所剩无几,从而也无法从旅游收入中挤出资金搞旅游基础设施建设。

旅游项目投资大、收益期长,贫困地区的旅游招商引资缺乏相应的优惠政策,并受到政策性障碍的制约,往往是"雷声大、雨点小";有些地方为了吸引外来投资,不惜以现有效益较好的接待设施为代价,力争进行项目合资与合作,结果给现有的经营带来了不利影响。社会闲散资金也因缺乏合理的形式,没有得到有效的筹集。旅游扶贫多元投资机制的缺乏,致使资金短缺,这也成为制约旅游扶贫向深层次发展的重要因素。本书课题组在瑞金市沙洲坝镇的调研中就发现,一些资源特色村有好的项目,但资金缺乏;农民有积极性组织了合作社,但同样资金短缺,难以正常运转;想和一些旅游公司合作,但面临用地的问题;想组建客家文艺队,但没有专门资金,无法建立起来。

(七)土地等政策制约凸显

旅游扶贫政策既是指导旅游扶贫的工作方针,也是推进旅游扶贫开发的重要保障,没有政策推动和具体实施的旅游扶贫只能停留在"造势"和宣传层面。在江西省旅游扶贫开发中,政策的制定还存在一些问题,主要表现为政策的针对性不强。现有政策较为笼统,缺乏分类指导,如关于旅游扶贫项目的审批和监管还没有专门的政策规定,招商引资政策和旅游扶贫开发中的人才、税收、土地等专项优惠政策还未出台,一些重要景区的管理体制还没有理顺。此外,旅游扶贫政策在具体化、系列化和可操作性方面还有所欠缺。在瑞金市沙洲坝镇的调研中了解到,一些村庄有好的旅游项目,但资金缺乏,想和一些旅游公司合作,又面临用地的问题;有些村干部认为旅游扶贫政策还不完善,尽管省政府有发展乡村旅游的意见,但更多的只是停留在口号上,缺乏有力的支点把当地乡村旅游真正撬动起来。在对资溪县新月畲族村的调研中,村干部认为旅游开发中还存在一些困难,其中之一就是政策支持不够;旅游开发的启动需要政府在土地、税收等方面提供优惠,但县政府在短期内无法落实各项具体政策。

（八）监管的实效与时效性不够

旅游扶贫工作在运行过程中还必须对扶贫旅游发展的效果进行监测评估，以便及时发现问题并进行修正和完善，保证其向着扶贫旅游发展的目标迈进，从而形成一个有反馈机制的循环体系。江西省在旅游扶贫开发中，监督管理工作做得还不到位，主要表现为两个方面：一是监管的实效不够，各地区监管机构不够健全，还没有建立完善的监督机制，在监管的执行中注重形式、不重实效，对于社区居民的不良行为、旅游企业的不道德行为以及部门的不作为行为等现象，相关管理部门往往是睁一只眼、闭一只眼，处置不力。旅游扶贫的监督管理需要强有力的反馈执行部门，在决定社区旅游发展的问题上要具有足够的权力，能够协调社区居民、旅游企业和社区政府之间的关系；执行部门的构成需要有每一个利益主体的参与构成，能够确保执行部门的行动可以符合各个利益主体的要求。二是监管的时效性不够，即只注重旅游扶贫开发启动期的监督和管理，忽视对旅游扶贫开发的运行与管理过程的监管，从而出现旅游扶贫资金浪费、旅游开发与管理粗放、旅游污染物处理能力弱、贫困人口在旅游开发中获益不高、村民与旅游开发商发生利益冲突等问题。旅游扶贫的监管工作重点在于，在旅游扶贫运行中及时将各种有悖于贫困地区旅游可持续发展的问题反馈到相关的组织部门，进行控制和解决，以确保旅游扶贫朝着既定目标发展。

第二章

国内外旅游扶贫模式及其经验借鉴

"他山之石,可以攻玉。"在学习他人的基础上进行消化、模仿、不断创新,最终能够形成自己的特色,很多发展中国家的扶贫工作经验和旅游开发实践经验就来源于实践早、经验丰富的发达国家和地区。对于一个国家而言,次开发地区往往是向发达地区学习,或者是由发达地区向次开发地区传播这些方面的实践经验,由此推动这些地区相关工作的开展与深入乃至旅游经济的发展。撰写本章内容旨在展现兄弟省市和不同国家或地区的做法,以便从中发现江西与它们之间的差距,进而能够取长补短,发挥后发优势,以取得更快、更大、更好的发展。

第一节 国内旅游扶贫模式

如前所述,20世纪80年代后期,国务院扶贫办、国家旅游局等相关部门已经认识到开发贫困地区优质旅游资源同当地经济发展的密切关系以及旅游扶贫的重要性,因而在"七五"计划中将旅游业正式纳入了国民经济和社会发展计划。一批贫穷落后、旅游资源丰富的地区由此得到了国家和地方计划内资金的扶持,开始进行有计划的旅游资源开发工作,并在旅游扶贫方面取得了可喜的成绩。如四川九寨沟和黄龙寺地区、贵州西部的龙宫和织金洞以及江西省的井冈山等地区,都把旅游业作为扶贫开发的手段,力图通过发展旅游业走上致富之路。此后,随着国家和地方政府的日益重视特别是随着中西部发展战略的提出,中西部贫困地区迎来了大的发展机遇。许多地方通过旅游扶贫试验区和模仿、创新等多种方式,摸索出了不少具有本地特色的旅游扶贫开发模式。乡村旅游尤其是"农家乐"等旅游产品的开发与推广,在一定程度上可以说是城市居民对农村地区的一种扶持方式(尤其是对于旅游资源相对缺乏的贫困地区来说,可以看作一种最直接的"扶贫旅游",即"游客扶贫"或称"市场扶贫")。扶贫旅游开发则可以看作一种公益性产业开发,有别于纯粹的投资性产业开发,是一种更大力度的旅游(产业)扶贫模式。无论哪种扶贫方式,都有助于当地老百姓的就业与脱贫致富,都值得肯定和支持。

一、国内旅游扶贫模式概述

经过十多年的旅游扶贫工作实践和经验总结,我国已形成了诸多各具本地特色与一般性的旅游扶贫模式,如旅游扶贫试验区模式、原生态旅游扶贫模式、景区依托开发模式、特色文化开发模式(包括宗教文化、民族风情旅游扶贫模式)、特色农业与产业观光体验开发模式(现代农业产业化开发模式)、农家乐开发模式、BOT模式(私营机构参与建立、经营、转让)、RHB模式(资源、人、效益一体化发展)等。湖北省旅游局等单位于2002年根据对湖北省内二十多个旅游景区景点旅游扶贫的调查,总结出了四种有代表性的旅游扶贫模式,即政府主导模式、景区带动模式、农旅结合模式、移民迁置模式。此外,还有广东的"立体化旅游扶贫模式",以及贵州的既独具本地特色又与国际接轨的"贵州乡村旅游扶贫模式"等。贵州通过与法国、奥地利、爱尔兰等国际旅游机构达成合作协议,使贵州乡村旅游成为与国际接轨的乡村旅游发展新模式,其中包括雷山县"社区农民组织+农户"的"巴拉河模式"、"旅游管理小组+农户"的"郎德上寨工分制模式"、凯里市三棵树镇季刀上寨的"协会+农户"模式,以及安顺天龙的"政府+公司+旅行社+协会"四位一体的"天龙旅游开发模式"(或称"政府+公司+农民协会+农户"模式)。有些人将这些模式统称为"贵州模式"或贵州"村寨游"模式、"西江乡村旅游发展模式"、"天龙模式"等。从发展乡村旅游的载体上来讲,贵州主要有两种旅游扶贫模式:一是景区带动,如黄果树景区带动了四周村寨的农民脱贫致富;二是发展村寨旅游,如雷山、郎德等民族乡村特色旅游,成为村寨经济发展的支柱。从发展乡村旅游的主体上来看,则是"政府主导、社区参与"的参与式反贫困模式。

另外,根据参与主体、内涵和特色的不同,可将旅游扶贫归类为四种基本模式,即旅游扶贫试验区模式、大旅游大扶贫模式、对口旅游扶贫模式,以及广东在旅游扶贫政策实践过程中创造的立体化旅游扶贫模式。这四种旅游扶贫模式均是采用以贫困区域开发带动贫困人口脱贫的开发式扶贫途径,较少采用针对个体的救济式扶贫,这是其共性所在;同时,四种模式又各有其不同的特色、优势和局限(见表2-1)。

表2-1　国内四种旅游扶贫模式的特点

	立体化旅游扶贫模式	大旅游大扶贫模式	旅游扶贫试验区模式	对口旅游扶贫模式
内涵	强调从社会系统整体出发,多层面参与主体、多元化协作部门与多渠道旅游扶贫操作手段,形成立体化旅游扶贫作业构架模式	泛指欠发达地区通过有利于贫困人口的旅游产业开发从而带来客观扶贫效果的扶贫模式,与英国的PPT旅游扶贫模式最为接近	在一些旅游资源丰富的贫困地区,划出一定范围建立国家级或省市级旅游扶贫试验区,通过发展旅游业促进其经济社会发展,并对其他地区有示范作用	一般是附属于国家或地区开发政策和政治任务,旅游扶贫作为发达地区与欠发达地区之间的对口扶贫内容而诞生
特色	政府主导;系统化运作;以网络状项目组启动性开发为载体	地方自主自扶;外援性扶持作用弱;以区域旅游产业开发为载体	政府主导;以单个或少量几个项目开发为主要载体;目标攻坚式扶贫	扶持与被扶持两地对应;多采用资金扶持和市场扶持;无固定载体
优势	外援与自主开发相结合,加速了各种社会资源的优化整合;有利于"造血"机制建设;受益面广	最符合旅游市场客观规律;成功后返贫率低	方便操作;容易获得广泛的社会关注和支持;具有示范效应	扶到实处,操作方便
局限	需专项资金或特殊政策启动	旅游主导产业选择风险	受益面有限	适用面窄,受对口扶持任务所限
适用地区类型	所有存在贫困区域的省或地级市	所有旅游产业开发条件较好的欠发达地区	贫困状况和旅游开发条件具有一定典型代表性特征的贫困地区	被列入对口扶持的贫困地区
典型案例	广东旅游扶贫工程	湘西、云南石林等贫困地区的旅游开发	宁夏六盘山(国家级)、安徽天堂寨(省级)、山西碛口(省级)	深圳对贵州毕节、广州对广西百色的对口旅游扶贫

二、旅游扶贫实践个案——广西旅游扶贫模式

下面拟以广西旅游扶贫模式作为个案进行简要阐述,以便窥一斑而见全豹,了解该模式的一些特点。

(一)确立旅游产业优势地位

广西各级党委、政府和有关部门在审视自身情况、寻求扶贫突破时,把发展旅游作为推动解决"三农"问题和消除贫困的重要手段和主要任务,通过整合各方力量和产业融合,形成政府主导推动、市场主体开发、全民主动参与、部门积极服务及产业融合"四位一体"的旅游扶贫新模式,将潜在的发展优势迅速转化为经济优势。十年来,广西旅游扶贫得以迅速推进,很重要的一条经验就是地方政府高度重视。龙胜、阳朔、大新、巴马、三江、靖西、宜州等地都把旅游作为重点发展的优势产业。当地政府不仅提出旅游立县等宏观发展目标,还在发展规划、项目选择和建设、农户引导和带动等方面给予了大量扶持,扶贫又"扶智",使旅游业发展和扶贫工作呈现出欣欣向荣的喜人景象。

(二)立足当地特色和可开发旅游资源

广西制定了"因地制宜,就地开发旅游资源,发展特色旅游项目"的旅游扶贫开发方针。十年来,广西旅游部门逐渐探索出在旅游资源条件较好的贫困地区扶持旅游发展,使其成为贫困地区的特色优势产业,带动地区经济发展、促进脱贫致富的一种区域经济发展模式。十年来,广西在贫困山区先后开发建设了德天瀑布、明仕田园风光、靖西通灵大峡谷、宁明花山壁画等多处旅游景点,建成了乡村旅游、休闲农业、生态旅游、红色旅游等主题旅游景区,这些景区风格多样、各具特色,为贫困地区的广大农民创造了大量的就业机会。①

(三)优先解决旅游发展瓶颈——基础设施问题

"十一五"期间,广西各级财政共投入专项扶贫资金近 50 亿元,拉动其他渠道的扶贫专项投入超过 100 亿元。进入"十二五",各级政府和各个部门都加大了对扶贫工作的投入,经广西区财政厅测算,2012 年至 2015 年,各项扶贫投资将达到 1500 亿元。近年来,广西投入数十亿元,开展边境地区、大石山

---

① 参考吴丽萍:《做大旅游惠民生——旅游业助推我区社会建设综述》,《广西日报》2013年 6 月 30 日。

区、东巴凤地区基础设施和公共服务设施建设大会战,为开发旅游资源、发展旅游业创造了有利条件。为了改变当地贫困的面貌,龙胜县在大寨村实施旅游扶贫工程,集中力量开展旅游公路建设。2003 年,大寨村开通了村级公路,并依托农耕梯田和民居村寨开展"红瑶梯田"景观旅游。

(四)部门协作,多管齐下,互动有力

为不断加大旅游扶贫力度和开发建设力度,广西旅游部门整合部门资源,形成扶贫合力。旅游部门和住房与城乡建设部门合作,结合城乡风貌改造,建设了一批旅游名镇名村;与农业、水产、畜牧部门合作,结合"三农"工作,创建了一批休闲农业与乡村旅游示范县(点)、农业旅游示范点和星级农家乐;与林业部门合作,结合林业产业发展,开展了森林旅游示范点创建和"森林人家"旅游品牌建设;与水利、水库移民部门合作,结合水利建设和库区移民工作,发展水利旅游和库区旅游;与文化部门合作,结合文化产业开发,挖掘民俗风情旅游资源,包装旅游演艺产品;与人力资源和社会保障部门合作,结合农村党员大培训工作,每年对一万名乡村旅游经营者进行培训。

(五)挂职指导,实行"人才扶贫""智力扶贫"

广西旅游部门不仅在部门联动中发挥穿针引线的作用,而且身体力行,切实投入旅游扶贫主战场。近年来,广西旅游局通过派出新农村建设指导员、挂职副县长、驻贫困村"第一书记"等形式,轮派工作人员长期蹲点,从资金引进、项目规划等各方面具体指导和帮扶巴马、阳朔、金秀等县发展旅游,直接促进了帮扶点的脱贫致富。据了解,该局帮扶的巴马县坡纳屯村民开办了 51 家农家旅馆,2008 年成功创建自治区农业旅游示范点,2011 年该村接待游客 27.3 万人次,人均收入也从 2006 年的 2660 元提高到 2011 年的 1.5 万元以上。①

三、国内旅游扶贫模式总结

从我国旅游扶贫的方式来看,目前已经基本上形成了多头并举、多种形式并存、相互促进的局面。但目前仍以政府主导为主,地区自发型依然很少。根据外部介入和内生动力发展状况来看,大致可将前述旅游扶贫模式分为以下

① 《因地制宜发展特色项目 广西旅游扶贫 10 年结硕果》,2012 年 10 月 30 日,见 www.gx.xinhuanet.com/newscenter/2012-10/30/c_113542583_2.htm.

几种类型:"输血型扶贫模式"(政府主导)、"造血型扶贫模式"(政府引导)、"补血型扶贫模式"(或称"借血型模式")、"混血型扶贫模式"(或称"组合型模式"或"综合型模式")、"换血型扶贫模式"。

(一)输血型旅游扶贫模式

自改革开放至20世纪80年代中期,中国扶贫主要实行救济方式,即中央政府直接通过各基层政府把粮食、衣物或现金等分配给贫困农户,帮助贫困人口渡过难关,此方式也被称作"输血"式扶贫,主要用于生活救济和财政补贴。这种模式的实施效果较为明显,但其弊端也显而易见,即许多脱贫户因为"输血"中断而再度陷入贫困状态(依然"贫血")。由此可见,"输血"式扶贫方式无法从根本上解决乡村贫困问题。

从旅游扶贫方面的情况来看,最初的情形也大致如此,同属于"输血性扶贫模式"。所谓"输血性旅游扶贫模式",就是政府部门针对缺少旅游发展资金的地方提供资金,帮助其建设旅游基础设施、实现开发旅游资源以推动当地旅游发展的方式,即"资金扶贫模式",其中包括财政拨款、给予项目补贴等。这种类型的扶贫模式主要有"传统旅游扶贫模式"和"原生态开发模式"(生态旅游扶贫模式、景区依托开发模式)。所谓"传统旅游扶贫模式",是旅游扶贫开发初级阶段所采取的方式,旅游扶贫工作基本上停留在"贫困地区自我开发"的层次上,旅游扶贫的主体是以基层政府和旅游部门为主,主要是依靠地方自身的力量,利用当地旅游资源,兴办经济实体,带动贫困地区脱贫致富;[1]而"原生态开发模式"则是一种集观赏、感受、研究、洞悉大自然于一体,以普及生态知识、维护生态平衡为目的的旅游产品,是保护生态环境和资源可持续利用的旅游方式。其核心是强调环境的美化与优化,减轻环境压力。一些自然生态条件好的地区,已经开发了此类生态旅游产品,在一定程度上促进了当地经济的发展。旅游扶贫可以结合当地的这种实际情况开展工作,在资金帮助与技术指导(包括规划和设计等)方面加大力度,凭借旅游所具有的关联性强、就业机会多等优势,对于消化吸收贫困地区的富余劳动力与发展地方经济具有重大意义。[2]

1.案例分析

广东省湛江市徐闻县,位于祖国大陆最南端,工业基础十分薄弱,旅游资

---

[1]　刘益、陈烈:《旅游扶贫及其开发模式研究》,《热带地理》第24卷第4期,2004年12月。
[2]　陈琴:《三峡库区旅游扶贫模式研究》,《安徽农业科学》第39卷第19期,2011年。

源却极为丰富,海岸线、岛屿、港湾、珊瑚礁等自然资源得天独厚,更有悠久的历史积淀和生态农业做坚强后盾。长期以来,由于缺少开发资金,这些资源一直是"养在深闺人未识"。随着海南国际旅游岛的建设,徐闻县县委、县政府毅然决定借力海南国际旅游岛效应,创建一个生态文化港口旅游城市,以达到"旅游立县、旅游强县"的目的。从 2009 年 7 月开始,徐闻举全县之力,仅用 5 个多月就完成了大汉三墩旅游区首期工程,创造了惊人的"三墩速度"。2010 年春节期间,大汉三墩旅游区所接待的游客量达到 12 万人次,收入超过 300 万元。同时,政府投资还吸引了其他资本的进驻。马来西亚一投资方已与徐闻达成意向,投入 6 亿多元开发三墩景区后续工程;龙泉森林保护区、罗斗沙、青安湾等吸引了大批投资者前来洽谈项目,一批大手笔的投资可望落地。

2.简论

不论是以往还是当前,对贫困地区来说,无论是发展经济还是发展旅游,最大的障碍就是缺乏必要的资金。对旅游开发而言,如果没有或缺乏开发启动资金,就会使旅游扶贫工作搁浅,从而贻误旅游开发的良好机会。

为此,应放宽政策,广开门路,多渠道筹集旅游扶贫发展资金。"资金扶贫"不能仅仅局限于财政拨款,也可以以旅游扶贫基金为主,吸引外资、侨资、民资等资本来开发旅游项目。其措施可以包括以下方面:(1)旅游国债。其目的是通过基础设施建设的投资来拉动经营性资金的进入,形成一个较为合理的旅游投资机制,尤其是在贫困地区。从当前来看,效果应该说是比较突出的,问题也是比较突出的,这里面很重要的一点就是很多地方还把精力局限于争夺资金上。(2)财政部门增设旅游扶贫专项基金,优先扶持那些旅游开发条件最好的贫困地区。据广东省旅游局的统计数据显示,2007 年,广东旅游扶贫专项资金从启动之初的每年 3000 万元增加到 5000 万元,使扶贫范围更广,2009 年更达到 6000 万元。十年来,广东省共投入旅游扶贫资金 4.07 亿元,扶持的重点项目共 10 批 695 个(含农家乐 155 个),覆盖全省 90 个县(市、区)。同时,自 2002 年以来,全省旅游扶贫项目所在地吸引外资、侨资、民资开发旅游项目与合同协议资金逾 1000 亿元。旅游扶贫资金的注入促进了地方政府的观念转型,为扶贫项目建设大开"绿灯"。①

(二)造血型旅游扶贫模式

这种模式与上述模式有着本质的区别,不是一味地只管给钱不管用途和

---

① 蔡华锋、周人果:《旅游扶贫,开创全国扶贫新模式》,《南方日报》2012 年 6 月 30 日。

效果,而是更加注重分析当地实际情况,有针对性地进行"定点""对口"扶贫。如不懂旅游规划与开发,就帮助其规划与开发,帮助其设计旅游产品;缺少工程建设与开发技术便提供技术指导,如没有产业则引导品牌企业等入驻或帮助兴建产业,促使当地形成旅游产业及相关产业发展链。

这种类型的扶贫模式主要有特色农业、产业观光体验产品开发模式(现代农业产业开发模式)、特色文化开发模式(宗教文化 民族风情旅游扶贫模式)、旅游相关产业招揽模式等。

1.案例分析

广东省梅州市丰顺县千江温泉度假区是广东省政府批准设立的省级旅游度假区,原计划投资1.8亿元,但在开发建设初期一度出现投资方信心不足、工程进度缓慢的状况,直接影响了度假区的开发。2002年,省旅游局扶贫130万元,极大地鼓舞了投资方的建设热情,加快了工程建设速度。千江温泉于次年顺利试业,该项目的建成提升了丰顺县旅游业的接待能力。130万元旅游扶贫资金的投入带来1.8亿元的投资,带动了全县旅游企业特别是酒店业的发展。在梅州市区域旅游发展战略和2005年梅州创建优秀旅游城市过程中,梅州市明确了"两点一线"的发展方向和发展重点,丰顺县千江温泉成为其中两个重要的极点之一。旅游扶贫扶出了品牌。

2.简论

从上述情况可以看出,这种模式不再是"授之以鱼",而是采取帮助当地挖鱼塘和养鱼的方式,帮助具有一定条件的地方开发乡村旅游产品,开展"古村游"、"农家乐"、"民俗风情游"、手工艺制作观赏与体验游、休闲游(观光农业游、休闲渔业、休闲牧业等)、产业游(农活体验、食品或工业品制作)等。通过发展旅游使村民逐渐认识市场:知道原来自己家周围的山和水那么值钱;知道城里人原来那么喜欢吃自己都不喜欢吃的杂粮;知道平时几块钱的家养鸡可以卖到几十元甚至上百元。村民卖东西可以不用跋山涉水,在自己的家门口就辟有专门为城里人开的市场。村民通过饮食、蔬菜、土特产、旅游纪念品等多种途径进入旅游业,获取劳动报酬。旅游业的发展不仅带来了餐饮业的繁荣、农副产品的旺销,而且促进了当地加工业、种植业的发展,真正实现了"一业兴,百业旺"。例如,位于广东省西北部的连南县是少数民族居住的地区,处于广东省16个特困县的行列。利用自然、人文资源丰富的特点,连南三排乡在县政府开发了瑶族风情游以后,当地人均年收入由过去的几百元迅速提高到近2000元。发展旅游业以来,位于粤北山区的连州2001年接待旅客

20万人次,直接创造旅游收入4000多万元;连山县1999年投资200万元搞旅游,2000年就接待了3.5万人次,2001年接待近8万人次,直接拉动消费2200万元,带动了第三产业的发展,在工业企业不景气的情况下实现了地方财政两位数的增长。①

(三)补血型(或称"借血型")旅游扶贫模式

补血型(借血型)扶贫模式,就是针对有足够的旅游资源而缺少市场或市场发育不良而亟待开辟市场以及需要进一步拓展市场,或专业人才不足而急需专业人才的状况进行"对症下药"式的帮扶,即开展"市场扶贫"与"人才扶贫"(智力扶贫)。从旅游扶贫的角度来说,市场扶贫是更重要的扶贫。

这种模式是通过组织"红色旅游""古村(镇)游""农家乐"等主要以行政部门和学校组织本单位职工旅游为主力、旨在接受革命传统教育或增长历史知识的方式(即单位团集体游、政府部门采购相关旅游产品等)来实现"市场扶贫"的。这种扶贫方式近年来发挥了相当大的作用。

1.案例分析

河源东江画廊,位于广东省河源市东源县境内,以东江两岸自然和人文景观资源为依托,沿途的江风、竹影、渔歌以及纵横阡陌的田园风光,构成了一幅幅乡土气息浓厚的富有客家风情特色的水彩画。苏家围是规划区内较大的居民点,也是扶贫开发的重点区域。苏家围位于义合镇的东江河畔,是苏东坡后裔的聚居地,保留有典型的客家风俗风貌,是一个古老而贫穷的村庄。现有居民42户213人,2000年全村人均收入1680元,远远低于河源市3162元的农村人均收入水平。2001年,苏家围景点初步开发,当年接待游客316万人,门票收入30万元。

东江画廊旅游区分为木京生态农业、竹园水上观光、苏家围客家民俗3大组团。整个总体规划充分体现了社区旅游开发思想,将苏家围的古民居资源、客家民俗资源都开发为独具特色的旅游产品,并以旅游购物、餐饮、表演、游船服务等各种形式引导当地居民参与到旅游产品的开发当中。

东江画廊旅游区被列为广东省首批旅游扶贫项目之后,省政府拨出旅游扶贫专项资金300万元用于旅游区的基础设施和旅游接待设施建设。广东省旅游局在东江画廊旅游区所在地河源市召开了全省旅游扶贫工作会议,并组

---

① 《旅游扶贫是"造血"不是"输血"》,2002年3月18日,见http://news.xinhuanet.com/fortune/2002-03/18/content_320759.html。

织了省内主要新闻媒体和大型旅行社对东江画廊旅游区进行考察。在旅游扶贫工作会议上,62 家大型旅行社与首批 14 个旅游扶贫重点项目进行了"结对子"签约活动,其中有 52 家旅行社与东江画廊旅游区结成对口扶贫对子。[①]在此需要特别指出的是,河源市财政对成功创建国家 A 级景区的单位分别给予 10 万元至 50 万元不等的奖励,对投资 3000 万元以上开发的旅游景区、投资兴建标准三星级以上且床位 300 个以上的旅游饭店或度假设施为重点的旅游项目实行"只收税不收行政规费"政策。[②]

(四)混血型(组合型)模式

混血型模式主要是针对有一定资源而其他方面则相对缺乏、需要多方面予以帮助的地区进行帮扶的一种方式。从经济层面来看,如果各部门能够相互协调与协作,将资金扶贫、市场扶贫、人才扶贫结合起来,把汇集到当地有限的各种资源和当地有价值的资源加以整合,即聚合各种扶贫力量,就能最大限度地真正发挥旅游扶贫的作用。

这种类型的模式有农家乐开发模式、社区旅游开发模式、湘西土家族苗族自治州的"大旅游大扶贫"模式和广东的"立体化旅游扶贫模式"。其中,广东模式的特点是:在全省域范围内展开,系统运作,统筹安排;配备必要的扶持政策(旅游扶贫专项奖金等);全方位的协作部门、多层面参与主体、多元化扶贫手段构成了立体化旅游扶贫网络构架;以旅游项目开发为核心载体,不同要素相互联动,多维度指向扶持对象困难群体相对集中的贫困山区。这与以往传统性的旅游扶贫方式的不同之处在于,是政府主导下的多轮驱动、多部门联合推进,由政府拨出专项资金以旅游项目开发的形式开展扶贫工作。除发动发达地区与欠发达地区旅游企业签订协议、输送客源外,更主要的是靠财政专项资金的投入,完善旅游基础、公共服务配套设施,并发挥财政资金"四两拨千斤"的杠杆作用,吸引更多的外资、民资投入到欠发达地区的旅游景区建设中,打造出一批成熟的旅游项目。[③] 广东省和平县在财政经济十分困难的情况下,不仅先后共拨出 1000 余万元用于完善旅游扶贫项目交通和前期规划,而且在旅游扶贫项目建设期间县主要领导经常召集相关部门进行现场办公,协调部署解决供电、

---

① 刘益、陈烈:《旅游扶贫及其开发模式研究》,《热带地理》第 24 卷第 4 期,2004 年 12 月。
② 蔡华锋、周人果:《旅游扶贫,开创全国扶贫新模式》,《南方日报》2012 年 06 月 30 日。
③ 同上。

通信、交通、规划等一系列问题①，大大地改善了旅游发展的基础环境。

（五）换血型模式

所谓"换血型扶贫模式"，就是针对旅游管理机构运行出现重大问题（如不懂运营管理或管理不善、运转不畅等近乎瘫痪的状态），严重缺乏旅游规划与开发、产品设计和市场运作等方面人才的地区，帮助其改组领导机构、制定新的管理制度，并对其旅游地块进行全面规划、帮助其开展旅游管理与服务等方面的教育与培训工作、输送专业人才以及定点、定向培养人才，即开展"人才扶贫""智力扶贫"与"制度扶贫"，帮助该地对其现有的旅游企业或相关产业进行结构调整与转型、对其旅游产品进行升级换代，以适应新情况。

为帮助西藏地区发展旅游事业，国家旅游局召开了全国旅游教育培训援藏工作会议，希望以此加快推进西藏各地区的旅游人才培养工作。继山东、四川、重庆、湖北等省市完成旅游教育培训援藏任务后，广东、天津、辽宁、湖南等省份也成功地实施了旅游教育培训援藏"送教上门"项目，分别为对口的林芝、昌都、那曲、山南地区培训旅游从业人员。福建则接受了林芝地区旅游系统的3名干部到福州、厦门、南平进行挂职锻炼和培训。国家旅游局还专门组织了"西部地区地县旅游局局长旅游业务考察团"赴泰国等地考察。为落实2002年西部旅游人才开发主题培训活动，加快西部地区旅游领导干部的培养，8月25日至9月6日，国家旅游局组织西部地区的14名地县旅游局局长赴泰国、新加坡、澳大利亚（途经中国香港）进行了考察学习。考察团严格按照国家旅游局领导"带着问题考察"的要求，结合西部旅游业发展的实际，重点考察了旅游景区开发与管理、旅游市场促销、旅游纪念品开发、旅游人才培训和旅游服务质量管理等内容。在考察中，大家强烈地感受到了旅游发达国家浓厚的旅游氛围及成熟的旅游管理与开发模式，同时也看到了差距，增强了发展本地区旅游业的使命感与紧迫感。②

第二节　国外旅游扶贫实践及其启示

纵观国内外旅游扶贫实践发展史，可以看到很多发达国家甚至一些发展

---

① 蔡华锋、周人果：《旅游扶贫，开创全国扶贫新模式》，《南方日报》2012年06月30日。
② http://www.abzta.gov.cn/web/t1/main.jsp? go=newsDetail&cid=1628&id=779.

中国家往往能够先我们一步——无论是"旅游扶贫"概念的提出还是具体的实践工作，无论是"绿色旅游"还是"生态旅游"，无论是"乡村旅游"还是"产业旅游"（包括"工业旅游"），等等。我国许多的新型旅游项目大都是来源于海外，并效仿逐渐展开的。我们认为，不论是发达国家还是比我们落后的国家，都有其特色，都有其长处与不足之处，都有值得我们学习借鉴的地方或者应当加以规避或必须尽量避免的教训。本节主要简述一些国家的旅游扶贫实践工作与经验，以供读者思考或借鉴。

一、日本旅游扶贫模式——修学旅游扶贫

日本虽然工业发达，但农业相对落后，在一些偏僻的山区尤其如此。为缩小城乡差别、发展落后地区的经济，日本政府制定了许多有助于这些地区经济发展的政策措施，其中包括通过政府资助（如中央财政拨款、补贴）、税收减免、银行低利率贷款以及放宽土地限制条件等优惠措施鼓励、支持企业到农村地区投资（如兴建旅馆、国民旅行村、自然旅游村和旅游度假村等），允许企业对其设施设备采取加速折旧等措施，以及对旅游企业实施《破产法》予以保护。

在此需要指出的是，日本学校普遍实行的修学旅行教育对日本农村经济和旅游业的发展有着很大的促进作用。修学旅行是日本小学、中学、高等教育均必修的一个课程环节，是文化教育交流的旅游形式。修学旅行是以学习为目的，学生更容易从旅行中学到知识。由于学习内容的不同，日本的修学旅行被细分成若干类别。比如，历史学习主要是通过参观历史遗迹学习历史知识，这种旅行大多去古迹多的京都、奈良和东京等地；还有到农村去观光和体验生活的，其中包括到山区去体验大自然的森林修学旅行和到农村去的生活体验修学旅行（体验农村生活包括耕作、插水稻、收割庄稼、饲养牲畜等）。这不仅有助于扩大学生的视野，提高学生的素质，而且有利于开展修学旅游地区旅游的发展和经济的振兴。

日本政府考虑到修学旅游需要花费不少钱，为减轻经济状况不好的学生家庭负担，从 1959 年起开始资助修学旅游，即公立小学 6 年级和中学 3 年级需要保护的学生的修学旅游费（交通费、住宿费及参观费用）由市镇村拨付给其保护人员，国家补贴其中的一半费用。1962 年，补助对象约为 36.3 万人，单价是小学生 750 日元，中学生 1900 日元。1970 年，小学补助人员达到

131862 人,每生补贴 1800 日元,中学生人数达到 129918 人,每生补贴 5800 日元。1973 年,小学补助人员达到 102580 人,每生补贴 3100 日元,中学生人数达到 102251 人,每生补贴 8900 日元。到 1976 年日本政府预算额达到 9.59 亿日元。①

另外,从 1973 年开始,为交通和自然条件等方面较差的偏僻地区(3~5 级)学校的所有中小学生提供修学旅游的机会,以扩大其视野,提高教育水平。国家补贴所需费用的三分之二,补助对象共计 28 万余人,其中小学生 13542 人,每生补贴 3100 日元,中学生 14859 人,每生补贴 8900 日元。1976 年,为使交通条件及自然、经济、文化等多种条件不好的非常偏僻地区(3~5 级)学校所有中小学生都能参加修学旅游,日本政府提高预算金额至 1.5 亿日元。这种措施至今仍在执行。②

不过,京都教委在 2010 年度的修学旅行准则中规定,初中生修学旅行时间应控制在 72 小时之内,高中生为 96 小时之内。小学、初中生的所需费用"要考虑到家长的经济负担,尽可能减少预算"(2010 年京都资助小学生额度为 5800 日元),高中生修学旅行费用则有明确规定,国内旅行每人不得超过 7.8 万日元,海外旅行费用上限为 9.5 万日元。宫城县制定的准则要求高中生海外旅行费用限额则是 15 万日元。从其时限和旅游额度来看,虽然相当有限,但对于国内交通发达且国土面积狭小的日本来说还是非常适合国家发展短途旅游的,这有助于自然条件良好、风光优美的山区旅游业发展。③

针对某些贫困地区市场过于狭小的状况,可以像日本教育主管部门一样结合学校教育推动学生(尤其是大城市的学生)到乡村去接受"三农教育"(在农家吃住、干农活、养牲畜、垂钓等)和大自然的熏陶,将夏令营、冬令营等活动转变为中国式的"修学教育",通过政府和教育主管部门予以资助的方式,开辟、拓展"中小学生修学旅游市场",这样不仅有利于学生的"德、智、体、美、劳"全面健康发展和野外生存、应急处理等能力的培养,而且有助于贫困落后地区的经济发展。

---

① 陈友华:《日本农村旅游开发及其对我国旅游扶贫开发的启示》,《农村经济与科技》2013 年第 24 卷第 8 期。
② 日本总理府编:《观光白皮书》,大藏省印书局 1964~1976 年版。
③ 裴军:《又是修学旅行时》,2010 年 7 月 16 日,见 www.itravelqq.com/2010/0716/48607.html。

二、南非旅游扶贫——PPT 战略

南非的贫困地区拥有独特的地理区位、一流的旅游资源和旅游产品,具备旅游扶贫开发的先决条件。从 1999 年 PPT 战略引入南非至今,南非在旅游扶贫方面的工作已开展有十多年的时间,且取得了许多令人瞩目的成绩。虽然南非的旅游扶贫并非十全十美,但是多年来,南非政府调动国内各方面积极性,在全国范围内开展 PPT 工作,并得到国际理论界、金融机构等的广泛支持与关注,其中有许多有益的经验值得我们学习和借鉴。

(1)强调 PPT 的理念。要求经济、社会与环境综合发展,尤其是企业公民意识,关注非经济影响,强调政府在旅游扶贫进程中的主导作用。

(2)列入国家战略,多个政府部门共同参与,政策、法规、法律等一系列保障措施配套。旅游业要以国家优先的、可持续方式加速地发展,为每一位南非人积极改善生活质量作出贡献。作为国家经济战略的先导产业,国际化竞争力的旅游业将是政府建设和发展的主要动力。

(3)建立示范区,以获取战略实施的经验教训。南非 PPT 项目组与试验区的 5 个企业建立密切联系,帮助从事 PPT 的设计加强与地方的联系并执行计划,目的是要形成一个对穷人有长期影响的战略,并对企业产生好的反馈作用,同时通过提供 PPT 的信息,提供案例研究及其他地方的经验教训、有关信息交流的论坛等,与南非旅游业界广泛合作,使 PPT 的发展既广为人知又具专业化。

(4)强调企业的介入,强调企业的责任、参与。从方法上讲,强调经营方法的改变,强调中小微型企业,强调与当地社区的联络(联系);从激励因素上讲,与其在社会中的信誉相结合(责任卡)。

(5)重视非政府组织的作用。与国际组织合作,发挥非政府组织在旅游扶贫中的有效作用。

三、尼泊尔瑚牡拉(Humla)地区旅游扶贫经验

尼泊尔最为典型的 PPT 案例是瑚牡拉地区的扶贫。瑚牡拉是位于尼泊尔西北角、与西藏毗邻的中西部地区,海拔高度在 1500～7300 米之间。瑚牡拉的交通十分闭塞,是最贫穷国家尼泊尔最贫穷的地区之一,开展旅游扶贫开发工作异常艰难。但在各方的努力下,PPT 项目在该地区持续了 15 年之久,

并取得了成功。它们所取得的成绩和经验值得我们学习和借鉴。

(1)强调外界参与的重要性。像这种世代处于贫困状况的与世基本隔绝的偏远地区,要由原始状态的社会开发程度直接进入市场经济导向的旅游产业部门,从意识、理念、内容、方式、资金到基础设施的建设等,都需要外界给予突破性的参与,要有一个"革命性"的变化才能发展,才能通过旅游让穷人获利。

(2)注重PPT的效率。要充分估计对于最贫困人参与旅游难度的认识,正像案例中实行的只要对多数、大多数穷人有利,就可以进行,而不必非得把最穷的人作为首要目标,这是一种实事求是的做法。

(3)重视充分发挥社区组织、非政府组织的作用。把提高能力作为"有利于穷人"的重要选项就具有重要的意义。

(4)对穷人获利有更全面的理解。不仅仅是有现金的收入,由就业机会的增加所带来的直接的获利,还应包括其他方面的变化,诸如观念的转变、市场意识的提高、组织能力的加强、参与竞争的理念的培养、对保护良好生态环境的正确认识的进步,包括社区卫生面貌的改善、基础设施的建设等,这些都应视为穷人获利的目标。唯有如此,PPT的实施才有更广泛的内容与深度,才显得更有生命力、更具可持续发展潜力。

(5)在瑚牡拉,PPT主要是以可持续旅游的形式进行的,这为人们扩大了开展PPT活动的视野。任何形式的旅游都可以"有利于穷人",尤其是可持续旅游,其与PPT的关系更为密切。两者是相辅相成的:在贫困地区,没有单纯的可持续旅游,在那里要可持续发展,必须"有利于穷人",只有更好地实行PPT才有可能可持续发展。因此,PPT是可持续发展的前提,可持续发展是PPT的必然结果;PPT是作为可持续旅游的一个必要条件,也就是说只有PPT才可能可持续发展,而且在一个旅游业刚起步的偏远地区以这样的理念作指导本身就具有可持续发展的意义。

四、纳米比亚和乌干达——社区旅游协会

纳米比亚和乌干达均建立了"旅游业协会"(NACOBTA)与"社区旅游协会"(UCOTA)。这两个组织的性质相似,都是基于社区的旅游业协会组织。这两个组织的工作都涉及地方政府部门(负责向社区旅游企业提供培训、技术支持等)、私人资本(企业)及国家的产业政策,它们对这三个方面都极为重

视与关注。"旅游业协会"和"社区旅游协会"旨在通过发展和扩大利基市场、社区参与、行业分工来为贫困社区增加经济效益,以此达到更广泛的社区参与,形成主流行业。

启示与经验借鉴:(1)重视协会在提倡和促进旅游扶贫中的价值和作用;(2)为了组织的可持续发展,这一类协会在依赖外部资金时必须保持独立;(3)必须具备一定的经营技能(包括战略计划、市场营销与总体意识等)。

五、南非北部省份——SDI 及社区—公共—私营伙伴关系计划

该计划指出要研究旅游扶贫如何融入农村经济增长和南非政府的投资策略,并在此基础上探讨促进经济增长与实现社会目标的紧张关系。其中提出:(1)要改变社区以往只是捐助(资助)的"接收者"角色,应当更加主动成为社区的"管理者"和"授权者",因此就土地所有权而言,社区也是企业的"股东";(2)保证收益的规模和私人(企业)投资收益的关键是项目的商业吸引力;(3)追求旅游扶贫目标和确保个人投资收益之间存在一定的矛盾,需要正确处理。

综上,社区要转变被动角色,成为资产管理者;旅游扶贫相关工程项目要有商业价值与吸引力,并确保投资者合理的收益与社区居民收入增加达到均衡,即建立起合理的利益分配机制。

第三节　主要经验借鉴与政策建议

纵观国内外旅游扶贫状况,可以发现:大多数国家和地区都经历了一个由前期的以政府主导向后期的以当地为主(主导与主体)、由单一方式向多种方式、由贫穷向"脱贫"的转变过程。从其实行方式来看,可谓多种多样。大致可以归纳为以下四种类型:一是单一性对口式旅游扶贫模式(即"一对一模式"),一般是附属于国家或地区的开发政策和政治任务,旅游扶贫作为发达地区与欠发达地区之间、城市(行政部门或事业单位等)与落后农村的对口扶贫内容而诞生;二是泛旅游扶贫模式(与旅游事业发展相关的帮扶),即欠发达地区通过有利于贫困人口的旅游产业开发,从而带来客观扶贫效果的扶贫模式;三是旅游扶贫试验区模式,即在一些旅游资源丰富的贫困地区划出一定

范围建立旅游扶贫试验区,通过发展旅游业促进其经济社会发展,以此带动其他地区的旅游开发;四是立体化组合式旅游扶贫模式,即多头并举,多管齐下,全方位进行帮扶。从总体上来看,不论哪种模式,基本上都是以政府为主导(即"输血型扶贫模式"),当地居民乃至地方政府往往难以发挥自己应有的作用,处于非常被动的地位,致使旅游扶贫效果大打折扣。随着扶贫工作的进一步开展,政府部门逐渐认识到了这种单一包办式的扶贫模式存在诸多弊端,开始由"输血型模式"转向"造血型模式",由"政府主导"逐渐转为"政府引导"。从根本上来讲,旅游扶贫只是扶贫的一种方式,其根本目的是要通过被动"输血"达到主动"造血"的效果。旅游扶贫要想取得好的效果,思路就必须有所转变。旅游扶贫不仅要与其他扶贫工作结合起来,不能简单地只盯着前来旅游的客人吃住方面的消费,而要通过培育旅游产业链,让更多人直接或间接地参与旅游经营。这不仅是要让他们获得更多的就业与发展机会,更是让当地农民多进行市场锻炼,以提高他们的经营能力,从而达到"授人以渔"的目的。只有变单向"输血"为帮助贫困地区"造血",才能走出可持续发展的旅游扶贫之路。

一、旅游扶贫经验借鉴

从国内外旅游扶贫工作的情况来看,不难发现每一种模式都有其长处与不足。我们研究它的目的就是为了取长补短,进一步推动旅游扶贫工作取得更好的扶贫效果。经研究分析,我们课题组成员认为以下做法与经验值得借鉴。[①]

(一)在旅游扶贫对象选择上,立足本地资源与特色,完善相关设施

贫困山区大多是农业地区,第三产业较为落后,旅游扶贫政策实施后,许多地方政府以此为契机,将旅游扶贫作为启动新一轮旅游经济增长的突破口,提出了"旅游活县""旅游兴县""旅游立县"的战略,充分利用旅游业"一业兴、百业旺"的行业带动优势,在成功开发旅游景区的同时,餐饮业、农副土特产品加工和包装销售、旅游纪念品开发,甚至房地产业、客运业等也蓬勃发展起来,民俗文化和民间艺术得到挖掘与展现,从而延长了旅游产业链,带动了

---

① 陈友华:《基于扶贫目的的我国旅游扶贫开发新思路》,《当代旅游》(中旬刊)2013年第4期。

第三产业的兴旺和产业结构的调整,找到了一条能够发挥山区优势、适合山区发展的新路子,为山区发展注入了活力,搞活了山区经济。

江西省在新一轮对口援疆工作开展以来,注重"输血"与"造血"并重的援疆思路,针对阿克陶县农牧民人均收入低、转移就业困难这一最大民生问题,围绕旅游产业做文章,积极探索建立旅游扶贫新模式。阿克陶县旅游资源丰富,境内有冰川公园、喀拉库勒湖、慕士塔格峰等一批顶级的自然景观,以及帕米尔高原上的柯尔克孜族、平原绿洲上的维吾尔族、彩云之端的塔吉克族等民族风情独特浓郁的旅游禀赋。江西省按照确保游客在 3 小时内能够在阿克陶境内解决吃、住、行问题,着力打造"一线多点"旅游带思路,投资 6000 万元兴建旅游产业服务中心,投资 6000 万元兴建江西二大道,投资 1500 万元兴建火车站广场,引进大旅行社经营管理具有江南风格的君丽廷假日酒店。旅游服务基础设施的完善使阿克陶具备了主动对接喀什经济开发区,快速融入新疆旅游热潮的基础。江西省结合阿克陶县实施的安居富民、定居兴牧工程,选取分布在主要景点的布伦口江西新村、巴仁乡吐尔村、奥依塔克镇奥依塔克村等9 个村庄,突出建筑物的地域特色和民族风情,为游客在阿克陶有景可看,有项目可游乐、互动创造条件,实现了使游客愿意在阿克陶多玩、多住、多消费的目的。其中,以保护、继承和宣传玛纳斯文化为特色的布伦口柯尔克孜民俗文化旅游村(江西新村),在援建伊始就特别注重挖掘特色旅游资源,现已初步建立了玛纳斯文化广场、玛纳斯雕像、玛纳斯文化墙、传统手工艺品展厅等设施,与周边的喀湖、白沙山景点相互映衬。在 2012 年的玛纳斯国际文化旅游节上,该村吸引了数万名游客来游览阿克陶雪域高原美景,成了柯尔克孜文化旅游的品牌景点。①

(二)在旅游扶贫方式上,要变"输血"为"造血""补血""混血型"乃至"换血"

1986 年以后,国家每年拨出 144 亿元专项资金进行开发式扶贫,即变"输血"为"造血",目的在于提高贫困人口的劳动能力,让他们的脱贫努力能保持可持续发展。

在旅游扶贫启动之初,此项工作的决策者和执行者认识到,有限的旅游扶贫资金不可能解决所有问题。根据"杠杆"原理,广东立体化旅游扶贫工程选

---

① 刘威:《江西援疆探索旅游扶贫新模式》,2012 年 8 月 29 日,见 http://www.news.ts.cn/content/2012-08-29/content_7181379.html。

择了以项目启动性扶持为重点的策略。按照规定,旅游扶贫专项资金的使用只能集中在一些配套公共基础和服务设施方面,而非单纯地"输血";更强调雪中送炭,而不是锦上添花,即倾向于项目启动和瓶颈问题的解决;注重为贫困地区旅游市场开发创造条件,改善发展环境,增强山区的融资能力和造血功能。

广东旅游扶贫不是简单地在"输血",而是在"造血";为山区带来的不仅是资金,还有人流和信息流,以及观念、信心、环境、生活方式的改变。凭借特有的"造血"式扶贫功能,给投资者以鼓舞,增强他们对山区旅游资源开发的信心,使民营资金投放到山区旅游项目中来。当前,旅游扶贫已逐步形成了政府投资、招商引资、民间集资、资源入股相结合的多元化投资体系。据不完全统计,广东省从旅游扶贫工作开展以来的十年间,投入专项资金达到 3.63 亿元,由此吸引的外资、侨资、民资开发旅游项目与合同协议资金达 866 亿元。这些资金涉及景区建设、住宿、餐饮、旅游商品加工生产、旅游服务、交通道路等基础设施配套项目,不但有效地解决了广东欠发达地区旅游发展的资金问题,更重要的是促进了基础设施的改善和产业结构调整,最终实现了地区经济的快速发展。①

（三）在政府角色定位上,要变"政府主导"为"政府引导"与"政府督导"

由于旅游扶贫开发对象与目标具有特殊性,并且在一定程度上旅游扶贫开发存在市场化失灵,因此,旅游扶贫开发需要确立政府的特殊职能与作用,即通过特殊政策扶持支持贫困地区通过发展旅游产业实现脱贫致富的政策目标。在旅游扶贫开发过程中,应转变政府职能,由"政府主导"转变为"政府引导(包括示范)""政府辅导(包括派遣专家前往进行具体指导或培训)"和"政府督导(包括行政管理与业务指导等)",并重点体现在宏观规划、政策扶持、组织引导、统筹协调、监督管理等方面。

"政府引导""政府辅导"和"政府督导"的旅游扶贫开发战略是促进旅游扶贫开发健康、可持续发展的重要前提。在旅游扶贫开发过程中,政府的职能主要表现为:在政府规划指导下,采取各种措施,对旅游开发给予积极引导和支持,营造旅游环境,有意识地发展旅游业,以带动社会经济的全面振兴,包括

---

① 《广东旅游扶贫形成"磁场效应" 十年"造血"拉动农民就业增长》,2013 年 6 月 27 日,见 http://www.news.163.com/13/0627/18/92D6NPJ700014JB6_all.html。

决策工程、人才工程、引导工程、资金工程等;①国家或地方政府凭借其社会威望、财政实力与强大的管辖能力,通过制定法令、法规、规划、政策,投入相应的旅游基本建设资金,营造良好的旅游环境,能在旅游业的发展上发挥极为重要的主导作用;②由于旅游扶贫开发对象与目标的特殊性,旅游扶贫开发既要依存于市场运作,又要超越于一般的市场运作,即社会服务性质或者非利润导向的内容在旅游扶贫项目中占有相对重要的地位。③

（四）在旅游扶贫开发维度上,要变"单一式"为"立体多维式"扶贫,变"单打独斗、各行其是"为"齐心协力、群策群力"

作为一种全新的产业扶贫模式,旅游扶贫正成为扶贫开发实践中的一大亮点,改变贫困农民捧着"金饭碗"去"讨饭"的做法。要克服旅游与扶贫的"两张皮"现象,改变各个部门单兵突进的做法,将旅游业作为一个优势产业来对待,当作扶贫新的启动点来扶持;要进一步用足、用活有利于旅游扶贫的各项政策,把民族政策、扶贫政策、革命老区开发政策及各部门相关政策与旅游开发政策联系在一起加以使用。近年来,广西旅游部门与住建、农业、水产畜牧、林业、水利、水库移民和文化等部门合作,建设了一批旅游名镇名村,创建了一批休闲农业与乡村旅游示范县(点)、农业旅游示范点和星级农家乐,开展了森林旅游示范点创建和"森林人家"旅游品牌建设,帮助发展水利旅游和库区旅游,挖掘民俗风情旅游资源,包装旅游演艺产品,等等。广西壮族自治区旅游局副局长余小军直言:"这种'各炒各的菜,共办一桌宴'的做法,在资金来源不变、使用用途不变的前提下,较好地汇集了各方面资金,推进了旅游扶贫工作的有效开展,使旅游产业日益成为贫困地区的一项优势产业并初具规模,为逐渐由输血型扶贫向造血型扶贫过渡创造了条件。"④

（五）在扶贫参与方式上,注重贫困人口参与旅游服务乃至管理工作

首先要从社区的角度考虑旅游目的地建设,通过优化旅游社区的结构提高旅游业的效率,谋求旅游业及旅游目的地经济效益、环境效益和社会效益的协调统一和最优化。贫困人口参与旅游扶贫要求贫困地区从社区的角度考虑旅游业发展,通过社区参与的方式使贫困社区居民在共同承担旅游扶贫的风

①　冯学钢:《皖西地区旅游开发扶贫探讨》,《经济地理》1999 年第 2 期。
②　蔡雄等:《旅游扶贫》,中国旅游出版社 1999 年版。
③　谷丽萍、方天堃:《旅游扶贫开发新论》,《云南财贸学院学报(社科版)》2006 年第 3 期。
④　孟萍、邝伟楠:《广西旅游扶贫结硕果》,《中国旅游报》2012 年 10 月 29 日。

险和责任的同时,能够公平地分享旅游业发展带来的经济、政治、社会、环境等各方面的成果,从而促进贫困地区经济社会的可持续发展。

贫困人口参与旅游开发模式的特点是:(1)旅游开发主体多元化。社区旅游开发模式更加强调政府的主导作用,政策性强,一般得到省市级以上政府、新闻媒体、旅游主管部门、旅行社等单位的共同支持,为开发商大大降低了成本,提高了项目开发的成功率。(2)旅游扶贫目标系统化。由于旅游扶贫由政府牵头,所以在扶贫目标的制定方面是以解决当地群众脱贫致富问题为宗旨,扶贫目标更多的是考虑经济效益、社会效益和环境效益的协调统一和最优化,提高社区居民的生活质量。(3)旅游开发对象人本化。社区旅游开发的出发点是将旅游资源开发和社区建设结合在一起,不仅考虑了旅游景观、旅游环境,而且考虑到旅游目的地的社区建设,将旅游开发融入当地的社区建设中,使当地居民成为旅游开发的参与者和受益者。(4)扶贫手段的多样化。政府除在前期投入资金外,在市场、管理、技术、政策等方面都给予相关支持。①

巴马是广西旅游扶贫成功案例中具有典型性的一个案例。巴马既是革命老区,也是一个典型的大石山区。近年来,当地利用得天独厚的品牌优势和资源优势,将旅游业作为全县经济社会发展的主导产业和农村脱贫致富奔小康的主引擎,创造了广西旅游发展史上的"巴马现象",走出了一条长久扶贫、造血扶贫之路。村民自发成立相关组织,如"大寨村农业生态旅游协会""农业生态旅游协会领导小组",村民当起旅游向导,出售民族工艺品和土特产品,创办农家旅馆和餐饮店。2011 年,全县接待游客 176.5 万人次,同比增长 20%;实现旅游社会总收入 13.38 亿元,同比增长 42.64%。

(六)在体制机制构建方面,要健全旅游扶贫发展保障机制

第一,构建完善的组织保障机制。省、市、县、镇要层层建立旅游扶贫协调领导小组,在此基础上建立旅游扶贫管理机构,加快各地旅游资源整合步伐,为有劳动能力的低收入人口提供就业机会。

第二,构建健全的资金保障机制。建议积极增加信贷资金投入,加大招商引资力度,加大整合方方面面资金的力度;加大对贫困和低收入人口参与旅游开发的支持力度,其培训经费可分别由劳动、扶贫、旅游等部门负责安排。②

① 刘益、陈烈:《旅游扶贫及其开发模式研究》,《热带地理》第 24 卷第 4 期,2004 年 12 月。

② http://roll.sohu.com/20110530/n308848988.shtml。

第三,建立旅游扶贫产品供给机制。尤其是要针对农村对旅游资源的规划与开发、旅游产品的设计、旅游市场的开拓等方面加大帮扶力度。多组织旅游宣传、招揽与促销活动,包括旅游产品推介会、地方文化与特产宣传促销会、旅游节庆等。在国内主要平面、电视及网络媒体进行强势宣传,并开通旅游节庆官网、城市旅游网络营销平台、官方微博等,加大网络宣传、强化互动造势。

二、旅游扶贫政策建议

从前述我国旅游扶贫的模式来看,虽然名目繁多,但基于外部介入和内生动力发展状况,基本上可以划归为"输血型旅游扶贫模式"。其主要而且最突出的特点就是政府包揽一切的主导——包括主"干"、主"财"、主"事"(其中包括控制相关信息)、主"人"、主"物"等各个方面。这种做法虽然具有能够集中财力、物力、人力好办事、办大事、快办事等优点,但也有容易导致实施效果差、资金浪费严重、地区主观能动性得不到充分而有效的发挥等弊病。因此,我们需要改变传统观念和管理模式,主动放权,大胆使用德才兼备之人。在旅游扶贫方面,我们也要进行转型升级,即从墨守"传统旅游扶贫模式"转向注重"原生态开发模式"(生态旅游扶贫模式、景区依托开发模式)。所谓"传统旅游扶贫模式",是指前述所提到的旅游扶贫开发初级阶段所采取的各种方式,这种旅游扶贫的主体是以基层政府和旅游部门为主,主要是依靠地方自身的力量,利用当地旅游资源,兴办经济实体,以期带动贫困地区的脱贫致富。①但由于这种扶贫工作往往停留在"贫困地区自我开发"的层次上而难以发挥应有的作用,扶贫效果不明显,所以有必要尽快进行转换,并逐步转向深入。"原生态开发模式"是近年比较流行、社会各界有识之士大力倡导的一种绿色发展模式(实际上包括"绿色旅游""生态旅游""乡村旅游""古村古镇游"等对环境影响小、注重环保和生态的旅游项目或产品),是一种集观赏、感受、研究、洞悉大自然于一体,以普及生态知识、维护生态平衡为目的的旅游产品(包括参观、学习、考察、探访等形式),是保护生态环境和资源可持续利用的旅游方式。其核心是强调环境的美化与优化,减轻环境压力。对于一些自然生态条件好的贫困地区,地方政府完全可以迎合社会发展要求、结合当地的实际情况开展旅游扶贫工作,在资金帮助与技术指导(包括规划和设计等)方面

---

① 刘益、陈烈:《旅游扶贫及其开发模式研究》,《热带地理》第 24 卷第 4 期,2004 年 12 月。

加大力度,凭借旅游所具有的关联性强、就业机会多等优势,积极推动本地旅游资源的开发。①

对贫困地区来说,无论是发展经济还是发展旅游,最大的障碍都是开发资金短缺。对旅游开发而言,如果没有启动资金或缺乏后续资金,就会使旅游扶贫工作搁浅,从而贻误旅游开发的良好时机。为此,需要社会各方的共同努力。另一方面,我们不能囿于资金的缺乏而无所作为,不能坐等政府拨款和包办一切,要自力更生,"自主创业";政府部门则要改变旅游扶贫方式,使之得以独立行走和独当一面。本书课题组认为,我国应在"输血型旅游扶贫"的基础上结合当地的具体情况逐步进行转型升级,即转向以下三种模式为主:(1)"造血型旅游扶贫模式"(政府引导);(2)"补血型旅游扶贫模式"(或称"借血型旅游扶贫模式");(3)"混血型旅游扶贫模式"(或称"组合型旅游扶贫模式"或"综合型旅游扶贫模式")。此外,还有一种很少采用但又非常重要、在某些情况下不得不采用的方式,就是"换血型性旅游扶贫模式"。②

(一)"造血型旅游扶贫模式"

所谓"造血型旅游扶贫模式",是指要有针对性地进行"定点""对口"扶贫,通过技术支持、政策支持、资金补贴、市场运作等方式进行项目开发,扶持当地旅游产业的发展。这种模式与上述模式有着本质的区别,它不是一味地只管给钱不管用途和效果,而是更加注重分析当地实际情况,有针对性地进行"定点""对口"扶贫,如不懂旅游规划与开发,就帮助其规划与开发,帮助其设计旅游产品,缺少工程建设与开发技术便提供技术指导,如没有产业则引导品牌企业等入驻或帮助兴建产业,促使当地形成旅游产业及相关产业发展链。

这种类型的扶贫模式主要有特色农业、产业观光体验产品开发模式(现代农业产业开发模式)、特色文化开发模式(宗教文化、民族风情旅游扶贫模式)、旅游相关产业招揽模式等。

需要强调指出的是,这种模式不再是"授之以鱼",而是采取帮助他们挖鱼塘和养鱼的方式,帮助具有一定条件的地方开发乡村旅游产品,开展"古村游""农家乐""民俗风情游",手工艺制作观赏与体验游,休闲游(观光农业游、休闲渔业、休闲牧业等),产业游(农活体验、食品或工业品制作等)。通过

---

① 陈琴:《三峡库区旅游扶贫模式研究》,《安徽农业科学》,2011 年第 39 卷第 19 期。
② 陈友华:《中日两国农村地区旅游开发模式比较研究》,《南昌大学学报(人文社会科学版)》2013 年第 44 卷第 4 期。

发展旅游使村民逐渐认识市场:知道原来自己家周围的山和水那么值钱;知道城里人原来那么喜欢吃自己不喜欢吃的杂粮;知道平时几块钱的家养鸡可以卖到几十元甚至上百元。村民卖东西可以不用跋山涉水,在自己的家门口就辟有专门为城里人开的市场。村民们通过饮食、蔬菜、土特产、旅游纪念品等多种途径进入旅游业,获取劳动报酬。旅游业的发展不仅带来了餐饮业的繁荣、农副产品的旺销,而且促进了当地加工业、种植业的发展,真正实现了"一业兴,百业旺"。

（二）"补血型（或称"借血型"）旅游扶贫模式"

"补血型（借血型）扶贫模式",即针对有足够的旅游资源而缺少市场或市场发育不良而亟待开辟市场以及进一步拓展市场,或专业人才不足而急需专业人才的状况,进行"对症下药"式的帮扶,即开展"市场扶贫"与"人才扶贫"（智力扶贫）。从旅游扶贫的角度来说,市场扶贫是更重要的扶贫。

"补血型扶贫模式"主要是针对当地缺乏专业人才和市场的情况有针对性地进行帮扶。针对市场不足,政府部门自动出面、牵头组织旅游相关部门（如旅行社、景区、旅游交通部门等）到当地进行考察,到外地举办推介会,或在本地举办旅游交易会、土特产品交易会等活动。现在各地都经常举办各类旅游交易会,全国每年有一次国内旅游交易会,这就使得贫困地区以前鲜为人知的旅游资源在这些交易会上得以亮相,起到了一定的宣传推销作用。比如,山西有个绵山,开发了五年,由于当初没有进行宣传而不为外界所知,近几年由于大力进行宣传,加上产品相对比较成熟,在某年五一黄金周成为山西接待量最大的景区,超过了五台山。能够达到这样一个效果,应该算是比较成功的。这种市场性的扶贫比单纯资金性的"输血型扶贫"方式有时候作用更大。

针对人才不足的情况,政府部门和高校选派部分领导或专家学者以及旅游相关企事业单位专业人员到当地挂职进行专业指导。国家旅游局就曾下派干部到西部地区去挂职。2008 年,安徽省旅游局机关党委与黄山区仙源镇龙山村党组织结为城乡党组织共建单位,省旅游局领导、各处室负责人先后到龙山村调研考察,推动共建活动深入开展,并向龙山村赠送了结对帮扶资金,帮助龙山村扩大蔬菜基地建设,发展观光农业新生态旅游。2011 年,安徽省旅游局作为黄山区省直扶贫牵头单位,向太平湖镇共幸村下派优秀年轻干部挂职村第一书记。这些措施有效地推动了当地社会经济与文化的发展。浙江省也不例外,同样采取了旅游专业人才进行对口扶贫的方式。浙江旅游职业学院为切实贯彻浙江省委、省政府加强农村基层组织建设、密切党群干群关系的工作安排,作为农村工作指导员的派出单位,多次选派优秀干部教师赴行业、地方旅游部门挂职锻炼(至今已累计派出三批挂职干部教师18人次),不仅向遂昌、宁海、奉化等地派遣挂职干部教师,而且经常派领导对挂钩扶贫村(龙洋乡西坑下村)进行走访、考察与座谈,了解扶贫效果。苏天顺老师挂职酒店总经理助理,具体承担酒店的质检和培训工作;徐迅老师挂职宁海县风景旅游局局长助理期间,主要负责宁海县农家乐提升工作,使宁海县重点农家乐企业经过半年的时间在经营特色和服务质量上都有了显著的提高。

在此需要指出的是,还有一种比较小规模、分散式却又具有市场发展潜力的扶贫模式——非大众旅游扶贫模式(个人、家庭或当地社区为主导)。非大众旅游是由个人、家庭或当地社区为游客提供一系列接待服务,住宿接待设施一般为地方或家族所有,规模较小,具有地方特色,旅游者有更多机会与当地居民接触,体验乡风民俗。非大众旅游目标市场主要是一些文化爱好者、环保者、探险者、各种俱乐部(自驾游俱乐部、志愿者小组等),以及一些如生物学家、考古学家、人类学家、画家、摄影家等之类的专业人士。在一些具备旅游资源优势而又地势偏远、经济欠发达地区,可以通过科学规划和地方政策引导优先发展非大众旅游。对于一些具有特色的地区(如革命老区、古村古镇、农林牧渔产品特色地区),则可以通过财政部门资助,由学校组织单位教职员工和学生前往这些地区开展"红色旅游""古村(镇)游""农家乐"等旅游休闲活动,旨在接受革命传统教育或增长历史知识的方式(即单位团集体游、政府部门采购相关旅游产品等)来进行"市场扶贫"。这种扶贫方式对促进这些地区经济的发展有着相当大的作用,对增加当地人们的信心和活力有着非常重要的意义。

(三)"混血型(组合型)旅游扶贫模式"

所谓"混血型模式"(或称"整合型模式"或"综合型模式"),就是政府部门帮助需要扶贫的地区整合各类资源,形成完整的产业链,像个混血儿一样成为一个有机体。这种模式主要是针对有一定资源而其他方面相对缺乏、需要多方面予以帮助的地区进行帮扶的一种方式,即将资金扶贫、市场扶贫、人才扶贫、政策扶贫等多种方式结合起来,多头并举,多管齐下,多方合作,聚合各种扶贫力量,最大限度地发挥旅游扶贫的作用。从经济层面上来看,如果各部门能够相互协调与协作,将资金扶贫、市场扶贫、人才扶贫结合起来,把汇集到当地有限的各种资源和当地有价值的资源加以整合,即聚合各种扶贫力量,就能最大限度地真正发挥旅游扶贫的作用。

这种类型的模式有农家乐开发模式、社区旅游开发模式、湘西土家族苗族自治州的"大旅游大扶贫"模式和广东的"立体化旅游扶贫模式"。其中广东模式的特点是：在全省域范围内展开，系统运作，统筹安排；配备必要的扶持政策（旅游扶贫专项奖金等）；全方位的协作部门、多层面参与主体、多元化扶贫手段构成了立体化旅游扶贫网络构架；以旅游项目开发为核心载体，不同要素相互联动，多维度指向扶持对象困难群体相对集中的贫困山区。与以往传统性的旅游扶贫方式不同的是：政府主导下的多轮驱动、多部门联合推进，由政府拨出专项资金以旅游项目开发的形式开展扶贫工作。除发动发达地区与欠发达地区旅游企业签订协议、输送客源外，更主要的是靠财政专项资金的投入，完善旅游基础、公共服务配套设施，并发挥财政资金"四两拨千斤"的杠杆作用，吸引更多的外资、民资投入欠发达地区的旅游景区建设中，打造出一批成熟的旅游项目。① 广东省和平县在财政经济十分困难的情况下，不仅先后共拨出 1000 余万元用于完善旅游扶贫项目交通和前期规划，而且在旅游扶贫项目建设期间县主要领导经常召集相关部门进行现场办公，协调部署解决供电、通信、交通、规划等一系列问题，②大大地改善了旅游发展的基础环境。

（四）"换血型旅游扶贫模式"

所谓"换血型扶贫模式"，就是针对旅游管理机构运行出现重大问题（如不懂运营管理或管理不善、运转不畅等近乎瘫痪的状态），严重缺乏旅游规划与开发、产品设计和市场运作等方面人才的地区，帮助其改组领导机构、制定新的管理制度和对其旅游地块进行全面规划，并帮助开展旅游管理与服务等方面的教育与培训工作和输送专业人才以及定点、定向培养人才的方式，即开展"人才扶贫""智力扶贫"与"制度扶贫"，帮助该地对其现有的旅游企业或相关产业进行结构调整与转型、对其旅游产品进行升级换代，以适应新情况。这种模式虽然几乎没有地方采用，但本书课题组认为非常有必要作一介绍，因为有不少地区有着非常丰富的旅游资源，但由于当地旅游行政管理部门或主管当地旅游的主要领导缺乏管理经验和开发常识等，致使当地旅游资源得不到很好的开发利用，有的甚至遭到了严重破坏，从而影响了当地经济的发展。对于诸如此类的情况，本书课题组认为必须采取"换血型旅游扶贫模式"。

为帮助西藏发展旅游事业，国家旅游局召开了全国旅游教育培训援藏工

---

① http://www.gzxz.gov.cn/Item/829.aspx。

② 蔡华锋、周人果：《旅游扶贫开创全国扶贫新模式》，《南方日报》2012 年 06 月 30 日。

作会议,希望以此加快推进西藏各地区的旅游人才培养工作。一方面,这些做法既可以使在旅游部门工作的人大开眼界,增长见识,也可以让他们不断摸索实践,从而提升旅游管理或开发能力。另一方面,政府有关部门可以从旅游院校或旅游管理相关专业抽调懂得如何进行旅游开发与管理的老师到旅游部门去挂职、兼职甚至担任实职(根据具体情况可允许其离开原单位教学岗位),并采取有效措施吸引有能力的旅游专业毕业生到重要岗位上去,协助或直接负责重大的旅游开发项目。

　　纵观国内旅游扶贫实践的经验和我国的具体情况,本书课题组认为应逐步改变"政府干预过多,居民参与太少"的局面,即尽快促进下列转变——由"政府主导"转变为"政府引导(政策引导、项目引导)""政府辅导(经营指导与培训)"和"政府督导(行政管理、业务指导)",或根据不同地区的情况兼而有之,并力求变"企业无力"为"企业有力"与"企业主力",变"社区居民被动"为"社区居民主动"与"社区居民为主体",变社团组织"旁观"为"参与",使"政府扶贫"变成"产业(企业)扶贫""社会扶贫""社团扶贫""个人扶贫"等综合扶贫模式,使"输血型旅游扶贫模式"转变为"造血型旅游扶贫""混血型(组合型)旅游扶贫模式"和"补血型或借血型旅游扶贫模式",最终使当地通过自生力量和不同渠道的"输血""补血(借血)""换血"和"造血"(他人帮助造血和自己造血),从而实现贫困户脱贫致富、落后地区获得发展的目的。

第三章

江西旅游扶贫开发对象瞄准

　　旅游扶贫开发的对象,是指旅游扶贫开发的贫困地区对象。实施旅游扶贫开发的首要问题是选择合适的旅游扶贫开发对象。依据经济发展水平的变化以及民众对最低生活标准理解的差异,贫困可分为相对贫困和绝对贫困。从理论上讲,不管是相对贫困地区还是绝对贫困地区,都应该成为旅游扶贫开发的对象。但由于旅游扶贫开发的特殊性,并不是所有的贫困地区都适宜发展旅游业。也就是说,选择旅游扶贫开发的对象是有一定条件的。只有适宜发展旅游业的地区,才能通过发挥旅游业强大的产业关联性功能,使贫困地区的人们从此脱贫致富。

第一节　江西旅游扶贫开发对象的瞄准原则

一、先行先试、示范引导

　　江西旅游扶贫开发仍处于初级阶段,可供旅游扶贫开发选择的对象较多,但旅游扶贫开发所投入的人力、物力、财力有限。有鉴于此,旅游扶贫开发对象应择优选择,通过先在条件较好的地区开展旅游扶贫开发工作,积累经验,先行先试,为其他地区进行后续旅游扶贫开发提供示范和引导。

二、贫困优先、注重效益

扶贫开发对象瞄准的影响因素有很多,选择旅游扶贫开发对象,要优先考虑对象的贫困程度,国家级、省级贫困县应是旅游扶贫开发的优先选择对象。同时,因为旅游扶贫开发投入较大,所以应结合江西对旅游扶贫开发的财政支持力度及各县市可支配的财力状况,注重旅游扶贫开发的经济、社会、环境等效益。

三、逐级瞄准、点面结合

选择旅游扶贫开发对象之时,应着重考虑国家级、省级贫困县,因为这是江西扶贫开发的重点区域。具体来说,即是首先瞄准贫困区域,其次是贫困县,再次瞄准贫困乡,最后瞄准贫困村及贫困居民,以点带面,点面结合,逐步推进贫困乡、贫困县的社会经济发展,进而推进江西社会经济的全面协调发展。

四、资源依托、兼顾条件

选择旅游扶贫开发对象,除考虑其贫困程度这一前提条件外,还应考虑当地旅游资源禀赋状况,这是进行旅游扶贫开发的必要条件,即要依托当地资源条件,同时兼顾考虑发展旅游业的相关条件,如区位条件、对象诉求和当地政府的支持力度等方面。总之,选择旅游扶贫开发对象,应综合考虑多方面因素。

第二节　江西旅游扶贫开发对象选择的影响因素

影响旅游扶贫开发对象选择的因素有多种,一般主要有以下五种:贫困程度、资源基础、区位条件、要素配置和对象诉求。

一、贫困程度是前提条件

贫困,简单地说,就是一个人或一个家庭的收入不能达到社会可接受的最低生活水平标准。从历史发展的角度来看,"贫困"表现出动态性,有一个动态的发展轨迹。同一国家的不同时期以及同一时期的不同国家,界定"贫困"的标准也因生产力发展水平的差异而不同。因此,我们不能用一个固定的标准和指标来界定"贫困",必须依据生产力的发展变化来调整对"贫困"的界定。从"贫困"的成因来看,"贫困"是多方面因素造成的。从表面上看,贫困是因收入低引起的,但随着社会生产力的提高、物质产品的丰富,人们发现贫困并没有消除,社会中的贫困现象依然存在。故而,收入低并不是引起贫困的原因,相反可以说收入低是贫困的表现形式之一。引起贫困的原因既有机会不均等、能力缺失方面的,也有权利剥夺、资源拥有不公方面的。从"贫困"的实质来看,贫困的实质就是能力的缺失。因此,反贫困就是要在帮助低收入的人群脱贫致富的同时,积极完善有助于提高人们能力的制度,以便人们在生存和发展方面拥有相同的资源和选择机会。

贫困程度是选择旅游扶贫开发对象的前提条件,一个地区的贫困程度主要由当地的经济发展水平决定。在江西,我们往往是根据国定贫困县、省定贫困县来区分一个地方的贫困程度,不管是国定贫困县还是省定贫困县都应是旅游扶贫开发的对象。当然,贫困有绝对贫困和相对贫困之分。绝对贫困,是指低于维持生命所必需的最低指标的一种贫困状况。绝对贫困之地往往是贫困县的偏僻地方。相对贫困,是指与其他一般社会成员的生活水平相比,某些个体或群体的生活处于社会最低层次的状况。相对贫困之地往往位于城镇郊区以及交通较为便利的地方。就理论上而言,绝对贫困与相对贫困的地区都是旅游扶贫开发的首选之地,因为这些地区的人们都有强烈的脱贫致富愿望。

二、资源基础是必备条件

要想真正解决落后地区的贫困问题,不仅应将落后地区的发展放在整个国民经济发展的大背景下去思考,而且应选择符合落后地区环境且具有比较优势的产业。发展一个适宜落后地区资源优势的产业将会使扶贫工作取得令人满意的效果。毫无疑问,开展旅游扶贫开发工作,当然就须选择具有丰富多样、特色鲜明旅游资源的地区来发展旅游业,从而达到旅游扶贫开发的目标。

旅游资源是旅游活动的载体,也是贫困地区开展旅游扶贫的重要基础和必备条件。贫困地区旅游资源的规模、丰度、旅游资源品质的高低,在很大程度上决定了贫困地区开展旅游扶贫工作的前景。如果没有旅游资源,就开发不出供旅游者享受的旅游产品，也就不能吸引旅游者前来旅游，那么旅游扶贫工作也就无从谈起。独具特色、与众不同的旅游资源更具吸引力，旅游扶贫工作就更有成效。

三、区位条件是制约因素

旅游扶贫开发地区的区位是通过其与客源地和周边旅游目的地的空间关系及其交通可进入性来体现的。因此，旅游扶贫开发区的区位条件主要包括其旅游交通区位、旅游市场区位和旅游资源区位三方面。

（一）旅游交通区位

旅游交通区位是指旅游扶贫对象所处交通网络中的地位。它可以用时间距离、空间距离、费用距离和行游比来度量，也可以通过旅游地外部交通的通达性来体现。通达性具体是通过航空、铁路、公路、水运等体现出来。

（二）旅游市场区位

旅游市场区位是指贫困地区开发成旅游目的地之后与旅游者或潜在旅游者出游能力的空间关系，其目的是要保证旅游地拥有充足的客源。

（三）旅游资源区位

旅游资源区位是指贫困地区的旅游资源在空间上与相邻近区域旅游资源的组合状况——同质关系还是异质关系。同质关系会加剧不同贫困地区间旅游产品的竞争，进而影响到旅游扶贫的成效。异质关系则会使贫困地区的旅游产品形成互补，进而加快贫困地区的脱贫进程。

四、要素配套是促进因素

按照旅游业"吃、住、行、游、购、娱"六要素的要求，贫困地区除应有特色的旅游资源外，还应具备相关的配套要素，如交通运输设施、食宿接待设施、游览娱乐设施和旅游购物设施等，这样才能进行旅游扶贫开发工作。这些设施是旅游业必不可少的基础设施，因为这是满足旅游者旅游需求所必需的。故而，我们在选择旅游扶贫开发的对象之时，也应考虑这一对象现有的配套要素。当然，这些配套要素在旅游扶贫开发工作的过程中肯定会得到进一步提升和完善。

五、对象诉求是积极因素

在贫困地区进行旅游扶贫开发,还应考虑当地民众有依托旅游业而脱贫致富的愿望。即旅游扶贫开发很大程度上依靠当地民众的积极参与,离不开当地民众的主观意愿,如果对方缺乏诉求和愿望,政府部门只是一味地"一厢情愿",则将事倍功半。当地民众参与性高,则可在适当的条件下,减少旅游扶贫开发的相对投入,并获得最大收益。可以说,旅游扶贫开发离不开当地政府和社区的积极参与,需要当地政府和社区的积极配合。

第三节　旅游扶贫开发目标瞄准

进入 21 世纪之后,江西扶贫开发工作取得了显著成就。到 2010 年年底,按照原贫困标准测算,江西贫困人口由 2001 年的 346 万人减少到 72 万人,年均降幅达 7.92%;21 个扶贫重点县农民人均纯收入由 1339 元提高到 3109 元,增长了 1.32 倍,增速高于全省平均水平。2011 年,国家颁布了新的扶贫标准,将人均年收入 2300 元作为新的扶贫标准,在扶贫标准以下具备劳动能力的农村人口为扶贫工作的主要对象。在新的扶贫标准下,江西贫困人口由 2010 年年底扶贫标准下的 75 万人,扩大到了新扶贫标准下的 438 万人。面对扶贫开发工作任务的艰巨性,同时也是为了回应国务院支持赣南等原中央苏区振兴发展和加大连片特困地区扶贫攻坚,江西制定了《江西省农村扶贫开发纲要(2011—2020 年)》,在全省范围内选定了 3400 个重点扶持贫困村。这些贫困村是依据以下原则选定的:第一是坚持扶贫宗旨原则。各地选定的贫困村必须根据贫困状况和程度,突出集中连片特殊困难地区扶持重点,确保把贫困人口集中、贫困程度较深、最需得到扶持的村选定为贫困村。第二是坚持民主公开原则。各地按照"民主、公开、公平、公正"的要求来选出贫困村,确保贫困村确定的准确性和公认度。第三是坚持确保稳定原则。各地根据全省的统一规定,制定符合本地实际的贫困村具体确定标准和科学合理、严密规范的工作程序及规则,并严格遵照执行,确保在稳定中完成贫困村选定工作。依此原则选定的贫困村主要有以下几种:一是尚未实施整村推进的村(含非重点县"十一五"期间初步筛选的候选贫困村);二是已实施整村推进但投入明显不足、预期目标尚未完成的贫困村(含重点县"十一五"期间增补的"三个确保"贫困村)；三是基础设施薄弱、抵御风险能力脆弱的因灾返贫村。

我们可以借鉴扶贫开发工作中重点扶持贫困村的选定原则，来确定旅游扶贫开发工作的对象。但由于旅游扶贫开发有其特殊性，我们不能完全照搬这些原则。我们应结合旅游业的客观要求，来确定旅游扶贫开发的对象。这些要求即是我们在下文所谈及的指标体系。

一、旅游扶贫开发对象瞄准指标体系建立

我们认为应该根据一些具体的指标来确定旅游扶贫开发的对象，即基本的旅游接待能力、较好的旅游资源和区位条件。江西选择旅游扶贫开发对象之时应首要考虑贫困地区是否具备这些指标。

基本的旅游接待能力是指贫困地区能够满足外来旅游者简单的食住要求。也就是说，在选择旅游扶贫开发的对象时应考虑其与城市的距离远近，应以1小时的车程之内为最佳。

毋庸置疑，选择旅游扶贫开发对象时还应考虑其是否有较好的旅游资源。当然，如果贫困地区没有独具特色的旅游资源，但其拥有迷人的田园风光，也可以发展农家乐生态旅游。

在此所提到的区位条件是指贫困地区有较好的交通条件，旅游者能够快速地进得来、散得开、出得去，从而能够吸引更多客源市场。同时，贫困地区拥有较好的交通也可以减少前期旅游扶贫资金的投入。

表3-1　旅游扶贫开发对象瞄准的指标体系

对象	资源基础	区位条件	要素配套	对象	资源基础	区位条件	要素配套
1	好	好	好	7	差	好	好
2	好	中	好	8	差	中	好
3	好	差	好	9	差	差	好
4	中	好	好	10	好	好	中
5	中	中	好	11	好	中	中
6	中	差	好	12	中	差	中

对象1、2、4、5、10、11无疑是进行旅游扶贫开发的理想之地，这些地方不仅拥有较好的旅游接待能力，而且旅游资源与区位条件也有优势。在这些地

方进行旅游扶贫开发能够以较少的资金投入,在较短的时间里取得较好的扶贫效果。

虽然对象7、8旅游资源一般,但由于其拥有理想的区位条件和旅游接待能力,仍然可以通过发展农家乐旅游来进行旅游扶贫开发。因为随着城市人们生活、工作压力的增大,旅游消费观念的改变,农村的田园生活为都市人所向往。欣赏田园风光、体验农家生活已成为旅游时尚。因而,城市周边的贫困农村可以通过发展农家乐旅游而脱贫致富。我们可以通过完善其旅游接待设施,提高其旅游接待能力,所以这类地方也可以进行旅游扶贫开发。

对象3、6、9、12拥有较好的配套要素和较为理想的旅游资源,但区位条件一般,可以待其交通状况改善之时,再进行旅游扶贫开发。当然也可以加大政府的资金投入力度并吸纳社会资金以完善当地的交通网络,其旅游扶贫开发前景和潜力较好。

二、江西旅游扶贫开发目标瞄准

江西的扶贫攻坚县大多位于省内四周山区和库区,特别是集中在赣南和环鄱阳湖周围。根据上述的指标体系标准,再结合江西的国定与省定扶贫攻坚县情况,从中选出江西旅游扶贫开发的对象,即选定了10个旅游扶贫开发重点县(市)和22个旅游扶贫开发一般县(市)。

(一)旅游扶贫开发重点县(市)

1.瑞金市

瑞金市位于江西省东南部,属赣州市行政代管县级市。东界福建省龙岩市长汀县,南邻会昌县,西连于都县,北接宁都县,东北毗石城县。总面积2448平方千米,2012年户籍总人口67.46万。全市通行客家话(属客语宁龙片)。瑞金是闻名中外的红色故都、共和国摇篮、中央红军长征出发地,是苏区时期党中央驻地、苏维埃临时中央政府诞生地,是全国爱国主义和革命传统教育基地,是中国重要的红色旅游城市。

——区位条件(好)。瑞金市交通区位突出,323、206、319三条国道交汇瑞金市区;赣龙铁路(赣州—龙岩铁路,瑞金境内32千米)横贯瑞金东西并在实施扩能改造,纵贯瑞金南北的鹰瑞汕铁路(鹰潭—瑞金—汕头,瑞金境内65千米)进入国家铁路中长期建设规划,将于2015年建成。瑞赣高速、鹰瑞高速、瑞寻高速、隘瑞高速、厦蓉高速瑞金段、济广高速瑞金段都建成已经通车,瑞金已形成双"十"字枢纽型的铁路网和高速公路网。依托境内原有的林用机场,正在积极争取国家在瑞金建设一个民用机场。从瑞金市区出发,1.5小时车程内有赣州新黄金机场、福建连城机场,3小时车程内可达厦门、福州、泉州、南昌等城市以及全国最大港口之一的厦门港。发达的陆地交通,使瑞金每年能吸纳赣闽边际区域600万人次以上的人流。

——旅游资源(好)。瑞金市境内的"红色、绿色、古色"旅游资源丰富,尤其是红色旅游资源更为突出,被誉为"共和国的摇篮"。瑞金是闻名中外的红都圣地,市内有叶坪、沙洲坝、长征第一山——云石山等著名革命旧址群,拥有红井、"二苏大"会址等国家级重点文物保护单位33处。叶坪革命旧址群、中央革命根据地历史博物馆是国家4A级旅游景区。绿色旅游资源有罗汉岩、坳背岗万亩脐橙观光园、双狮岩、黄柏原始森林等,其中罗汉岩是江西省风景名胜区。古色旅游资源有九堡密溪客家古民居、壬田凤岗客家古民居,宋朝古村密溪村是江西省历史文化名村。

——旅游接待设施(好)。瑞金市有3家四星级宾馆、6家三星级宾馆、1家准三星级宾馆、10余家风味餐厅,另外还有一些社会宾馆和小饭店,基本上可以满足旅游者的"吃、住"要求。瑞金拥有十余家旅行社、多家娱乐中心和旅游商店,可以满足旅游者多种需求。瑞金市已经建设成为"江西旅游强市",这足以体现瑞金市的旅游接待能力。

——旅游扶贫开发基点(多)。有叶坪乡(依托叶坪村革命旧址群和绿色旅游资源进行旅游扶贫开发工作)、沙洲坝镇(依托沙洲坝革命旧址群进行旅游扶贫开发工作)、云石山乡(依托云石山的红色旅游资源进行旅游扶贫开发工作)、壬田镇(依托罗汉岩、壬田凤岗客家古民居等旅游资源进行旅游扶贫开发工作)等。

2.兴国县

兴国县位于江西省中南部,赣州市北部,东倚宁都,东南邻于都,南连赣县,西邻万安,西北界泰和,北毗吉安市青原区、永丰,连接吉泰盆地,距赣州市82千米、省会南昌346千米。全县总面积3215平方千米,总人口80万人。兴国县是全国著名的苏区模范县、红军县、烈士县和誉满中华的将军县,是"江西十佳魅力新城"之一。

——区位条件(好)。兴国县位属赣州市一小时城市经济圈之中,距赣州黄金机场、井冈山机场均为1小时车程,京九铁路、南(南宁)泉(泉州)高速公路贯穿全县,319国道穿县境东西,与赣粤高速公路、105国道、323国道、厦蓉高速公路、沪昆高速公路相连。正在建设中的昌吉赣城际高速铁路在兴国县设有中转站,到时可直达广东、福建。距广州黄埔港、深圳蛇口、汕头港、厦门港等港口城市,路程均在550千米以内,且都有高速公路相连接。故而,从交通状况以及发展趋势来看,兴国县的区位条件非常良好。

——旅游资源(好)。兴国县境内"红、绿、古"等各色景点交相辉映,是旅游、休闲、观光的好地方。红色方面,拥有一园(将军园)、一院(潋江书院)、五馆(将军纪念馆、苏区干部好作风陈列馆、革命烈士纪念馆、革命历史纪念馆、毛主席作长冈乡调查纪念馆)、七大革命旧址(土地革命干部训练班旧址、中共江西省委旧址、江西省第一次工农兵代表大会旧址、江西军区旧址、长冈乡调查旧址、中央兵工厂旧址、中国工农红军总医院暨红军军医学校旧址)。绿色方面,冰心洞、太平岩、宝石仙境、丹霞湖、均福山森林公园以及宋代文天祥书题"永镇江南"的大乌山等自然景观神工造化,风光秀丽,各领风骚。古色方面,兴国是文化部命名的"中国民间艺术山歌之乡",山歌闻名遐迩,被列入首批国家级非物质文化遗产名录;兴国是中国风水文化的发源地,梅窖三僚被海内外盛称为"中国风水文化第一村",被评为"全省十大特色景区""江西乡村游十大美景"和第三批省级历史文化名村,并成功举办了首届"国际周易风水文化节"。

——旅游接待设施(中)。兴国县城有8家宾馆,其中四星级宾馆1家、三星级宾馆1家,5家旅行社和一些娱乐和购物场所。兴国县城的建设目标是"山、水、城、人协调发展的花园式旅游城市",其旅游接待设施将会大为改观。因其离赣州市在1小时车程内,故可以借助赣州市这一中心城市的旅游接待设施提高兴国县的旅游接待能力。

——旅游扶贫开发基点(多)。有长岗乡(依托毛主席作长冈乡调查纪念馆和田园风光等旅游资源进行旅游扶贫开发工作)、梅窖镇(依托中国风水地理文化第一村——三僚村等旅游资源进行旅游扶贫开发工作)、埠头乡(依托羊山、龙华古寺等红色、绿色、古色旅游资源进行旅游扶贫开发工作)、高兴镇(依托田园风光,发展农家乐旅游)、鼎龙乡(依托丹霞湖、客家风情等旅游资源进行旅游扶贫开发工作)、崇贤乡(依托均福山森林公园的黑色与绿色旅游资源进行旅游扶贫开发工作)。

3.永新县

永新县位于江西省西南部,隶属江西省吉安市,地处罗霄山脉中段,县境东与吉安县毗邻,东南部与泰和县交界,南与井冈山市相连,西与莲花县和湖南省茶陵县为邻,北与安福县接壤。县人民政府所在地禾川镇,距吉安市 99 千米,距南昌市 316 千米。全县总面积 2195 平方千米,总人口 51 万余人。全县使用的方言有赣语、客家语。

——区位条件(中)。永新交通较为便捷。浙赣铁路分文线经永新直达文竹镇,319 国道和省道穿境而过,距赣粤高速公路 65 千米,距井冈山机场 75 千米。目前途经永新县城的泉南高速公路、衡茶吉铁路正在修建中。外来者可直接飞至井冈山机场,转乘汽车进入永新,也可乘坐火车到吉安或井冈山,再转乘汽车。

——旅游资源(好)。永新县的旅游资源以"红色、绿色"为主。永新县是举世闻名的"三湾改编"所在地。境内有国家重点文物保护单位"三湾改编"旧址群、中共湘赣省委旧址和红军湘赣军区总指挥部旧址、七溪岭战斗指挥、龙源口桥、毛泽东旧居、宋塔、禾山、高士山、九陇山、南华山、三湾国家森林公园、红枫湖、梅田洞、碧波崖等革命旧址、古迹胜景。另外,永新县的民俗风情非常有特色:永新盾牌舞、永新小鼓等具有很强的观赏性与吸引力。

——旅游接待设施(中)。永新县城有 1 家二星级宾馆——永新县电力大厦、一些社会宾馆和购物场所。同时,永新县在国民经济与社会发展第十二个五年规划纲要中提出要逐步完善旅游基础设施建设,开发精品旅游线路,加强旅游宾馆尤其是星级酒店建设,规划建设旅游集散中心和购物中心。可以预计永新县的旅游接待能力将会令人乐观。

——旅游扶贫开发基点(多)。有三湾乡(依托"三湾改编"旧址群、红枫湖、三湾国家森林公园等资源进行旅游扶贫开发工作)、石桥镇(依托碧波崖的红色、绿色资源进行旅游扶贫开发工作)、坳南乡(依托高士山等资源进行旅游扶贫开发工作)、龙门镇(依托禾山等资源进行旅游扶贫开发工作)、龙源口镇(依托盾牌舞这一民俗风情以及绿色资源进行旅游扶贫开发工作)。

4.遂川县

遂川县地处罗霄山脉南段东麓,江西省西南边境,吉安市西南部。县境东邻万安县,南界赣州南康市、上犹县,西连湖南省桂东县、炎陵县,西北接井冈山市,北抵泰和县。县城泉江镇距省会南昌市 333 千米,距吉安市 117 千米,距赣州市 92 千米,距井冈山市 88 千米。总面积 3144 平方千米,总人口 57.09 万人。遂川是吉安市面积最大、人口最多的县,也是国家新一轮扶贫开发工作的重点县。

——区位条件(好)。遂川县位于江西省西南边境,与湖南省接壤,与井冈山毗邻,是两省八县交界之处,也是福建、广东、海南等沿海地区通往革命圣地的重要通道。全县公路四通八达,赣粤高速公路、105 国道穿境而过,已基本实现了乡乡通水泥路、村村通公路。京九铁路紧依县境而过。县城距井冈山飞机场和京九铁路井冈山火车站 70 千米。

——旅游资源(中)。遂川县的旅游资源,可用"红""绿""古"三个字来概括,素有"红色政权之根、双仙福地之境、江西名泉之誉、世界名茶之珍"之美誉。"红"有毛泽东主席亲手创建的第一个县级工农兵政府旧址、第一个红色圩场——草林红色圩场、红军长征始发地——新江横石等革命圣迹。"绿"有大汾次原始森林、碧洲白水仙、营盘圩千年鸟道、戴家埔南风面、狗牯脑茶山等景区景点。"古"有龙泉码、天子地遗址、尚书第牌坊、八角楼书院等名胜古迹。遂川县地处地质断裂带,地热资源丰富,有品质很好的汤湖温泉、大汾热水洲温泉等。

——旅游接待设施(中)。目前,遂川县有国内旅行社 1 家(神州旅行社),四星级旅游饭店 1 家(伟业国际大酒店),三星级宾馆 3 家(遂川宾馆、龙泉大酒店、汤湖温泉宾馆),二星级宾馆 1 家(鑫苑宾馆),星级农家旅馆 3 家,总床位 1600 多张,总餐位 4000 多个,全年可接待国内外游客 80 万人左右。遂川县正在新建四星级旅游饭店 1 家、三星级旅游饭店 2 家,新增旅行社两家,新增具有国家导游资格的导游从业人员 30 名,以更好地提升旅游接待能力。

——旅游扶贫开发基点(多)。有草林镇(依托草林红色圩场等资源进行旅游扶贫开发工作)、新江乡(依托红军长征始发地——横石村等资源进行旅游扶贫开发工作)、大汾镇(依托次原始森林、温泉等资源进行旅游扶贫开发工作)、汤湖(依托温泉、狗牯脑茶山等资源进行旅游扶贫开发工作)、戴家埔乡(依托八角楼书院、戴家埔南风面等资源进行旅游扶贫开发工作)。

5.石城县

石城县位于江西省东南部,赣州市东北部,西毗宁都县,北靠广昌县,南抵瑞金及福建省长汀县,东邻福建省宁化县,总面积 1581.53 平方千米,总人口 30.2 万人,县政府驻琴江镇。全县通行客家话(属宁龙片),客家文化浓厚。石城县历史悠久、文化底蕴深厚,是红军长征出发地之一。

——区位条件(中)。自古以来,石城都是江西进入闽西粤东的必经之地,素有"闽粤通衢"之称。济广高速、泉南高速、206 国道呈十字形穿境而过;与宁都县有旅游公路相连,并进而连通 319 国道;新修的旅游公路与福建省宁化县相连。

——旅游资源(好)。石城旅游资源丰富、景色秀美,宛如一个翡翠哑铃镶嵌在闽赣边际峰峦起伏的武夷山脉西侧。其旅游资源可概括为"红色""绿色""古色"三方面。石城是一片缅怀经典的红色圣土,红色文化高亢激越。第二次国内革命时期,石城是中央苏区全红县,是红三军团和少共国际师长征出发地。毛泽东、周恩来、朱德、彭德怀等老一辈无产阶级革命家在此进行过长期的革命实践活动。现保存完好的革命遗址主要有:红军长征前夕李腊石石城阻击战遗址、红军秋溪整编旧址(中央临时军事委员会驻地)、红军攻克当年中央苏区最大的白色据点——红石寨旧址(屏山)、红四军军部旧址(横江秋溪红家垄)、毛泽东和朱德观下旧居、红十三军军部旧址、中共太雷县中心县委旧址(横江)、石城县苏维埃政府旧址、石城县革命烈士纪念馆等。石城县是赣江的发源地,风景秀丽,其绿色旅游资源主要有:赣江源自然保护区、鸡公嶂、通天寨等。石城是中华客家文化的发源地之一,有"客家摇篮"之称,历史上是客家民系的中转站。境内客家遗址丰富,客家风情浓郁,主要有宝福院塔、太平天国幼天王洪天贵福囚室·桂花屋、小松镇杨村坊式亭、永宁廊式古桥、古驿道、闽粤通衢、古城墙与古城门、沙坝新屋、陈联围屋、大畲黄家屋等。此外,石城县境内有着丰富的温泉资源和特色农业资源,也是旅游扶贫开发的有利资源。九寨温泉、沔坊温泉、烧湖里温泉、烧水湖温泉是石城著名的四大温泉,其中最具开发价值的是九寨温泉。得天独厚的自然条件使石城的农产品颇具特色,白莲、烟叶享誉全国。石城是著名的通心白莲和优质烤烟基地县,1996年被国务院命名为"中国白莲之乡"和"中国烟叶之乡"。以脐橙、牛心柿为主的果业也已初具产业化规模。

——旅游接待设施(好)。石城县拥有三十余家宾馆,其中有多家是按照四星级标准修建的宾馆。作为我国的"白莲之乡"和"灯彩之乡",石城的娱乐业很有特色,茶蓝莲花舞、铜钱灯、木兰板桥灯、灯彩和龙灯定会让外来游客大饱眼福。石城的美食和当地特产也会让游客流连忘返。

——旅游扶贫开发基点(多)。有琴江镇(依托通天寨、桂花屋、沙坝新屋、大畲黄家屋等资源以及县城的旅游接待实施进行旅游扶贫开发工作)、横江镇(依托境内众多的红色旅游资源,赣江源自然保护区、鸡公嶂等绿色资源,宝福院塔等古色资源进行旅游扶贫开发工作)、小松镇(依托杨村坊式亭等资源进行旅游扶贫开发工作)、木兰乡(依托陈联围屋等资源进行旅游扶贫开发工作)、屏山镇(依托境内的红色资源和九寨温泉、红石寨等资源进行旅游扶贫开发工作)、高田镇(依托永宁廊式古桥等资源进行旅游扶贫开发工作)。

6.井冈山市

井冈山位于江西省西南部,地处湘赣两省交界的罗霄山脉中段,古有"郴衡湘赣之交,千里罗霄之腹"之称。中华人民共和国成立后,在党中央、国务院的亲切关怀下,于1950年设立井冈山特别区,1959年成立省辖井冈山管理局,1981年撤局设县,1984年撤县设市,2000年5月,原井冈山市与原宁冈县合并组建新的井冈山市。2005年7月,成立井冈山管理局。井冈山市总面积1297.5平方千米,现有人口16.3万。它是中国第一块农村革命根据地,2012年入选"2012年度中国特色魅力城市200强"。

——区位条件(好)。井冈山市东连江西泰和、遂川两县,南邻遂川县、赣州市,西靠湖南炎陵县、茶陵县,北接江西永新县,是江西省的西南门户。井冈山的交通十分便利:随着泰井高速公路的建成和通车,井冈山的交通得到很大的改善,东边的外来者可以通过赣粤高速、泰井高速直达井冈山市(茨坪)风景区。而从赣州以及湖南长沙,则可以分别通过遂川和宁冈等地进入井冈山。井冈山现已有直达列车,可乘坐到井冈山市新城区,然后再坐半小时汽车就可以到达茨坪景区。另外,北京、上海、广州、南京等地都已经开通了井冈山旅游专列。随着吉衡铁路的即将建成,井冈山市的铁路交通将更加便捷。距茨坪80千米的井冈山机场,开通了上海、北京、深圳等航线。外地旅游者到井冈山机场后,可乘车上泰井高速直达井冈山市(茨坪)风景区。

——旅游资源(好)。井冈山市的旅游资源以"红色""绿色"为主,且红色、绿色旅游资源交错在一起。井冈山保留完好的革命旧址遗迹有100多处,其中24处被列为全国重点文物保护单位,3处被列为省级重点文物保护单位,35处被列为市级文物保护单位。井冈山风景名胜区面积为261.43平方千米,分为11个景区、76个景点、460多个景物景观,已先后开发了茨坪、龙潭、主峰、黄洋界、茅坪、龙市6大景区三十多处景点。大自然的神奇造化,使井冈山享有"天然动植物园"和"绿色宝库"的美誉。这里千峰竞秀,万壑争流,苍茫林海,飞瀑流泉,融雄、险、幽、奇、秀为一体。春天,群山叠翠,郁郁葱葱,杜鹃花开,艳丽多姿,尽显秀美景色;夏天,山高气温低,林茂而风起,盛夏虽热而无酷暑;秋天,满目黄杉红枫,漫山遍野,层林尽染,宛如一幅色彩斑斓的图画;冬天,银装素裹,一派北国风光。井冈山森林覆盖率达到86%以上,环境优美,空气清新,每立方厘米空气中含负氧离子数超过80000个,人称"天然氧吧"，是理想的旅游避暑休闲疗养胜地。在井冈山游玩，既是一次充满激情的红色之旅，也是一次充满活力的绿色之旅、一次健康时尚的蓝色之旅、一次和谐浪漫的金色之旅、一次民俗风情的古色之旅，令人留恋忘怀。

——旅游接待设施(好)。井冈山是一个融革命教育、山水风光于一体的旅游胜地，有高、中、低档次的各式宾馆130余家，床位1.6万多张，其中四星级旅游饭店7家，三星级旅游饭店15家，硬件设施较好的旅游定点饭店40余家。其分布很有特点：一是临街分布，二是错落有致地坐落于山坡上。来井冈山的观光者、度假者、商务人士、会议旅游者都可以在这里找到合适的场地。此外，近几年井冈山开发了适宜家庭、朋友一起上山休闲度假的旅游公寓，便于游客的个性化家庭休闲居住。井冈山有特色购物一条街——天街，文化娱乐与商业服务设施齐全，可以满足游客的"吃、住、购"等方面的需求。

——旅游扶贫开发基点(多)。井冈山市适合旅游扶贫开发的区域很多，因为境内红色、绿色旅游资源很多，境内的交通也便利，如厦坪镇、大陇镇、葛田乡、龙市镇、古城镇，等等。

7.安远县

安远县位于江西省南部，地处长江水系赣江上游和珠江水系东江起源地，闽、粤、赣三省交汇处。安远县总面积2374.59平方千米，占赣州市面积的6%，江西省面积的1.4%，总人口37万人。安远是客家民系聚居地，客家文化源远流长，人民淳朴热情、开朗乐观。县内居有金、回、满、壮、高山5个少数民族，占全县总人口数的0.65%。安远县是中国第一个无公害脐橙生产示范基地县、中国优质园艺产品(脐橙)出口示范区，被中国国家农业部列入赣南湘南桂北柑橘产业优势区。

——区位条件(差)。安远县，东毗会昌、寻乌县，南邻定南县，西连信丰县，北接于都、赣县。安远较偏僻，交通不便，境内仅有安(远)信(丰)、安(远)寻(乌)、安(远)定(南)、安(远)会(昌)、安(远)于(都)等县际公路，但其西临赣粤高速公路和105国道，南临京九铁路。

——旅游资源(好)。安远有着独具特色的旅游资源。第二次国内革命战争时期，安远属中心革命根据地之一，红色资源主要有孔田毛泽东和朱德革命活动遗址、最具革命纪念意义的围屋遗址——尊三围等。安远的森林覆盖率高达83.4%，绿色资源在全省首屈一指，处处是青山绿水。境内的三百山是国家重点风景名胜区和国家级森林公园，有独特的原始森林景观。在三百山区域内和其周围有许多风光秀丽的景区，包括燕子岩、永清岩、莲花岩、龙泉山森林公园、九龙嶂、东生围独立景点、仰天湖景区、三叠潭景区、福鳌塘景区、九曲溪景区、东风湖景区、温泉地理景点等。虎岗温泉位于三百山南隅,水温高达75℃,可开设温泉疗养院、温泉游泳池、温泉宾馆等。安远是中国采茶戏的发源地,是全国第五、江西省首个"中国楹联之乡",有着深厚的文化底蕴,名胜古迹众多,人文旅游资源有宋代的无为塔、清代的永镇廊桥、全国现存最大的方形围屋——东生围、中国最小的客家围屋——米升围等。作为中国脐橙第一县,安远有全国无公害脐橙生产示范基地,如东江源生态观光果园等,享有"中国脐橙之乡"的美誉。以三百山生态休闲旅游业为龙头的旅游服务业正在蓬勃发展。

——旅游接待设施(中)。目前,安远县有三家档次较高的宾馆:安远迎宾馆(三星级)、安远大酒店、日豪商务大酒店,总床位400余张;还有三家有特色的社会饭店:虎岗温泉客家饭店、锦江美食楼、满堂红酒家。另外,安远有两家旅行社:安远县三百山假日旅行社有限公司、东江源旅行社;少量的娱乐休闲场所和旅游商店,可以基本满足旅游者的需求。

——旅游扶贫开发基点(多)。有三百山镇(依托三百山风景区等资源进行旅游扶贫开发工作)、新龙乡(依托永镇廊桥等资源进行旅游扶贫开发工作)、孔田镇(依托三百山风景区与孔田毛泽东和朱德革命活动遗址等资源进行旅游扶贫开发工作)、镇岗乡(依托客家围屋等资源进行旅游扶贫开发工作)。

8.上犹县

上犹县位于江西省赣州市西部江西省赣州市西部,地处赣江上游,东邻南康,南连崇义,西接湖南桂东,北界遂川,国土面积1543平方千米,人口31万人。全县山清水秀,物产丰饶,是赣、粤、湘三省交界处保存完好、融山水为一体的生态功能区;人杰地灵、民风淳朴,是典型的老区、山区、库区县,是国家扶贫开发工作重点县、中国最具魅力生态旅游大县;享有得天独厚的环境、资源优势,素有"水电之乡、旅游之乡、茶叶之乡、观赏石之乡"的美誉。全县通行客家语(于桂片),拥有浓郁的客家文化和风情。

——区位条件(中)。距赣州火车站50千米,距赣州黄金机场40千米,昆厦高速穿境而过。随着赣崇高速东、西互通的开通和赣西大道的建成通车,上犹与赣州的距离将大大缩短,距中心城区将只有30分钟车程,区位优势正在逐步显现。上犹县已经成为融入赣州市主城区的一部分。

——旅游资源(好)。上犹县的旅游资源得天独厚。境内自然环境优美,山奇水秀，风光旖旎，是"大京九"沿线赣南西部地带理想的旅游休闲场所。上犹县拥有国家一级景点4处，二级景点12处，三级景点31处，四级景点55处，五级景点60多处；拥有国家级森林公园两个，即五指峰国家级森林公园、陡水湖国家森林公园。其旅游资源以"红色""绿色""古色"为主。红色旅游资源有平顺乡上寨红三军团后方医院旧址与红军兵工厂旧址、营前镇革命烈士陵园与石刻红军标语等。绿色旅游资源主要有陡水湖、云峰山生态氧吧、五指峰、赣南森林铁路等。古色旅游资源主要集中在营前镇、东山镇、陡水镇，如营前镇的客家民居、老街、仙人寺、陈氏宗祠、上湾围屋、文峰塔等，东山镇的北门巷、东山寺、文兴塔、登龙塔、犹口古桥、古辂木桥等，以及东山镇的南河一村等。此外，上犹县的地热资源丰富，有多处温泉点：五指峰热水温泉、五指峰黄沙坑热水温泉、富平下寨温泉、安和莲花井、陡水西山水井、东山马氏巷古井等。上犹县的旅游资源组合十分优良，可供旅游扶贫开发的资源十分理想。

——旅游接待设施（中）。上犹县现有五星级酒店1家——陡水湖京明度假村、四星级酒店1家——上犹希桥酒店、三星级农家旅馆2家、三星级农家饭馆5家、商务宾馆9家；旅行社3家，分别是上犹五指峰旅行社、赣州神州旅行社有限公司上犹营业部和赣州国际旅行社有限公司上犹营业部，可以基本满足旅游者的旅游需求。

——旅游扶贫开发基点（多）。有东山镇（依托东山镇的古色资源、温泉、仙人湖和南湖以及特色农业等资源进行旅游扶贫开发工作）、陡水镇（依托陡水湖周边的绿色、古色以及温泉等资源进行旅游扶贫开发工作）、营前镇（依托红色、古色以及温泉等资源进行旅游扶贫开发工作）、五指峰乡（依托五指峰的绿色、温泉等资源进行旅游扶贫开发工作）、紫阳乡（依托云峰山绿色资源进行旅游扶贫开发工作）、油石乡（依托赣南森林铁路以及境内的绿色资源进行旅游扶贫开发工作）。

9.婺源县

婺源县位于江西东北部，与皖、浙两省交界，面积2947平方千米，人口36万，素有"八分半山一分田，半分水路和庄园"之称。因生态环境优美和文化底蕴深厚，被外界誉为"中国最美的乡村"。

——区位条件（好）。婺源东西分别与两座国家历史文化名城——衢州、景德镇毗邻，南隔铜都上饶德兴市，与世界自然遗产"江南第一仙山"——三清山相望，北枕国家级旅游胜地黄山和国家历史名城古徽州首府歙县。婺源地处我国黄金旅游圈的腹地，周边分布有黄山、三清山、庐山、武夷山、千岛湖、鄱阳湖、景德镇等名山、名水、名镇。一小时车程内有黄山、景德镇和衢州三个机场,景婺黄(常)两条高速公路已正式建成通车,京福客运专线铁路已开工建设,九景(婺)衢铁路即将开工,婺源正成为江西对接长三角经济区、海西经济区的前沿。

——旅游资源(好)。作为"中国最美的乡村",婺源县以其独特的"青山""秀水""古树""田园风光""古建筑""民风"展示在世人面前。婺源的山水自具一格。雄踞于婺源县北的大鄣山,纵横百里,岩峣峥嵘,山上云雾蒸腾,登山犹如乘白云入仙境。石耳山遍布危岩怪石,奇花异草。高湖山,湖光峰影,天水一色。凤游山,相传有凤凰在此翱翔,站在峰顶可远眺鄱阳湖的望湖石。主干河道星江河的源头水,诸如段莘水、古坦水、江湾水、古桃溪、浙源水、赋春水从深山流来,千瀑共鸣,跌宕多姿。山水汇聚于水库,湖光潋滟。溪水流入婺源腹地,与两岸青山曲曲折折携手并行,林木掩映,花草点缀,如诗如画。每遇村落,居民在溪边洗濯、休憩、戏耍,一派和谐而又充满生气的小康景象。婺源岩洞名闻遐迩。已辟为国家森林公园的灵岩洞,以通元观为中心,辐射出无数奇特的岩溶洞穴。与婺源其他自然生态资源一样,灵岩古洞与文化底蕴密切结合,又以历代游人刻墨见胜,有朱熹、岳飞等自唐至清无数的题墨。灵岩洞被誉为"第一东南洞,历观唐宋游"。婺源林木繁多,现存活的古树众多,树龄在300年以上者达200多棵,800年以上的有32棵,正所谓"千重古木满岩隈""峰峦三省聚青芳"。更令人叫绝的是位于黄山至婺源公路旁的一处兵营林,古木森森,虬劲盘错,苍茫深幽,一派奇幻之韵。婺源的著名古村遍及县域,如伟人故里——江湾、理学名村——理坑、生态绿洲——晓起、小桥流水人家——李坑、商埠名村——汪口、长寿古里——洪村、徽墨名村——虹关,等等。这些人文旅游资源既显示了婺源古徽州文化不同于国内其他地域的个性特点,又在展示徽文化的共同性上突出了婺源古村的特殊性和相互间的差别,为观光旅游、文化旅游和摄影、美术专项旅游提供了多元性和丰富的层次感。婺源的民风民俗是一种活态文化。婺源的婚庆嫁娶、殡葬祭祀、四时八节、衣食起居都具有浓郁的地方色彩。婺源尚礼仪,重俭朴,民风民俗丰富多彩,这都是婺源宝贵的旅游资源。

——旅游接待设施(好)。婺源县的旅游接待设施非常好,宾馆饭店有一百六十余家,其中3家四星级宾馆,4家三星级宾馆,6家二星级宾馆,10000多张床位;21家旅行社,1家旅游汽车公司。婺源县有众多特色鲜明的旅游商品,如工艺伞、工艺扇、傩舞面具与挂饰、镇纸、龙尾砚、木雕、根雕、竹雕等。婺源可以为外来旅游者提供很好的接待服务。

——旅游扶贫开发基点（多）。有紫阳镇（依托古村落、徽派民俗等资源与位于县城的旅游设施进行旅游扶贫开发工作）、段莘乡（依托五龙源、段莘水库与当地民俗等资源进行旅游扶贫开发工作）、江湾镇（依托古村落江湾、晓起等资源以及便利的交通条件进行旅游扶贫开发工作）、大鄣山乡（依托大鄣山、鄣公山水库等绿色、古色资源进行旅游扶贫开发工作）。

10.鄱阳县

鄱阳县因鄱阳湖而扬名。鄱阳县于 1957 年 5 月简化为波阳县,2003 年 12 月经中华人民共和国批准,恢复鄱阳县。鄱阳县有"全国文化戏剧之乡"等荣誉称号。全县面积 4215 平方千米,总人口 145 万,通行赣语。鄱阳县素有"珍禽世界""候鸟王国""银鄱阳"等美誉,是江西省面积第二大县、人口最多县,亦是全国第二大水产县,全国水产百强县、重点县,也是著名的国家商品粮、棉、油、猪、鱼基地县。鄱阳是赣东北、皖西南通江达海的黄金水道,重要的交通枢纽,中国湖城发展战略的核心区域,鄱阳湖生态经济区 38 个发展县市之一。

——区位条件（中）。鄱阳县地处"昌九景"金三角腹地,西接庐山,北望黄山,东依三清山,南靠龙虎山,是环鄱阳湖经济圈的重要组成部分,是鄱阳湖畔正在建设中的区域中心城市。在东部开放和西部开发中,具有重要的承接和中转作用,周边辐射十余县市近千万人口,市场空间充满无限生机。鄱阳县素有"舟车四达""百货归墟"之美誉。县城距景德镇、九江机场、南昌昌北机场分别为半小时、1 小时、2 小时车程,一小时经济圈已基本形成。杭瑞高速公路九景段、济广高速公路景鹰段,昌德高速公路在鄱阳与上述高速公路形成环城高速公路网,209 省道纵横交错贯穿鄱阳县内。境内乐安河、西河、潼津河、昌江经鄱阳湖直通长江,鄱阳港是江西省重要港口,千吨货轮可直达长江。"两高一铁"（景婺衢铁路）建成后,鄱阳县将进入江浙沪 4 小时经济圈。

——旅游资源（好）。鄱阳县风光旖旎,名迹众多,如芝山、内珠湖瓢里山、莲花山国家森林公园等。莲花山风景区内既有丰富的森林植被,各种天然名贵树种保存完好,又有全国大二型水库——军民水库,此地居民房屋皆为典型的江南民居造型,依山傍水,真可谓山清水秀,好一个世外桃源。鄱阳县拥有较大的鄱阳湖水面,是世界上最大的白鹤越冬地,聚集了世界上 98% 的湿地候鸟种类,是世界重要保护湿地。鄱阳县古迹众多,如永福寺塔、止水亭、陶侃衣冠冢、文庙、东湖十景、莲山古汉墓群等。

——旅游接待设施(中)。鄱阳县是江西省较为贫困的一个县,现有10余家旅游星级饭店,3家旅行社——上饶国际旅行社鄱阳分社、江西三清西海岸旅行社有限责任公司、鄱阳县丰圣旅行社。虽然接待设施偏少,但鄱阳县政府正致力于打造"鄱阳湖旅游名城",相信其旅游接待设施会有所改善。

——旅游扶贫开发基点(多)。有鄱阳镇(依托"东湖十景"等资源进行旅游扶贫开发工作)、白沙洲乡(依托鄱阳湖等资源进行旅游扶贫开发工作)、团林乡(依托蛇山等资源进行旅游扶贫开发工作)、莲花乡(依托莲花山国家森林公园、军民水库等资源进行扶贫开发工作)、油墩街镇(依托莲山古汉墓群等资源进行扶贫开发工作)。

(二)旅游扶贫开发一般县

1.吉安县

吉安县古称庐陵,地处江西省中部,县域面积2117平方千米,总人口50万,通行赣语。吉安县是国家商品粮食基地县、全省瘦肉型猪基地县、赣中南地区烟煤基地县,驰名中外的吉州窑所在地。

——区位条件(好)。吉安县位于赣江中游,距吉安市中心城区10千米,离井冈山机场30千米。吉安县交通便利,区位优势明显,105国道、319国道穿境而过,赣粤高速公路吉安县入口处离县城仅5千米,京九铁路吉安南站(客、货两用)坐落于城东建设区,县境所有出口路达到二级水泥(油)路标准。吉安县形成了以井冈山机场、京九铁路、105国道、赣粤高速、武吉高速、赣江黄金水道为主轴的立体交通网络。

——旅游资源(中)。吉安县历史悠久,名胜古迹众多。境内"红、绿、古"资源交相辉映,人文与自然景观融为一体。红色旅游资源主要有吉安县革命烈士纪念馆等。绿色旅游资源主要有婆罗山森林公园等,处处勾画出其旖旎风光。古色旅游资源有文天祥纪念馆、青原台、吉州窑、本觉寺塔、肖维祯墓、资国寺、清都观等,无一不展现其遗古遗风。

——旅游接待设施(好)。吉安县的饮食服务设施有吉安天外天大酒店、庐陵宾馆、金陵饭店、林业局招待所、粮食局招待所、农机公司招待所等,社会饭店及饮食摊点星罗棋布。吉安县临近吉安市中心城区,相距仅有10千米,可借助吉安市的旅游接待设施增强其接待能力。

——旅游扶贫开发基点(多)。有永和镇(依托婆罗山森林公园、吉州窑、清都观等资源进行旅游扶贫开发工作)、永阳镇(依托其古色和绿色资源进行旅游扶贫开发工作)、梅塘乡(依托其古色和绿色资源进行旅游扶贫开发工作)。

2.万安县

万安县地处江西省中南部,吉安市南缘,东接兴国,南邻赣县南康,西界遂川,北靠泰和。万安面积 2051 平方千米,总人口 30.2861 万。

——区位条件(中)。万安县交通较为便利,105 国道、赣江水道和赣粤高速公路呈"川"字形纵贯县境,县境内村村通公路;已开辟县城至省内大部分城市和广东、福建两省主要城市的陆路客运线路。县城距井冈山火车站 40 千米、井冈山机场 50 千米、赣州机场 100 千米,赣粤高速公路距县城 7 千米。

——旅游资源(好)。特殊的地理区位和独特的文化特征造就了万安丰富多样的旅游资源。既有以万安湖(漂神湖)山水文化为代表的浩瀚水域(体现"蓝")和满目的绿色森林(体现"绿"),又有老一辈革命传统文化构成的"红"色资源;既有县城千年沧桑呈现的古老文化遗址和文天祥、欧阳修等名人志士足迹(体现"古"),又有现代建设成就和大型影视人造景观(体现"新")。这些资源涵盖了山水文化、历史文化和民族文化等多种文化内涵。万安县自然景观主要有万安湖、天湖山、蜜溪坑、花果湖等。万安湖水质清澈、湖内植被丰富,有惶恐滩、观音寺、古驿道、舍利塔、造口壁等名胜古迹,属国家森林公园和省级风景名胜区。天湖山因山顶有著名的"天湖山草甸""千年古庙""碧绿湖泊"和原始森林而名声大振。蜜溪坑是坐落在万安水电站大坝旁边的一条原生态的山谷,被誉为"小九寨"。花果湖,湖道三弯九折、湖面碧波荡漾、湖畔青山蜿蜒,美不胜收;飞流直下的龙上瀑布如一匹白绫垂挂于悬崖之上,落差达 180 米的梓林三叠泉更是气势如虹,蔚为壮观,成为隐藏在深山里的人间绝景;峭如刀削的攀岩、古韵犹存的宋代尚书许贵墓、建于明末的佛教宝地东林寺、惟妙惟肖的南宋岳飞挂靴石、字字如玑的武穆天下太平石碑等,都是旅游观光的好去处。人文景观主要有万安古城墙、万安水电站、万安影视旅游城、凤凰广场、万安暴动指挥部旧址、康克清纪念馆、万安美食风情夜宵一条街等。风景如画的漂神村既有秀美的自然风光,又有令人陶醉的客家风情,是避暑休闲难得寻觅的江南水村。

——旅游接待设施(中)。万安县的旅游接待设施亟待提升,现有万安宾馆(三星级)、万安东湖宾馆(二星级)、银杏大酒店、林贸大厦、影视宾馆、地磅宾馆等酒店;有万安井冈影视旅行社有限责任公司、华西旅行社万安门市部、万安县芙蓉旅行社有限公司等旅行社。在《江西省万安县旅游发展总体规划(2005—2025)》中,万安县提出了兴建一批旅游接待设施,包括交通设施、住宿设施、餐饮设施、特色商品以及旅行社。这将极大改善万安县的旅游接待能力。

——旅游扶贫开发基点(多)。有芙蓉镇(依托境内的红色、古色、绿色资源以及县城的接待设施进行旅游扶贫开发工作)、枧头镇(依托天湖山、卢源水库等资源进行旅游扶贫开发工作)、五丰镇(依托万安湖、天龙山、漂神村等资源进行旅游扶贫开发工作)、弹前乡(依托花果湖与赣江的绿色与古色资源进行旅游扶贫开发工作)、窑头镇(依托张鸣岗牌坊、张世熙旧居等旅游资源以及赣粤高速公路、赣江进行旅游扶贫开发工作)。

3.余干县

余干县是江西省上饶市所辖的一个县,位于江西省东北部,信江下游,鄱阳湖东南岸,东与万年接壤,西连南昌、进贤,南与余江、东乡毗邻,北邻鄱阳、都昌县,国土面积2331平方千米,总人口100万。全县通行赣语。

——区位条件(好)。余干县地处南昌、景德镇、鹰潭三角区中心,素有"八省通衢"之称,是环鄱阳湖公路圈的"咽喉"地带。周边有南昌、景德镇两个机场,有浙赣、皖赣、鹰厦、京九四条铁路,有上海至瑞丽、北京至福州、济南至广州、南昌至德兴四条高速,县境有206国道、320国道、昌万公路等国、省道通过。全县已基本形成铁路、高速公路、水运、出境通道与县乡公路配套健全的立体交通网络。县城至南昌、景德镇、鹰潭等周边城市均在1小时车程之内。经南昌乘航班去北京、上海、厦门、广州等大城市2小时之内均可抵达。

——旅游资源(差)。余干县的旅游资源以"红色""绿色""古色"为主。红色旅游资源有五雷革命烈士陵园、余干革命烈士陵园等。绿色旅游资源有李梅岭、锣鼓山、洪崖山、五彩山、马鞍山、神仙墩、香炉墩、"三江口"风光、琵琶洲、鄱阳湖水域、康山候鸟保护区、金钗古樟群、木溪水库、中万水库等。古色旅游资源有乘风亭、忠臣庙、昌谷寺、中桥、润溪大桥、下枫桥、东山书院等。

——旅游接待设施(中)。余干县现有四星级宾馆1家(金源国际大酒店)、三星级宾馆2家(余干宾馆与钜龙大酒店),旅行社3家,旅游服务网点1家。当然,余干县还有多家等级较低的宾馆和社会旅馆。目前,余干县正大力推进旅游服务设施建设。在县城加快建设一家五星级旅游饭店和一批高档特色主题酒店及面向自助游客的经济型宾馆酒店,积极引进国际品牌酒店管理集团,提升管理服务水平;加快文化娱乐设施建设,实施街区"亮化工程",进一步优化公共服务功能;注重发展独具余干渔家风味的特色餐馆,做强"余干特色饮食一条街"品牌。

——旅游扶贫开发基点(多)。有大塘乡(依托鄱阳湖水域、康山候鸟保

护区等资源进行旅游扶贫开发工作）、梅港乡（依托李梅岭、信江、杨源水库等
资源进行旅游扶贫开发工作）、社庚乡（依托李梅岭、李梅水库等资源进行旅
游扶贫开发工作）。

4.横峰县

横峰县位于江西省东北部，是著名的老区县。全县总面积655平方千米，
大体是"七山半水二分田，半分道路与庄园"的格局。全县现有总人口21万
人，现有贫困人口10120人，低收入人口23000人。

——区位条件（好）。横峰县位于江西省东大门上饶市辖区，地处闽、浙、
皖、赣四省要冲，距浙江衢州120千米、南昌市200千米、上饶市35千米、鹰潭
市65千米、距浙赣高速公路道口6千米，320国道、浙赣铁路、横南铁路穿区
而过。横峰县附近有九江港、南昌港，有武夷机场、南昌机场、衢州机场和上饶
三清山机场（在建）。所以，横峰县的交通优势非常明显。

——旅游资源（好）。横峰县的旅游资源以"红色""绿色""古色"为主。
横峰拥有着全国保存最为完好的红色资源——闽浙（皖）赣革命根据地旧址
群。红色旅游资源主要集中在葛源镇，如红军操场司令台旧址、闽浙赣省军区
司令部旧址、闽浙赣省苏维埃政府旧址、中共闽浙赣省委机关旧址、闽浙赣省
工农商店旧址、闽浙赣省苏维埃商店旧址、闽浙赣省会——葛源、方志敏阅读
处——六角亭、葛源枫树坞红军广场等。另外，横峰县姚家乡还有横峰年关暴
动旧址等红色旅游资源。横峰县境内群峰耸立，河溪纵横，古木成群，风光秀
丽、气候宜人，绿色生态资源非常丰富。横峰县的绿色旅游资源有"横峰八
景"：横峰积翠、龙泉晓钟、天台远眺、赭亭堆霞、玉屏文笔、鹤石摩天、横溪曲
水、马潭印月。最负盛名的当属岑山国家森林公园。岑山和葛源古镇为横峰
县代表性的古色旅游资源。葛源镇曾因其红色省会的历史地位，被列入"江
西省历史文化名镇"。葛源除具备红色资源外，最令人赞叹的是它特有的古
镇风貌。岑山不仅自然风光秀美，而且，还有岩洞、寺庙、牌坊等文化景观，这
些文化古迹和秀丽的自然风光结合在一起，更加衬托了横峰的美丽风光。

——旅游接待设施（中）。横峰县现有旅行社2家，旅游从业人员7200
余人；宾馆30家，床位2600张，其中岑山大酒店按四星级标准建设，横峰宾馆
系三星级，华泰宾馆是按三星级标准建设；休闲山庄农家乐1500家；旅游食品
厂家5家。目前，横峰县正在实施"旅游旺县"战略，其旅游接待设施肯定会
有较大的改善。

——旅游扶贫开发基点（多）。有葛源镇（依托葛源的红色与古色资源进

行旅游扶贫开发工作)、岑阳镇(依托岑山的绿色资源进行旅游扶贫开发工作)、莲荷乡(依托横峰八景中的赭亭堆霞、玉屏文笔、鹤石摩天等资源进行旅游扶贫开发工作)。

5.修水县

修水县位于江西省西北部修河上游,居湘、鄂、赣三省九县中心,东邻武宁县、靖安县,南接奉新县、宜丰县、铜鼓县,西与湖南平江县、湖北通城县接壤,北与湖北通山县、崇阳县毗连。全县国土面积 4504 平方千米,总人口 83 万,是江西省面积最大和九江市人口最多的县,是国家扶贫开发工作重点县。

——区位条件(中)。修水县是三省(湘、鄂、赣)九县(武宁、靖安、奉新、宜丰、铜鼓、平江、通城、崇阳、通山)的交界处和三个省会城市(长沙、武汉、南昌)的中心点。东距江西省会南昌 220 千米,西距湖南省会长沙 240 千米,北距湖北省会武汉 260 千米;另外,距三峡旅游区最大中转站之一的岳阳和京广、浙赣铁路中转站的株洲以及距旅游城市九江市、著名风景旅游区庐山的距离都在 200 千米左右,城区的中心地位优势十分明显。随着"大广"高速公路和柯龙线一级公路的修通,修水县对外交通条件进一步改善,成为南昌、九江、长沙、武汉等大中城市游客生态旅游、度假休闲的理想目的地。

——旅游资源(中)。修水县提出发挥"绿色、红色、古色"优势,打造原生态休闲旅游强县。红色旅游资源有秋收起义革命旧址、遗址 60 余处,其中秋收起义修水纪念馆在被授名为"全国爱国主义教育基地"之后,2004 年又被评为江西省"百姓心中十大红色景点"之一。绿色旅游资源有五梅山自然森林公园、杨家坪自然森林公园、黄龙山森林公园、毛竹山原始森林、杨梅渡古樟群、"中国最美的河流"——修河,还有万亩人迹未至的原始森林,等等。古色旅游资源有山背文化遗址、陈门五杰故里、黄庭坚故里、千年古刹兜率寺、古艾侯国遗址、黄龙寺、黄沙古村落等。这些资源以修河为纽带,有机地串联于一体,形成自然与人文相融合的组合优势,具有很高的开发价值。

——旅游接待设施(中)。目前,修水县有 5 家旅行社,11 家准星级宾馆、11 家社会饭店、6 家农家乐、12 家休闲中心,8 家购物中心。在县一级的城市中,其现有的旅游接待设施应该是较好的。修水县正在着力打造原生态休闲旅游强县,其旅游接待设施将会有极大的改善。

——旅游扶贫开发基点(多)。有渣津镇(依托革命烈士陵园、千年古刹兜率寺、古艾侯国遗址等资源进行旅游扶贫开发工作)、黄港镇(依托五梅山、杨家坪、温泉等资源进行旅游扶贫开发工作)、上奉镇(依托山背文化遗址等资源进行旅游扶贫开发工作）、布甲乡（依托千年古村落、溶洞、梯田等资源进行旅游扶贫开发工作）。

6.铜鼓县

铜鼓县地处赣西北边陲，修河上游，东邻宜丰县，南接万载县，西接湖南省浏阳县（市）、平江县，北连修水县。因城东有一巨石色如铜，形似鼓，击之有声，故名铜鼓。地形西宽东窄，略呈三角形。总面积1548平方千米，其中山地占87%，丘陵盆地占13%，有海拔1000米以上山峰20座，属典型的山区。全县人口14万人，是典型的地广人稀山区县。全县人口70%为客家人，是赣西北客家人聚居中心，通行铜鼓片客语（怀远话），客家文化较为浓郁。

——区位条件（中）。铜鼓县地处南昌、长沙、武汉组成的三角形正中心，有发达的交通网络，交通便利。上（高）浏（阳）（省道S319）公路横贯东西，铜（鼓）修（水）（省道S241）公路纵越南北。南昌到长沙的昌铜高速、大广线武吉高速（G45）均穿县而过，南下广州、深圳约八小时可到达。铜鼓至宜春高速公路即将动工兴建，建成后铜鼓到宜春只需45分钟，可沟通浙赣铁路。铜鼓离南昌、长沙189千米，车程为1.5小时，可沟通京广、京九铁路，距湖南黄花机场169千米。规划中的九江到长沙的城际铁路、湖北咸宁到江西吉安的铁路均经过铜鼓县。

——旅游资源（好）。铜鼓县号称"福临之地、绿色之城、客家之乡"，其旅游资源主要以"红色、绿色、古色"为主。铜鼓县境内有重要革命旧址25处，列入县级以上文物保护单位23处，其中省级1处。红色旅游资源主要有毛泽东化险福地排埠月形湾、排埠万寿宫、秋收起义铜鼓纪念馆、萧家祠、毛湾老屋、毛湾新屋等。铜鼓县森林覆盖率高达87.4%，居江西省之首。境内有江西南方红豆杉森林公园，面积达4762公顷，公园内有南方红豆杉20多万株，被誉为"南方红豆杉之乡"；有天柱峰国家级森林公园，总面积1万多公顷，公园内拥有国家珍稀保护动物22种，被誉为"江南生物世界"；官山国家级自然保护区在铜鼓县占地9.2万亩，占全部面积的53.5%，森林覆盖率高达93.8%，是长江中游地区鄱阳湖、洞庭湖和江汉三大平原之间的重要"生态孤岛"。铜鼓年均气温16.2℃，是理想的"避暑胜地"；空气质量达国家一级标准，负氧离子含量达7万个/立方厘米，被誉为"天然氧吧"。铜鼓县历史悠久，境内有古文化遗址16处，古石器遗存点36处，古建筑13处，历代石刻14处，如在温泉、带溪、大段、丰田等乡发现西周和春秋时期古文化遗址。铜鼓县人口的70%为客家人，是赣西北客家人聚居中心。铜鼓客家文化源远流长，民风民俗别具一格。美味独特的客家饮食、古朴典雅的客家民居、崇文尚武的客家民风独具特色;甜美动听的客家山歌还被《中国民间歌曲集成》誉为最具有代表性的歌神,成为客家文化中的一朵奇葩。

——旅游接待设施(中)。铜鼓县现有皇庭国际大酒店(四星级)、温泉度假村、青松宾馆、铜鼓宾馆等星级宾馆,有众多独具特色的农家乐庄园。铜鼓有2家旅行社——铜鼓天柱峰旅行社、铜鼓温泉旅行社。在《国民经济和社会发展第十二个五年规划纲要》中,铜鼓县主张举全县之力推动铜鼓由旅游资源大县向旅游经济强县跨越,提出要加快宾馆、娱乐设施的建设,以及特色商品的开发,以提高铜鼓县的旅游接待能力,更好地满足旅游者的各种需求。

——旅游扶贫开发基点(多)。有温泉镇(依托温泉以及县城的旅游资源、接待设施进行旅游扶贫开发工作)、排埠镇(依托化险福地等资源进行旅游扶贫开发工作)、大塅镇(依托天柱峰景区进行旅游扶贫开发工作)。

7.广昌县

广昌县地处江西东南部、武夷山西麓,是抚河的发源地,东邻福建建宁、宁化两县,南接江西石城县,西连江西宁都县,北毗江西南丰县,居赣、粤、闽之交通要冲。全县总面积1612平方千米,总人口24.02万。因盛产白莲,被誉为"中国白莲之乡"。白莲年种植面积稳定在8万亩,是全国最大的白莲生产和集散基地。

——区位条件(中)。广昌县地处珠江三角洲连接长江三角洲的中枢地带。昌厦一级公路、206国道和广建公路贯穿全境,京福高速擦肩而行。鹰瑞高速公路胜利竣工通车,济南至广州高速以及至南宁、泉州高速公路正在建设中,鹰梅铁路建设项目已列入国家铁路建设中长期发展规划,规划建设中的瑞金—抚州铁路、向塘—莆田铁路将取道广昌,已实现村村通公路。

——旅游资源(中)。广昌是片风光秀美的土地。境内旅游资源丰富,碧水与丹山辉映,自然与人文并重,"红""绿""古"三色交相旅游资源辉映。广昌是第二次国内革命战争时期中央革命根据地的北大门,是保卫中央苏区的战略要地。悠久的革命历史给广昌留下了众多的遗址、遗迹,构成了广昌丰富的红色资源,主要有邱家祠毛泽东旧居、头陂红一方面军野战司令部旧址、头陂中国革命军事委员会议旧址、乌石岗红一方面军总前敌委员会旧址、大寨脑战斗旧址、高虎脑战斗旧址、万年亭战斗旧址、高虎脑战斗前敌指挥部旧址、高虎脑革命烈士纪念碑、符竹庭烈士纪念亭、广昌革命烈士纪念馆等。绿色旅游资源有百里莲花带、青龙湖、抚(河)源飞瀑、龙凤岩等。古色旅游资源主要有驿前古镇、龙溪恐龙化石发现地、古源摩崖石刻、雯峰书院、定心禅寺、饶家堡、章甫旧石器遗址、盱江镇明代古城墙等。

——旅游接待设施(中)。广昌县城盱江镇街道两旁遍布着大大小小的酒店、宾馆和旅馆,总数达五十余家,总床位数千余张。广昌大酒店、怡和大酒店、广昌宾馆、金城大酒店、银都大酒店、鑫辉大酒店等是广昌县城档次较高的酒店。广昌现有广昌县莲花假日旅行社、广昌县春秋旅行社有限公司、平和国际旅行社广昌营业部三家旅行社。这些设施可以基本满足旅游者的需求。

——旅游扶贫开发基点(多)。有盱江镇(依托青龙湖、盱江镇明代古城墙等资源以及县城的旅游接待设施进行旅游扶贫开发工作)、驿前镇(依托驿前古镇、百里莲花带、抚(河)源飞瀑以及 206 国道进行旅游扶贫开发工作)、甘竹镇(依托龙凤岩、龙溪恐龙化石发现地、雯峰书院、饶家堡等资源进行旅游扶贫开发工作)、赤水镇(依托摩崖石刻、定心禅寺、旧石器遗址等资源进行旅游扶贫开发工作)。

8.乐安县

乐安县位于江西省中部腹地,抚州市西南部。全县总面积 2412.59 平方千米,总人口 36.5 万,是全国商品木竹基地县,省林业、蚕桑出产重点县。乐安县是全国扶贫开发工作重点县,经济基础还很薄弱。2012 年,乐安全县实现生产总值 40.13 亿元,财政收入完成 4.61 亿元,农民人均纯收入 3541.57 元。

——区位条件(差)。乐安县东与抚州市的崇仁、宜黄县接壤,西与吉安市的永丰、新干县相邻,南连赣州市的宁都县,北靠宜春市的丰城市,是连接抚州、宜春、吉安、赣州四市之要塞。县城距省会南昌市 160 千米、京九铁路八都站 50 千米、上海市 880 千米、杭州市 660 千米、广州市 720 千米、福州市 580 千米、厦门市 770 千米、武汉市 602 千米,基本形成 7 小时经济圈。抚吉高速穿越乐安县腹地,与赣粤、京福两条高速公路相连,这大大缩短了珠江三角洲、长江三角洲和闽东南三角洲的距离。

——旅游资源(好)。乐安县号称"红色圣地、天然氧吧、千年古邑",红色、绿色、古色旅游资源是其特色。第二次国内革命战争时期,乐安是中央革命根据地之组成部分,是中央苏区的一部分。老一辈无产阶级革命家曾在这块红土地上留下了光辉足迹。红色旅游资源有毛泽东金竹与鳌溪旧居、周恩来鳌溪镇旧居、邓小平南村旧居、董必武祖居地流坑、胡耀邦祖居地浯塘、黄陂大捷旧址——登仙桥、大湖坪整编旧址等。乐安县属亚热带湿润季风气候,境内气候温和,光照充足,有草山、草坡 25.5 万亩,水面 15 万亩,山林面积 278.4

万亩,森林覆盖率达69.6%。乐安山水钟灵、风景奇秀,有号称"江南绝顶三峰"的道教圣地大华山,有兼庐山瀑布之秀美和黄果树瀑布之雄奇的金竹26处飞瀑——金竹瀑布群,有绵延乌江两岸十余华里、古树参天、江南第一、令中外游客流连忘返、赞叹不已的"中国第一古香樟林"。乐安县的"千古第一村"——流坑村以其历史上昌盛的科举文化、保存完整的古建筑群、融于自然的山村环境、别具一格的村落布局、精美绝伦的建筑装饰、积厚流广的宗族遗存、古朴纯美的民俗风情、绚丽多彩的乡土文化而闻名于世。流坑村明清古建筑群还被列入全国重点文物保护单位和全国首批历史文化名村。流坑"傩舞"流传千年经久不衰,是至今唯一幸存的最古老的傩仪和傩舞之一,2006年被列为国家首批非物质文化遗产。

——旅游接待设施(中)。乐安县现有一家旅行社,十余家社会宾馆,旅游接待设施有待提高。目前乐安提出了完善以交通为基础的"游、住、行、食、购、娱"的配套体系,加大旅游教育培训力度,提高旅游行业服务质量和水平。其旅游接待设施会有较好的改观。

——旅游扶贫开发基点(多)。有敖溪镇(依托境内的红色资源和石桥寺等古色资源进行旅游扶贫开发工作)、牛田镇(依托流坑村、古樟林等资源进行旅游扶贫开发工作)、龚坊镇(依托境内的红色资源进行旅游扶贫开发工作)、金竹乡(依托瀑布群和畲族风情等资源进行旅游扶贫开发工作)。

9.崇仁县

崇仁县位于江西省中部偏东,抚州市西南,为抚州市西大门要冲。全县国土面积1520平方千米,总人口40万。崇仁有较好的农业基础,是全国优质商品粮基地,被评为全国基本农田保护工作先进县、全国农村村落社区示范县、全国粮食油料生产先进县、全省农业发展先进县和全省水稻机械化插秧先进县。

——区位条件(中)。崇仁县东北接临川区,东南毗宜黄县,西南邻乐安县,西北连丰城市。崇仁处于抚州市半小时经济圈,到省会南昌1.5小时,距江西省第一大机场——昌北机场128千米,京福高速、沪瑞高速擦边而过,即将建设的抚吉高速公路穿境而过,境内抚八公路是连接京福高速和赣粤高速便捷快速的"黄金通道",抚宁线、崇宜线、崇乐线、崇丰线纵横穿越县境。

——旅游资源(中)。崇仁县的旅游资源也以"绿色""古色"为主。绿色旅游资源主要有以"四绝""五怪""八奇"著称的道教圣地相山,有"花在雾中笑,林在云中立"之称的罗山,有水质清澈的虎毛山水库。古色旅游资源主要有保存着大批明清古建筑的华家、诣源、浯潼三座千年古村,省级重点保护文物——相山石塔、石经幢,香火不断、富有灵气的华山寺、龙济寺、观音灵岩,1400年树龄的古香樟树,造型精美、结构别致的许坊乡三川桥等。

——旅游接待设施(中)。崇仁现有三家档次较高的宾馆——源野山庄(四星级)、崇仁宾馆(三星级)和虎毛山度假村,三家旅行社——青年旅行社、金阳光旅行社、新闻旅行社。当然,崇仁还有一些社会酒店。说明崇仁县具备一定的旅游接待能力。

——旅游扶贫开发基点(多)。有巴山镇(依托虎毛山、华山寺、南阜山等资源以及县城的旅游接待设施进行旅游扶贫开发工作)、许坊乡(依托诣源古村、三川桥、观音灵岩等资源进行旅游扶贫开发工作)、相山镇(依托相山、浯潼古村、相山石塔、石经幢等资源进行旅游扶贫开发工作)、白路乡(依托华家古村等资源进行旅游扶贫开发工作)、三山乡(依托罗山等资源进行旅游扶贫开发工作)。

10.上饶县

上饶县位于江西省东北部,信江上游灵山地区,隶属上饶市。全县南北长132千米,东西宽45千米,总面积2240平方千米,人口总数为71.57万人。境内油茶林面积达76.5万亩,占林地面积的近三分之一,位居全市第一,名列全省前茅。2001年,上饶县被国家林业局授予"中国油茶之乡"的荣誉称号。2008年,被列为全国六个油茶重点示范县之一。

——区位条件(好)。上饶县地处赣、浙、闽、皖要冲,史称"八省通玉衢""豫章第一门户"。东邻上饶市信州区、山县、广丰县,南连福建省浦城县、武夷山市,西接铅山县、横峰县,北界德兴市。上饶县地势优越,直接面临江、浙、沪、闽、粤等沿海开放地区,是东部沿海发达地区产业转移的承接地、对接"长三角"的桥头堡;交通网络四通八达,浙赣铁路复线、梨温高速公路横贯东西,横南铁路于此始发,交通极为便利。

——旅游资源(好)。上饶县的红色旅游资源主要有上饶集中营旧址。其绿色旅游资源有:饶南仙子——五府山森林公园、睡美人——灵山、枫泽湖、西郊森林公园、南岩、白鹭洲、七峰岩等。古色旅游资源有石人殿等。

——旅游接待设施(好)。上饶县建有四星级京都国际酒店和以三鼎农庄为代表的一批社会宾馆;有上饶县青年旅行社有限公司、上饶市忠华旅行社有限公司、上饶南方旅行社有限公司、上饶县假日旅行社有限公司等旅行社;还有月亮湾汽车城、香港国际家具城、金峰商城、九头鸟娱乐城、赣东北乐园、旭日广场等大型购物中心和大型文化娱乐场所。同时还可以借助上饶市的旅游接待设施,以扩大上饶县的旅游接待能力。

——旅游扶贫开发基点(多)。有旭日镇(依托西郊森林公园、南岩等资源进行旅游扶贫开发工作)、五府山镇(依托五府山森林公园、枫泽湖等资源进行旅游扶贫开发工作)、湖村乡(依托山、梯田花海等资源进行旅游扶贫开发工作)、董团乡(依托白鹭洲等资源进行旅游扶贫开发工作)、皂头镇(依托上饶集中营旧址、七峰岩等资源进行旅游扶贫开发工作)。

11.宁都县

宁都县历史悠久、文化底蕴深厚,素有"文乡诗国"之美誉,是著名的红色故都,是资源和农业大县,有"赣南粮仓"之称。全县国土面积4053平方千米,总人口80万。客家文化浓厚,全县通用客家语(宁龙片)。宁都是原中央苏区核心县、国家扶贫开发工作重点县、西部大开发政策延伸县、罗霄山特困片区县。

——区位条件(差)。宁都县位于赣州市东北部,离赣州市162千米,与周边7个县市接壤,区位优势比较突出;境内有319国道和5条省道。目前,宁都县着力完善境内城乡交通状况,并力图改善与外界的交通条件,如建设鹰汕铁路宁都站、石吉高速公路宁都互通口。加强铁路、公路网的建设与站场建设,在城市东西、南北两个方向形成快速交通,构建与外部交通体系相衔接的交通骨架。

——旅游资源(好)。宁都县是革命老区、生态名县、客家摇篮,其旅游资源也主要从这三方面反映出来。红色旅游资源有宁都会议旧址、江西军区司令部旧址、江西省苏维埃政府旧址、中共江西省委旧址、中共苏区中央局旧址、"黄陂会议"旧址、宁都起义指挥部旧址。绿色旅游资源有翠微峰、武华山、莲花山、凌云山、团结水库。宁都县的客家风情丰富多彩,尤其以田埠乡的东龙古村、黄石镇中村傩戏、洛口镇南云村得竹篙火龙、石上镇曾坊村桥帮灯等地的客家民俗最为出彩。

——旅游接待设施(中)。目前,宁都县城有多家星级宾馆和休闲娱乐场所,这反映出宁都县在周边县市有较强的旅游接待能力。宁都县提出"以'红'感人、以'绿'诱人、以'古'引人、以'客'留人"的口号,致力于发展旅游业,其旅游接待能力肯定会大为改善。

——旅游扶贫开发基点(多)。有东山坝镇(依托宁都会议旧址等资源进行旅游扶贫开发工作)、梅江镇(依托境内众多的红色旅游资源和县城现有的旅游接待设施进行旅游扶贫开发工作）、小布镇（依托中共苏区中央局旧址等资源进行旅游扶贫开发工作）、会同乡（依托翠微峰、武华山等资源进行旅游扶贫开发工作）。

12.于都县

于都县地处赣州东部,距赣州65千米,南昌422千米;东邻瑞金,南接安远,西连赣县,北毗兴国和宁都;总面积2893平方千米,总人口104.6万,人口规模居全市第一、全省第四,是著名革命老区县、国家扶贫开发重点县。2012年6月,于都县被国务院列为瑞（金）兴（国）于（都）经济振兴试验区。

——区位条件（中）。于都是通往宁都、兴国、瑞金等河东六县的必经之路,素有"六县之母"的美誉。境内拥有公路总里程2620千米,其中高速公路48千米,国道90千米,省道133千米,县道300千米,乡道503千米,林区专用公路54千米,农场专用公路1千米,村道1491千米。赣龙铁路境内里程56.7千米。基本形成了以县城为中心,以赣龙铁路、瑞赣高速公路、G323、G319和S218为主骨架,农村公路为支架的干支相连的陆路交通运输网络体系。

——旅游资源（中）。于都县主要以红色、绿色旅游资源为主,当然客家风情也是其旅游资源的特色。红色旅游资源有中央红军长征出发地纪念园、长征公园、毛泽东旧居——何屋暨赣南省苏维埃政府旧址。绿色旅游资源有罗田岩森林公园、屏山风景区、盘古茶场、盘古山矿山公园、宽石寨、金鼎寨、莲花山风景区。寒信古村是典型的客家古村,位于寒信峡之中。寒信峡周边涉及3个乡6个村,13200多人,全属客家人。寒信峡有着秀美的风光和独具特色的自然景观和人文景观,也是客家人栖息繁衍的故土家园,寒信峡的客家建筑、民俗民情、自然景观和人文景观也得到了很好的保护和传承,也是一片红色热土。苏区时期,寒信峡是于都中央革命根据地的重要组成部分,是当时苏区的大后方,为苏区的革命作出了巨大贡献。

——旅游接待设施（中）。目前,于都县城有3家按照三、四星级标准建造的宾馆——长征宾馆、宏泰大酒店和新联大酒店;8家旅行社——赣州市神舟国际旅行社有限公司于都营业部、赣州市凯旋国际旅行社于都门市部、畅游天下旅行社于都分部、赣州康辉旅行社于都营业部、赣州宝中观光国际旅行社有限公司于都营业部、赣州国旅于都营业部、赣州悠享国际旅行社有限公司、鸿达旅行社。在罗田岩森林公园内还有罗田岩旅游度假山庄,有会议、住宿、KTV包厢、桑拿、农事体验等项目,设有各种用餐包厢20个,可同时容纳500人用餐、45人住宿。这说明于都县具备一定的接待能力,可以基本满足旅游者的消费需求。

——旅游扶贫开发基点(多)。有贡江镇(依托境内的红色与绿色资源进行旅游扶贫开发工作)、盘古山镇(依托盘古茶场、盘古山矿山公园等资源进行旅游扶贫开发工作)、靖石乡(依托金鼎寨、屏山风景区等资源进行旅游扶贫开发工作)、段屋乡(依托寒信峡的红色资源、自然风光、客家风情进行旅游扶贫开发工作)、禾丰镇(依托莲花山风景区进行旅游扶贫开发工作)。

13.会昌县

会昌县位于赣州市东南部,东南邻福建武平,南接寻乌,西南毗安远,西北连于都,东北交瑞金。全县国土面积2722平方千米,人口51.16万,是国家扶贫开发重点县、罗霄山区集中连片特困地区县。会昌是鄱阳湖生态经济区的源头之一,是海西经济区的腹地,同时还享受中部崛起和比照实施西部大开发政策。

——区位条件(中)。会昌区位优势明显,有两条高速公路(赣瑞高速、济广高速)、两条国道(G323、G206)、两条铁路[赣龙铁路、规划的鹰(潭)瑞(金)汕(头)铁路]穿越全境东西、南北方向,另有会武线(会昌至福建武平)、省道会杉线、周版线(会昌周田至安远县版石)构成境内主要交通干线。会昌是中西部省市沟通东南沿海的中转要地,是珠三角、海峡西岸经济区的发展腹地。会昌县实现了乡乡通水泥路,县内路网纵横,交通便利,交通优势日益显现。

——旅游资源(中)。会昌县的旅游资源以绿色、红色、古色资源为主。会昌山清水秀,森林覆盖率达78%,生态环境好,是个旅游的好地方,2005年被国家旅游局列为全国30条精品旅游线路中的"赣州—于都—瑞金—会昌—长汀—上杭—古田"线路之一。境内旅游景观众多,有汉仙岩、盘古山、肖帝岩、会昌山、狮子岩、车心温泉等。会昌湘江是国家级湿地公园(试点),羊角水堡是国家级文物保护单位,会昌山森林公园是省级森林公园,百里湘江绿色生态长廊将成为全省县市中最长的绿色走廊。2012年,会昌县被评为"中国十佳最具投资潜力文化旅游目的地区县"。会昌还是个红色旅游城市。第二次国内革命战争时期,会昌县是"全红县",是中央革命根据地的重要组成部分、中央苏区的南大门。会(昌)寻(乌)安(远)中心县委、筠门岭关税处、贸易分局、粤赣省委、省苏、省军区都设在这里,成为领导和组织闽粤赣边区各县人民开展革命斗争的重要枢纽。会昌的红色旅游资源主要有文武坝粤赣省旧址群、会昌山、筠门岭旧址群,均为清末建筑,原貌保存,向各地游客免费开放，是省、市爱国主义教育基地。古色旅游资源有孔圣殿、文信国公祠、老庙下翠竹寺、六祖寺、岚山新建翠竹祠、芙蓉寨客家古村落。

——旅游接待设施（中）。会昌县现有会昌宾馆（三星级）、友好大酒店、岚山大酒店、民政宾馆、香江宾馆，均设有会议室、停车场、舞厅、多功能餐饮包厢和娱乐、美容等服务设施。会昌还有两家旅行社：岚山旅行社、赣州国际旅游有限公司会昌营业部。同时，会昌县加入了赣州市旅游服务接待网络，对其旅游接待能力提高有积极作用。

——旅游扶贫开发基点（多）。有文武坝镇（依托会昌山、粤赣省旧址群等资源进行旅游扶贫开发工作）、筠门岭镇（依托汉仙岩、盘古山、筠门岭旧址群、芙蓉寨客家古村落等资源进行旅游扶贫开发工作）、周田镇（依托萧帝岩、紫云山等资源进行旅游扶贫开发工作）、白鹅乡（依托九岭水库、白鹅峡、狮子洞等资源进行旅游扶贫开发工作）。

14.寻乌县

寻乌县地处江西省东南端，居闽、粤、赣三省交界处，全县总面积2312平方千米，人口近30万。寻乌是一个资源富集、物产丰饶之乡，素有"稀土王国""中国蜜橘之乡""江南水电大县"之称。

——区位条件（中）。寻乌县位于江西省东南边陲武夷山与九连山余脉相交处，是闽、粤、赣三省近邻、烟火相连的三角要冲。东邻福建武平县、广东平远县，南连广东兴宁、龙川县，西毗安远、定南县，北接会昌县。寻乌交通便利，206国道从北到南纵贯全县，济广（瑞寻段）高速已建成通车，鹰瑞汕铁路、寻全高速即将开工。寻乌数小时内可到达广东梅州、汕头、深圳、东莞、广州等地，是整个中部地区与珠江三角洲地区空间距离最近的地方。

——旅游资源（好）。寻乌县拥有丰富的红色旅游资源、绿色旅游资源、温泉资源、生态果业资源和客家文化资源。寻乌的红色旅游资源主要有寻乌调查纪念馆、古柏烈士纪念碑、罗塘谈判旧址、罗福嶂会议旧址、圳下战斗旧址等。寻乌的绿色旅游资源主要有桠髻钵山、南桥青龙岩、东江源生态公园、项山甑、云盖崠、斗晏水库等。寻乌的温泉资源有14处，分布在晨光镇民裕村，菖蒲乡徐溪村、菖蒲村，留车镇油竹坝，南桥镇横径（长江村）、狮子峰（长江村）、磷石背（南龙村）、珠村热汤嶂下（南龙村）、留车镇石牛湖、石马，龙廷乡泥鳅喷水、咸水湖，罗珊乡上津等地。寻乌的生态果业专业有长乐万亩精品果园、长亨精品果园、岗背精品果园、澄江观音亭水库精品果园、吉潭镇黎坑村下盘崀示范点等。寻乌的客家文化资源有周田历史文化名村、晨光镇司城新屋下围屋、晨光镇丰山里刘氏起勋公祠（清朝）、晨光镇古柏烈士旧居（司马第）等。

——旅游接待设施（中）。寻乌县城长宁镇大小街道两侧兴建了诸多酒店、宾馆、旅馆以及招待所，近年来兴建的寻乌县花旗国际酒店、橘林商务宾馆等少数宾馆档次较高，能够基本满足旅游者的需求。寻乌有两家旅行社：寻乌县友谊旅行社、寻乌海天假日旅行社。目前，寻乌县政府正着力兴建旅游接待设施，如住宿、餐饮、娱乐设施，以及旅游特色商品和购物网点的开发与建设，以提高寻乌的旅游接待能力。

——旅游扶贫开发基点（多）。有项山乡（依托境内的红色旅游资源、项山甑等进行旅游扶贫开发工作）、吉潭镇（依托境内的红色旅游资源、黎坑村下盘崇示范点等资源进行旅游扶贫开发工作）、三标乡（依托东江源头——桠髻钵山等资源进行旅游扶贫开发工作）、南桥镇（依托青龙岩、横径温泉等资源进行旅游扶贫开发工作）、晨光镇（依托境内的客家文化、温泉等资源进行旅游扶贫开发工作）、澄江镇（依托周田历史文化名村、澄江观音亭水库精品果园等资源进行旅游扶贫开发工作）、文峰乡（依托境内的生态果业资源进行旅游扶贫开发工作）。

15.万年县

万年县是世界稻作文化发源地、中国贡米之乡，地处江西省东北部、鄱阳湖东南岸，面积1140.76平方千米，人口40万，地貌特征为"六山一水二分田，一分道路和庄园"，先后被授予省级卫生城、省级园林城、省级双拥模范县、全省平安县和中国绿色名县。

——区位条件（好）。万年县位于江西省东北部，东与弋阳交壤，西与余干毗邻，南与鹰潭市接壤，北与鄱阳、乐平相邻。万年是昌、饶、景、鹰四个城市的交汇接点，距上饶160千米，到南昌130千米，离景德镇不过80千米，到鹰潭只有70千米。景鹰高速与昌德高速、206国道与昌万公路在万年形成双"十"字构架，皖赣铁路纵贯境内南北，万年港综合码头500吨船只四季通航。万年县处于鄱阳湖生态经济区对接长三角地区、海西经济区的前沿阵地。

——旅游资源（中）。万年县旅游资源丰富，且具有浓厚的地方特色。其旅游资源可归纳为"红色""绿色""古色"三方面。红色旅游资源主要有赣东北苏维埃政府旧址、坞头暴动旧址等。绿色旅游资源主要有龙泉湖、神农源石林、神农宫、九子溪、黄巢山、娱园山庄等。古色旅游资源主要有全国重点文物保护单位——仙人洞与吊桶环遗址、荷溪古村、大赦庵、青云塔、石镇古街等。

此外,万年县生态农业景观态势喜人,集现代观赏农业、自然生态农业于一体,主要有贡米基地、湖云"三水"产业基地等。依托境内的旅游资源,万年县可以开发出"稻作游、红色游、生态游"三个优质旅游产品。

——旅游接待设施(中)。万年县现有1家三星级宾馆——万年宾馆;2家旅行社——万年神农旅行社和万年虹桥旅行社。目前,万年县政府提出"做精做优旅游业",正在加快五星级宾馆的建设和万年宾馆四星级的改造,其旅游接待能力将会有较大的提高。

——旅游扶贫开发基点(多)。有裴梅镇(依托赣东北苏维埃政府旧址、坞头暴动旧址、龙泉湖、贡米基地等资源进行旅游扶贫开发工作)、大源镇(依托九子溪、仙人洞与吊桶环遗址、荷溪古村、大赦庵等资源进行旅游扶贫开发工作)、石镇(依托石镇古街等资源进行旅游扶贫开发工作)、湖云乡(依托"三水"产业基地等资源进行旅游扶贫开发工作)。

16.资溪县

资溪县位于江西省东部,地处赣闽交界的武夷山脉西麓,国土总面积1251平方千米,总人口12.6万。资溪自然生态保存完好,森林旅游资源极为丰富,全县森林覆盖率高达87.1%,拥有保护面积近30万亩的马头山自然保护区和面积5.1万亩的清凉山森林公园,境内负氧离子含量最高达27万个单位/立方厘米,并有融宗教、文化、探险、休闲于一体的大觉山风景区和以人与动物、自然和谐共处为目标的中国虎野化放归基地。

——区位条件(中)。资溪县位于江西省抚州市东部,东邻福建省光泽县,南交本省黎川县、西毗南城县、西北接金溪县、东北界贵溪市。境内鹰厦铁路、316国道、鹰瑞高速公路、资光高速公路、资茶公路贯穿东西南北,毗邻京福、沪瑞高速,出境渠道大大贯通,缩短了与沿海发达地区间的距离。规划中的吉武铁路(吉资铁路)将在2020年前后建成通车,这将是一条黄金旅游线路,将给资溪的旅游业带来巨大的商机。

——旅游资源(好)。作为中国生态旅游大县、中国十佳最具原生态的旅游大县以及中国十佳最具发展潜力的旅游大县,资溪县有着丰富的旅游资源。资溪县森林覆盖率达87.2%,居全省前列。其绿色旅游资源主要有马头山国家级自然保护区、华南虎野化放归区、清凉山国家森林公园、大觉山、九龙湖、方家山瀑布群、石峡竹海等。其古色旅游资源主要有新月畲族村、高阜古文化旅游区、高云塔、贞节牌坊、超然公祠、曾氏宗祠等。资溪县是一个红色教育体验基地,红色资源有革命烈士纪念碑。依托如此众多的旅游资源,资溪县可以打造十大景区——大觉山风景区、马头山原始森林生态旅游区、方家山野外生存训练基地、法水温泉健康养生度假区、狮子山生态旅游度假区、清凉山国家森林公园、清凉山度假山庄、新月畲族民俗村、中国虎野化放归区、高阜古文化旅游区。

——旅游接待设施(好)。资溪县现有资溪宾馆、金鹰商务宾馆、五洲大酒店、绿岛宾馆、狮子山度假村、龙腾宾馆、清凉山庄、法水温泉度假村、长和宾馆、云天宾馆等星级宾馆,床位总数四千余张。此外,资溪县还有一百余家农家乐、二十余家星级农家旅馆。资溪成立了4家旅行社,培养了一批导游人员,并成立了县旅游协会、烹饪协会等组织。同时,资溪县还引进工艺品企业,加大开发利用工艺品的力度,以更好地满足旅游者的需求。

——旅游扶贫开发基点(多)。有鹤城镇(依托大觉山、九龙湖、革命烈士纪念塔等资源以及县城的理由接待设施进行旅游扶贫开发工作)、高阜镇(依托境内的古色资源进行旅游扶贫开发工作)、乌石镇(依托新月畲族民俗村等资源进行旅游扶贫开发工作)、石峡乡(依托竹海等子进行旅游扶贫开发工作)。

17.万载县

万载县是著名的"花爆之乡"和百合产地,花爆、夏布、表芯纸和百合、辣椒、三黄鸡为万载县历史上的三大特产和三大名产。万载也是中国绿色名县、全国双拥模范县、全国社会工作人才队伍建设试点示范县、全国有机食品生产基地、国家首批有机农产品认证示范区、国家现代农业示范区、省级卫生城文明城园林城。全县国土面积 1719 平方千米,总人口 52.63 万。

——区位条件(中)。万载县地处赣中西北边陲,锦江上游,峰顶山以北,东邻上高县、宜丰县,南接袁州区,西连湖南省的浏阳市,北毗铜鼓县。县城距江西省南昌 170 千米,距湖南省黄花飞机场 168 千米,距"浙赣线"的宜春 39 千米,距"昌金"高速 26 千米。320 国道和"湘赣""芳万"两条省道穿境而过。宜春至万载的高速公路正在兴建中,这将有助于改善万载的区位条件。

——旅游资源(中)。万载山清水秀,旅游资源较为丰富,"红""绿""古"三色齐全,山、水、洞各具特色。其绿色资源丰富,旧有"鹅峰耸翠""汤周雪霁""紫盖浮云""笔架回澜""石笋凌空""小岭樵歌""龙河晚渡""坤山夕照"万载古八景;现有全长 3985 米的江西十大特色美景——竹山洞、目前全国唯一的长达 4000 多米的特大山体卧佛、三十把省级自然风景保护区、九龙省级森林公园和有机农业示范园等。万载是个千年古邑,历史文化积淀雄厚,有被誉为"舞蹈史上活化石"的万载傩舞、建于明朝洪武三年（1370年）的城隍庙、中国文学史上山水诗派鼻祖谢灵运的最后一个家——谢灵运墓、建于清乾隆十七年（1752年）的文明古塔及近两百年历史的汉族古民居周家大屋等众多人文景观。万载是革命老区，老一辈无产阶级革命家曾率领红军转战万载城乡，留下了许多革命遗址，成为了当今的红色旅游资源——中共湘鄂赣省委旧址、湘鄂赣省苏维埃政府旧址、县城毛泽东旧居、黄茅毛泽东旧居、湘鄂赣革命纪念馆、革命烈士纪念塔等。

——旅游接待设施（中）。万载的旅游设施日臻完善，汇丰澳斯特酒店（三星级）、新源大酒店、香格里拉大酒店、汇丰大酒店、瑞景源大酒店、东方明珠、翡翠明珠、花都休闲城、鹏泰购物广场等一大批高规格、高档次的酒店、休闲娱乐场所、购物场所相继开业。万载农家乐发展势头正旺，有老虎冲生态农庄、罗山生态农庄、邹源冲生态农庄、康乐人家等六十多家。万载县还有4家旅行社——万载县百合花旅行社、万载县开心旅行社、万载南方旅行社、万载金旅旅行社。此外，万载县还有特色鲜明的旅游商品，其"三大特产"（花炮、夏布、土纸）和"三大名产"（百合、辣椒、三黄鸡）早已闻名遐迩。可以较好地满足旅游者"吃、住、行、游、购、娱"的需求。

——旅游扶贫开发基点（多）。有马步乡（依托竹山洞以及境内的红色资源进行旅游扶贫开发工作）、高村镇（依托三十把省级自然风景保护区等资源进行旅游扶贫开发工作）、仙源乡（依托境内的红色资源和绿色资源进行旅游扶贫开发工作）、株潭镇（依托周家大屋等资源进行旅游扶贫开发工作）。

18.武宁县

武宁县总面积3506.6平方千米，居全省第四，总人口38.46万。武宁自然条件优越，生态环境优美。近年来，武宁先后获得全国卫生县城、全国生态示范区、全国文化先进县、全国市容环境综合整治优秀县、全国文明小城镇示范县、全国园林县城、全国文明县城、全国平安县、全国平安畅通县、全国退耕还林工作先进县和全国集体林权制度改革先进典型县11块金字招牌。

——区位条件（中）。武宁县位于江西省西北部，修河中游，地处赣鄂边界。东北与瑞昌市交壤，东靠德安县、永修县，南与靖安县接壤，西和湖北省通山县、阳新县相连。武宁地处武汉、南昌、九江三个大中城市的金三角区域，东临世界历史文化名山庐山，北倚国家风景名胜区九宫山，南连国家示范森林公园三爪仑。武宁交通较为便捷，区域外，福银高速公路、杭瑞高速公路、京九铁路卧邻而过；区域内，大广高速公路纵穿南北，永武高速公路横贯东西，316国道、柯龙线、焦武线、修武线、澧清线、上九公路、杨洲公路等1条国道、4条省道、16条县道、47条乡道、894条村道纵横交错、干支相连,加上正在建设的环城线和武宁西海大桥,一个衔接省市、沟通城乡、四通八达的城乡交通网已经形成。北行,武宁到九江(庐山)只要1小时30分,至武汉2小时,到合肥6小时,到上海10小时;南往,武宁至昌北国际机场仅需1小时20分,至南昌只需1小时30分;西进,武宁达长沙行程也只需4小时。

——旅游资源(好)。武宁山奇水秀,风景优美,被香港媒体誉为"天堂中的花园"。武宁生态旅游资源得天独厚,森林覆盖率达70%以上。其旅游资源以"绿色""古色"为主。其绿色旅游资源有"江西万岛湖"的生态西海、"百里芙蓉帐"的武陵岩森林公园、吴楚关隘——九宫山、"江南地下水晶宫"与"亚洲水路最长的天然溶洞"——鲁溪洞、太平山等。武宁的古色旅游资源有弥陀寺、佑圣宫、吴王峰、摩崖石刻等。

——旅游接待设施(中)。随着武宁县旅游业的快速发展,饭店业的档次和接待水平也不断提高。武宁县拥有明星大酒店、景山大酒店2家三星级饭店;茶乡、平尧、新光3家特三星农家旅馆;同时有武宁宾馆、国际大酒店、西海大酒店3家待评四星级饭店;与此同时,星艺、美吉特2家按照五星级饭店标准建设的酒店正在建设当中。全县基本形成高、中、低档配套齐全、结构合理的饭店服务体系。武宁现有拥有各类涉旅宾馆一百余家,客房两千余间,可提供床位约四千个。目前,武宁县正着力将"山水武宁"打造成一流的休闲旅游目的地,令世人向往的养生天堂,相信在不久的将来其旅游接待设施将会有较大的改善。

——旅游扶贫开发基点(多)。有杨洲乡(依托武陵岩森林公园、武陵岩峡谷漂流、生存岛、弥陀寺等资源进行旅游扶贫开发工作)、鲁溪镇(依托鲁溪洞等资源进行旅游扶贫开发工作)、澧溪镇(依托太平山、佑圣宫等资源进行旅游扶贫开发工作)、罗坪镇(依托西海、九岭山等资源进行旅游扶贫开发工作)、罗溪乡(依托温泉等资源进行旅游扶贫开发工作)、上汤乡(依托九宫山、上汤温泉等资源进行旅游扶贫开发工作)。

19.崇义县

位于诸广山脉南端、长江水系赣江源头林区的全国南方重点林业县。江西省崇义县,素有"中国竹子之乡"之称,总面积2206.27平方千米,人口20万,是一个资源丰富、开发较早、潜力较大、亟待发展的山区县。崇义是生态大县,先后被评为全国重点林业县、全国山区综合开发示范县、全国绿化模范县、全国林业分类经营试点县、全国文化工作先进县、全国村民自治模范县、全国人口与计划生育工作先进县、中国魅力名县等。

——区位条件（差）。崇义县位于江西省西南部，章江源头，东邻南康市，南接大余县和广东仁化县，西毗湖南汝城、桂东两县，北与上犹县接壤，距赣州市90千米。崇义县的交通不便，只能通过县际公路与外界联系。近年来，崇义县致力于改善交通状况，赣崇高速正在修建中，崇余公路改造项目全面完工，改造硬化农村公路101.5千米，基本实现全县行政村通水泥路。

——旅游资源（好）。有着"江西省绿色宝库"之称的崇义县，旅游资源以"绿色""古色""红色"为主。绿色旅游资源有阳岭国家森林公园、齐云山国家级自然保护区、聂都风景名胜区、章江源头、七星湖等。古色旅游资源有崇义客家民俗、关田明清古街、水楼、客家古民居、茶寮碑刻、章源桥、关田甘氏宗祠、朝阳庵、云隐寺等。红色旅游资源有横水革命烈士纪念塔、王尔琢烈士墓、上堡整训旧址、军民大会旧址、毛泽东旧居、朱德旧居、红军后方医院旧址等。这些丰富的旅游资源有利于崇义县打造"中国氧吧、绿谷崇义"生态旅游品牌。

——旅游接待设施（中）。崇义现有四星级宾馆一家——耀升国际饭店，各类社会宾馆、饭店近三十余家，有一些歌舞厅等娱乐设施，有较为丰富、具有特色的土特产，基本可以满足旅游者的旅游需求。

——旅游扶贫开发基点（多）。有横水镇（依托阳岭、军民大会旧址以及县城的旅游接待设施进行旅游扶贫开发工作）、聂都乡（依托聂都山、章源桥等资源进行旅游扶贫开发工作）、思顺乡（依托齐云山、茶寮碑刻、红军后方医院旧址等资源进行旅游扶贫开发工作）、关田乡（依托明清古街、甘氏宗祠等资源进行旅游扶贫开发工作）、上堡乡（依托温泉、上堡梯田、朱德旧居等资源进行旅游扶贫开发工作）、杰坝乡（依托七星湖等资源进行旅游扶贫开发工作）。

20.大余县

"世界钨都"——大余县国土面积1367平方千米，总人口30.78万。全县东西长约127.5千米，南北宽约25千米，呈东西长、南北宽的长条形状。

——区位条件（差）。大余县位于江西省的西南边缘，居章江上游，大庾岭北麓，东北与南康市相连，东南与信丰县接壤，西北与崇义县毗邻，南与广东省南雄襟连，西界广东省仁化县。县城南安镇距赣州市85千米，距南昌市512千米。大余县交通较为便利，距京九线南康站50千米、赣州机场80千米、京广线韶关站 130 千米,323 国道横贯全境;赣韶高速公路与赣韶铁路的建成,以及县乡村交通设施的完善,使大余县内外交通极大地得到了改善。

——旅游资源(中)。大余县历史文化悠久,山川风光秀丽,人文和自然旅游资源丰富,其旅游资源的特点可概括为:历史文化古迹多,资源品位高,客家民俗风情浓郁,红色文化底蕴深厚。红色旅游资源主要集中在梅关,如陈毅隐蔽处、诗碑长廊、红四军战斗遗址、红四军干部会议旧址等 35 处革命旧(遗)址。绿色旅游资源有梅关、丫山、三江口原始森林、"世界钨都"景区、天华山、云山等。古色旅游资源主要有嘉佑寺塔、牡丹亭公园、左拔曹氏围屋等。

——旅游接待设施(中)。大余县现有 3 家星级宾馆——章源宾馆(四星级)、西华山宾馆(二星级)、林丰大楼(二星级),以及以状元楼酒店、鱼米之乡为代表的有特色的农家饭庄。另外,大余县还有一些购物商店和娱乐场所,基本上可以满足旅游者的旅游需求。

——旅游扶贫开发基点(多)。有河洞乡(依托温泉等资源进行旅游扶贫开发工作)、南安镇(依托梅关、"世界钨都"景区、嘉佑寺塔等资源进行旅游扶贫开发工作)、浮江乡(依托三江口原始森林等资源进行旅游扶贫开发工作)、黄龙镇(依托丫山等资源进行旅游扶贫开发工作)、左拔镇(依托云山、曹氏围屋等资源进行旅游扶贫开发工作)、内良乡(依托天华山等资源进行旅游扶贫开发工作)。

21.安福县

安福县的国土面积为 2793.15 平方千米,总人口 39 万余人。安福素有"赣中福地"之美誉,是江西省 18 个文明古县之一。安福是全国第一批商品粮和商品材基地县,又是全省商品牛基地县,陈山红心杉、安福火腿、枫田辣椒等传统名产尤为有名。

——区位条件(中)。安福地处江西中部偏西,吉安市西北部,东邻吉安,南接永新,西与莲花、萍乡交界,北和宜春、分宜接壤。安福县的交通较为便利,分文铁路由北到南经过县境,大广高速、安莲公路、宜吉公路、安永公路、县城至武吉高速连接线、文三旅游公路等建成通车,渡口撤渡建桥工程和行政村村村通水泥(油)路工程全面完成,安福县的对内对外交通得以改善。

——旅游资源(好)。秀丽的山川,悠久的历史,孕育了安福县众多的自然资源和人文景观。其绿色旅游资源有"万顷云中草甸"——武功山、羊狮幕、发云界、武功湖、大布白鹤峰等。其古色旅游资源有凤林桥、洞渊阁、孔庙、东山文塔、江南五里岗汉唐墓葬、枫田岭上南北朝墓葬、严田牛荒丘汗墓葬、塘边古民居建筑群、三舍古民居、溪古民居、洲湖镇的"斗魁公祠"、洋溪镇的明清蟹型建筑古村落、平都镇的东汉墓葬、山庄乡的东汉墓葬群等。在第二次国内革命战争期间,安福县基本实现"全红县",是中央苏区湘赣省所属的 6 个主要县之一。主力红军北上抗日后,湘赣红军游击队又坚持了三年艰苦卓绝的武功山游击战争。红色旅游资源主要有:寅陂战斗遗址、塘战斗遗址、田里战斗遗址、洋溪万寿宫、洲湖镇山湖村"红五军'狗爬岭'战斗旧址群"等。

——旅游接待设施(好)。安福县现有多家星级宾馆,分别是武功山嵊源国际温泉度假酒店(五星级)、武功山温泉山庄(三星级)、名骏名都大酒店(三星级)、文山国际大酒店(三星级)、武功山宾馆(二星级)、安福宾馆(二星级)。另外,安福还有 50 多家社会宾馆,以及一批有特色的旅游商品和娱乐场所,可以基本满足旅游者的旅游需求。

——旅游扶贫开发基点(多)。有章庄乡(依托羊狮幕等资源进行扶贫开发工作)、泰山乡(依托武功山、温泉等资源进行旅游扶贫开发工作)、严田镇(依托武功湖等资源进行旅游扶贫开发工作)、枫田镇(依托罗隆基故居、相帅府等资源进行旅游扶贫开发工作)、钱山乡(依托大布白鹤峰等资源进行旅游扶贫开发工作)、金田乡(依托境内的古民居等资源进行旅游扶贫开发工作)、洋溪镇(依托明清蟹型建筑古村落等进行旅游扶贫开发工作)、山庄乡(依托东汉墓葬群等资源进行旅游扶贫开发工作)、洲湖镇(依托"斗魁公祠"以及境内的红色旅游资源进行旅游扶贫开发工作)。

22.莲花县

莲花县总面积 1072 平方千米,总人口 26 万,民族成分主要是汉族,另有苗、壮、回、满、侗、黎、羌 7 个少数民族。莲花县气候温和湿润,光照充足,雨量充沛,四季分明,生态环境幽美,全县森林覆盖率 75%,并拥有纵横交错的河流与水库,是典型的江南鱼米之乡。

——区位条件(中)。莲花县位于江西省西部,罗霄山脉中段,井冈山北麓,东北与安福县接壤,东南与永新县毗邻,西南与湖南省茶陵县、攸县相连,北面与芦溪县交界。莲花地处湘赣边界,具有承东启西的区位优势,快捷便利的公路运输网络已经成型。319 国道和省道吉莲公路贯通全县境,南与 105 国道、106 国道、107 国道、京珠高速、赣粤高速相接,北与 320 国道相接,全县村级公路全部水泥化,公路通车里程达 1200 千米。县城东距京九线井冈山火车站、井冈山机场 90 千米,分文线安福火车站 63 千米,南距永新文竹火车站 20 千米,西距湖南茶陵火车站 65 千米,北距萍乡火车站 69 千米,距南昌火车站、昌北机场330千米,距长沙黄花机场200千米。泉南高速莲花段、衡茶吉铁路莲花段正在建设中,吉莲公路莲花段正在实施改造。

——旅游资源(中)。莲花县的旅游资源以"红色""绿色""古色"为主。莲花县全境为井冈山斗争时期的红色区域,是井冈山斗争时期的5个"全红县"之一,是井冈山革命根据地的重要组成部分。其红色旅游资源有莲花一枝枪纪念馆、莲花花塘官厅、莲花革命烈士纪念馆、甘祖昌将军墓地、高滩红军行军旧址、棋盘山游击基地等。县城、坊楼甘家村、三板桥乡均有毛泽东旧居,西天庵有秘密交通站旧址,狮古塘有棋盘山会议旧址,县博物馆保存了军缸、湘赣苏维埃邮政总局牌、党小组记录、苏区货币和苏区邮票等革命文物。莲花县的绿色资源主要有玉壶山、高天岩、石门山、帽子山、寒山森林公园、水云洞、石城洞、潮水洞、张天洞、白竹瀑布群、黄沙瀑布、白水岩瀑布、神泉井、接鱼泉、塘边井等。莲花的古色资源有桃岭古遗址、梧里山战国遗址、西晋广兴县城遗址、勤王台遗址、吴楚雄关、朱益藩官厅、仰山文塔、古色古香的琴亭桥、录姑贞孝坊、西竺寺、法藏寺、双清桥、秀莲桥、路溪古民居群、东汉墓址、北宋石室墓址、明李祁墓址、明刘元卿墓址、大和尚墓址、云留庵、西竺寺等。

——旅游接待设施(差)。莲花县现有一家三星级宾馆——赣星世纪大酒店,以及一些社会宾馆,有经营当地特产的较大型超市,可以基本满足旅游者的旅游需求。

——旅游扶贫开发基点(多)。有琴亭镇(依托境内的莲花花塘官厅、玉壶山、朱益藩官厅等资源进行旅游扶贫开发工作)、高洲乡(依托境内的高滩红军行军旧址、高天岩、黄沙瀑布等资源进行旅游扶贫开发工作)、神泉乡(依托境内棋盘山的红色和绿色资源以及神泉井、桃岭古遗址等古色资源进行旅游扶贫开发工作)、坊楼镇(依托境内的红色资源以及潮水洞、白水岩瀑布等资源进行旅游扶贫开发工作)、路口镇(依托石门山、路溪古民居群等资源进行旅游扶贫开发工作)、荷塘乡(依托帽子山、寒山森林公园、白竹瀑布群、西竺寺等资源进行旅游扶贫开发工作)、闪石乡(依托石城洞等资源进行旅游扶贫开发工作)、六市乡(依托张天洞、接鱼泉、勤王台遗址等资源进行旅游扶贫开发工作)、南岭乡(依托塘边井、云留庵等资源进行旅游扶贫开发工作)。

本书在选择旅游扶贫开发对象时,着重考虑的是国定贫困县与省定贫困县。江西罗霄山区的17个县是全国11个连片特困地区之一,是扶贫攻坚重点县,鄱阳湖周围的省定贫困县的扶贫任务也很艰巨。本书选择这两个区域作为旅游扶贫开发的重点区域,也呼应了江西"北有鄱阳湖生态经济区、南有中央苏区振兴发展"的发展格局。同时希冀通过发挥其"示范引导"的作用,总结出其旅游扶贫开发的成功经验与做法,并将这些经验与做法推广到全省,以便更多的地区能够依托旅游业的发展而走上幸福的小康之路。

第四章

江西旅游扶贫开发的战略构想

战略,泛指一般工作、竞赛等活动中总的方针、计划、安排、部署。加拿大管理学家亨利·明茨伯格(Henry Mintzberg)借鉴市场营销学中的四要素提法,提出企业战略是由五种规范的定义阐述的,即计划、计谋、模式、定位、观念。本章中的旅游扶贫开发战略主要是指江西省在旅游扶贫开发中所制定的总体计划,实施的手段、方式、方法,市场地位以及理念等。旅游扶贫战略思想是指导旅游扶贫开发的基本思想,是制定旅游扶贫政策、战略方针、开发模式、实施途径的理论基础。

第一节 指导思想

江西省旅游扶贫应遵循"以人为本、重视民生、发展经济、环境良好"的基本理念,高举中国特色社会主义伟大旗帜,以邓小平理论和"三个代表"重要思想为指导,深入贯彻落实科学发展观,坚持"以人为本、全面协调可持续发展"的方针。紧紧围绕扶贫的核心目标——贫困人口脱贫,结合江西省扶贫工作的开展,整合贫困地区旅游资源,合理定位、突出重点,以发展地区旅游、国内旅游为重点,以开发红色旅游、乡村旅游、生态旅游、民俗旅游等旅游产品为主,充分发挥旅游产业的高关联优势,积极开发旅游商品,与地方主导产业相协调,积极引导社区居民参与旅游开发,重视旅游扶贫试验区的建设和示范作用,重视旅游景区的形象建设和营销活动,把旅游扶贫开发与地区可持续发展相结合,努力探索实践旅游扶贫的新模式、新途径、新手段,走出一条欠发达地区实现跨越式发展的新路子,实现旅游业发展和扶贫开发工作的新突破,使贫困人口在旅游发展中获益和增加发展机会,努力推动贫困地区经济社会更好、更快发展,确保贫困地区人民全部解决温饱问题,并努力与全国人民一道基本同步建成小康社会。

第二节　战略目标

旅游扶贫战略目标是对旅游扶贫工作预期取得的主要成果的期望值。战略目标的设定,同时也是旅游扶贫宗旨与目标的展开和具体化,是旅游扶贫战略所要达到的水平的具体规定。

一、核心目标

真正意义上的旅游扶贫,应该以明确"扶贫"为其宗旨,发展旅游业只是手段和途径,而反贫困和消除弱势群体的贫困状态才是其核心目标,以经济效益为前提、以贫困社区的综合发展为内容、以贫困人口的发展为核心的社会积极变迁为其终极目标;所谓"扶",也强调了外援性力量的重要性。[1]

江西省的旅游扶贫应该明确以"贫困人口脱贫"为宗旨,发展旅游业只是手段和途径,而反贫困和消除弱势群体的贫困状态是其核心目标。在旅游扶贫开发中,首先要将扶贫的目标从"贫困区域"转移到"贫困人口",定位在使贫困人口经济利益最大化上,致力于贫困人口发展机会的开发上;旅游产业的发展应尽力扩大当地劳动力、货物以及服务业的使用,扩大并密切其与当地相关产业之间的联系,保证基础设施的建设与环境战略的制订使贫困人口受益。通过旅游扶贫开发,实现贫困人口脱贫致富。

二、阶段目标

(一)近期目标

到 2015 年,建成两个国家级旅游扶贫示范区——赣南红色旅游扶贫试验

---

① 周歆红:《关注旅游扶贫的核心问题》,《旅游学刊》2002 年第 17 卷第 1 期。

区和吉安红色旅游扶贫试验区、10个以上具有较大影响力的省级乡村旅游扶贫示范区、30个市级乡村旅游扶贫示范区和100个各具特色的县级乡村旅游扶贫示范点。旅游扶贫地区以旅游业为先导的特色优势产业加快发展,贫困农民人均年纯收入达6000元以上,年均增收幅度高于全省农民人均年纯收入3个百分点以上,贫困人口数量减少50%以上,基础设施和人居生态环境明显改善,基本消除绝对贫困现象。贫困地区交通得到极大改善,县道60%达到三级以上,乡道90%达到四级以上,交通等基础设施骨架基本形成,公共服务能力显著增强,贫困地区落后的面貌得到初步改观。

（二）中期目标

到2020年,旅游扶贫地区旅游产业具有一定规模,能满足游客"吃、住、行、游、购、娱"等综合旅游需求,地区生产总值和地方财政收入年均增长10%以上。贫困农民人均年纯收入达10000元以上,年均增收幅度高于全省农民人均纯收入6个百分点以上;贫困人口自我发展能力增强,旅游扶贫开发合力攻坚机制基本形成。综合交通运输骨架基本形成,贫困地区基本实现县城通二级以上等级公路,所有乡镇和行政村通柏油（水泥）路,景区（点）之间客车通达率达到95%以上。

（三）远期目标

到2025年,在江西省旅游扶贫地区构建起布局合理、各具特色的旅游产业体系,旅游业成为本地区主导产业,第三产业比重占地区生产总值50%以上;当地农民收入增长与城镇居民实现同步,贫困地区的贫困人口逐步向建成小康社会目标迈进,江西省成为旅游产业强省,并成为全国乃至世界闻名的红色旅游与乡村旅游目的地。

三、终极目标

以经济效益为前提,以贫困社区的综合发展为内容,以贫困人口的发展为核心的社会积极变迁是旅游扶贫的终极目标。① 江西省实施旅游扶贫开发的终极目标在于:通过开发贫困地区的旅游资源,大力发展旅游经济,将旅游资源优势转化为旅游产业优势,逐步实现优质资源的效用,经验、技术的推广,产

---

① 周歆红:《关注旅游扶贫的核心问题》,《旅游学刊》2002年第17卷第1期。

业的转型，促进贫困地区生产力发展，增强贫困地区"造血"功能，努力推动地区经济社会更好更快发展，实现贫困人口脱贫致富、乡村富裕和谐、民族团结稳定、社会繁荣稳定，最终实现地区生态、经济、社会、文化的可持续发展。

第三节　战略思路

依据江西社会经济发展的实际情况，遵循旅游扶贫战略目标，江西省旅游扶贫开发战略思路可概括为："三体"并举、"三力"联动、"三创"贯通、"三产"融合、"多部"协作。

一、"三体"并举

旅游扶贫开发中的主要利益相关者是政府、企业和当地社区，三者是旅游扶贫的实施主体，构成了旅游扶贫的动力体系。在江西省旅游扶贫开发中，应突出政府、社区、企业在旅游扶贫中的主体地位，实行"政府引导、社区主体、企业主力"的方针，三者有机统一，缺一不可。

"政府引导"即旅游扶贫工作需要政府部门进行整体设计和宏观调控。国内外的实践经验表明，发展旅游业离不开政府引导，在江西省许多贫困地区，没有政府引导旅游扶贫开发很难起步。政府引导具体表现在：组织旅游规划的编制、审批旅游开发的项目、建立旅游扶贫基金、配套相关基础设施的建设、出台有利于贫困人口参与的政策、引导本地产业链的构建等。在这里必须强调两点：一是强调"政府引导"不是"政府主宰""政府主财"或"政府主干"。政府的主要作用体现在给予一定的资金和政策支持，从总体上规划和引导，采取对贫困地区有利的方针与政策。它的作用更重要的是体现在宏观层面与整体效益上，体现在公共产品的提供上，是一种大思维。二是政府引导并不是时时引导，当贫困地区的旅游开发被激活、当地旅游业开始兴旺时，政府应该逐渐转换角色，变"引导"为"督导"，更多地让市场起主导作用。政府的主要任务在于提供政策保障和监管各种不良现象，使旅游扶贫朝既定的目标发展。

"社区主体"体现为贫困人口既是旅游扶贫的对象，又是参与旅游开发的主力军。社区参与旅游开发主要包含三个方面：第一，参与旅游发展过程，使他们能够普遍参与旅游业相关行业的活动并从中获得经济上的好处，让他们成为旅游扶贫开发的受益者。第二,农民参与旅游发展决策,认真倾听当地居民对发展旅游的希望和看法,并将这些意见纳入政府的决策之中,应赋予当地居民决定旅游发展目标和措施的自主权,并从中了解当地农民的意愿。第三,参与有关旅游知识的教育培训,提高贫困人口参与旅游业发展的技能,使他们有能力提供标准化、规范化的服务。要使贫困人口真正参与旅游扶贫开发,还必须建立起一套完善的参与机制:其一是建立起旅游发展的社区咨询机制,以表达社情民意;其二是建立农民学习旅游业经营技能的培训机制,使农民能够成为旅游业的就业者和经营者;其三是建立起社区农民对旅游业收益的利益分享机制,使贫困人口能够成为旅游业的受益者。

"企业主力"即旅游开发商和经营商,是旅游扶贫中最活跃的利益主体,他们参与扶贫是旅游扶贫最重要的一个方面。企业在旅游扶贫中主力作用的发挥主要通过四个方面来实现:第一,合理开发旅游资源,满足旅游者对旅游产品的需求,积极开拓旅游市场,促进当地旅游产业的发展。第二,通过建立合作投资,公平分享利益,建立与社区的合作信任关系;企业在经营过程中,杜绝损害当地穷人和社区的行为。第三,培养社区责任感,积极参与扶贫活动,引导贫困人口参与旅游的经营活动,成为扶贫合作者和实施者。第四,通过合作规划、共享服务、共赢模式,与当地其他各类相关企业建立密切的供需关系。

二、"三力"联动

旅游扶贫工作要坚持将资金支持、市场支持、管理支持、技术支持和政策支持相结合。在江西省旅游扶贫开发中,只有"政策力、智力、财力"三者形成合力,才能为旅游扶贫提供强有力的保障,进而推进旅游扶贫开发顺利开展。

旅游扶贫政策可分为主体政策和配套政策,包括地区旅游政策、扶贫投资政策、税收政策、土地政策、环保政策及其他有关政策措施。江西省旅游扶贫"政策力"的发挥应从两大方面开展:一方面是完善各项政策。专门出台针对江西省贫困地区旅游开发有关投资领域特定范围、特定行为的专门法律法规,如《旅游扶贫投资项目审批管理办法》《政府投资特许权项目暂行管理条例》等专门法规;根据各地的特点出台相应的招商引资政策和人才、税收、土地等一系列优惠政策,并要注重政策的具体化、系列化和可操作性;制定科学的切实可行的中长远期旅游发展规划,保护生态资源和文化旅游资源。另一方面是强化政策的执行。在执行政策过程中,要发挥利益的调控平衡作用、注重民众参与、促进政策对象的政策认同;加强扶贫资金管理,建立旅游扶贫资金的监管机制;加大对旅游业的优惠政策和审批政策方面的便利,如提高建设用地审批效率,减少审批环节,及时提供并保障经济建设用地,如可考虑按农业设施用地的标准,按标准划拨一定的土地作为专门的"乡村旅游用地"。

治穷先治"愚",扶贫要扶"智"。旅游所扶之"贫"不能仅仅局限于物质上的贫困,更重要的是观念上的"贫困"。在贫困地区,由于社会整体水平大多处于商品经济社会的初级阶段,加上教育落后、信息不灵,因而思想观念陈旧,商品意识淡薄,对旅游脱贫致富缺乏认识,这些落后的错误思想观念严重阻碍了旅游扶贫的深化和拓展。因此,如果仅仅从物质上实现脱贫,旅游扶贫就没有取得完全成功。旅游扶贫既要扶"贫",还要扶"智"。在实施旅游扶贫时,"智力"扶贫主要体现为两个方面:第一,加强宣传教育,从观念上转变贫困人口的脱贫致富及自身发展思维方式,打破原始落后的发展观,营造脱贫的内在动力;通过文化知识的教育,增强贫困人口现代商品意识,提高文化素质,使他们从观念、文化、心理等方面脱贫。第二,积极开展各项培训,提高当地旅游从业人员的文化、素养水平,使他们树立市场服务观念;注重发挥他们的示范、传播、辐射作用,以带动整体旅游服务水平的提高。

"财力"是旅游扶贫开发的关键因素,资金短缺、投入不足是旅游扶贫开发的一大制约因素。在江西省旅游扶贫开发中,应当坚持"谁投资、谁经营、谁受益"的原则和"全方位开放、多层次开发、多领域拓展"的方针,探索一个以市场投资为主体、政府投资为主导、社会投资为补充的旅游扶贫融资新机制。资金的筹集具体可从以下三个方面开展:第一,设立旅游扶贫专项补助金。省、市、县政府每年把扶贫资金按一定比例拨出,专款专用,作为旅游扶贫专项资金,优先扶持那些条件具备、适宜旅游开发的贫困地区。① 如,设立专门的经费,建设高校、旅游企业联合的旅游职业培训制度,免费培训乡村旅游从业人员;针对贫困地区农民开设农家乐,按床位和接待人数给予一定的资金补贴。第二,优化环境、招商引资。政府部门要制定相关优惠政策,吸引发达地区资金参与旅游开发,拉动招商和地方配套资金投入;打造优良旅游扶贫项目,通过项目的成功开发,营造全社会关注旅游发展的氛围与环境,吸引外来商家主动投资。第三,广聚社会闲散资金。开拓多种融资渠道,吸纳社会闲散资金,如采取股份合作制,通过参股、分红等形式组建旅游开发公司。

---

① 邓祝仁、程道品:《旅游扶贫亟需解决的若干问题》,《社会科学家》1998 年第 2 期。

三、"三创"贯通

江泽民同志说:"创新是一个民族进步的灵魂。"在旅游扶贫中,面对新形势、新环境、新情况,如果仍然沿用旧思维、旧观念、旧方式、旧经验、旧模式,是必然会陷入被动的,处于劣势地位甚至会打败仗。近年来,一些成功的旅游扶贫经验与方法表明:只有符合实际的创新才是旅游扶贫成功的关键所在。没有创新思维,就没有旅游扶贫的新局面,就不会取得旅游扶贫的新成就。因此,江西省旅游扶贫开发应坚持"模式创新、内容创新、方法创新"相互渗透,形成三位一体的工作思路。

"模式创新"体现为变"政府主导"为"政府引导",以政府引导、市场运作、多轮驱动、多部门联合推进的方式推进江西省旅游扶贫工作;摒弃传统的偏重扶贫资金支持的"输血型"扶贫模式,采用"补血型""造血型""混血型"等多种模式,将资金支持、市场支持、管理支持、技术支持、文化支持和其他政策支持形式结合起来,多管齐下、多种形式开展旅游扶贫。

"内容创新"体现在旅游扶贫目标上,突出让贫困人口成为旅游业的参与者,使贫困人口经济利益最大化;在旅游扶贫开发中,坚持"三体并举""三力联动""三产融合""多部协作"等战略思路,走符合江西省实际的旅游扶贫之路;在机制构建上,以利益分配机制为核心,完善社区参与机制,建立生态补偿机制;在扶贫方式上,既重视"财力"扶贫,更注重"智力"扶贫;在旅游开发形式上,依托江西省老区、山区、湖区旅游资源的优势,以发展特色旅游为主,如红色旅游、乡村农家旅游、生态旅游、民俗风情旅游等。

"方法创新"体现为在政策扶持上,倡导政府采购,即把贫困地区的旅游接待纳入政府采购的范畴;在旅游扶贫对象选择上,以旅游资源禀赋为基础,综合考虑区位条件、要素配置、对象诉求等因素,确定旅游扶贫开发重点市(县)和一般市(县);在旅游扶贫资金筹措上,大力拓宽融资渠道,施行政府引导、多元投入;在旅游市场开拓中,推行志愿者旅游;在旅游扶贫项目管理上采取社区或村委会管理、县旅游局进行前期管理或委托管理、地方镇政府管理等四种不同的具体运作方式。

四、"三产"融合

要使旅游扶贫取得最佳的经济效益,重要的一点是要注意与其他产业共同发展。如果就旅游而论旅游,片面地发展旅游业,而忽视与农、林、牧、副、渔及乡镇企业协作,走共同发展之路,则往往是一厢情愿。① 在江西省旅游扶贫开发中,要坚持"农业、工业、服务业"相互促进的"三产融合"战略,即以旅游产业为导向,注意旅游业与第一、二、三产业的协同发展。

在第一产业方面,注重发挥贫困地区第一产业的优势,调整传统农业生产结构,大力发展观光农业与休闲农业。观光农业与休闲农业使贫困地区传统农业的劳作方式、农田风光、农产品加工制作等原本属于农业范畴的事物和行为成为了可被依托发展旅游活动的内容。这种转换有效地拓展了旅游业可依托资源的类型,丰富了旅游活动的内容,迎合了旅游者多种多样、求新、求变的旅游需求,推动了旅游业更快、更好地发展。

在第二产业方面,贫困地区要以旅游市场为导向,调整工业产品结构,压缩部分"有尘工业"和"老、大、笨、粗"的工业产品,以种植业与旅游业为依托,构建传统资源深加工与旅游商品加工的轻工业体系。旅游业与第二产业融合,形成轻工业旅游等新业态。围绕满足旅游者好奇心和求知欲等的旅游需求,轻工业旅游使旅游者了解轻工业产品特性及其制作过程,丰富知识、开阔视野,同时,开拓了轻工业产品的销售市场。同时,围绕旅游扶贫开发,还可以充分利用贫困地区的生物资源优势,结合科技扶贫,大力发展生态农业和绿色食品加工业,并开发当地特色旅游商品,应注重发展传统区域化的名、特、优产品,形成特色产业与特色产品的结构。

在第三产业方面,创办农工商一体化的经营服务组织,积极推广"公司+基地+农户"的生产经营模式,沟通农业生产与旅游市场间的联系。② 公司通过与当地的社区建立互相依存、利益共沾的合作关系,来达到旅游扶贫的目的。具体的开发方式是:公司通过村委会组织农户参与旅游发展,农户接待服务、参与旅游开发则要经过公司的专业培训并制定相关的规定,以规范农户的行为,保证接待服务水平,保障公司、农户和游客的利益。这样既可节省投资,又可增加社区贫困人口的收入,让居民真正得到实惠。同时,公司开发的强大关联作用也可以促进当地旅游产业链的构建。

---

① 刘向明、杨智敏:《对我国"旅游扶贫"的几点思考》,《经济地理》2002 年第 22 卷第 2 期。
② 同上。

五、"多部"协作

省域旅游扶贫是一个系统工程,由动力子系统、决策子系统、目标子系统、执行子系统、保障子系统和监管子系统等部分组成,各子系统要素联动运行。旅游扶贫开发涉及多个行业、多个管理部门,已远远超出了单个管理部门的权限和协调能力,这就决定了旅游扶贫开发需要更高层次、更多方面的介入。[1]需要将旅游扶贫纳入更广泛的社会支撑系统,在水利建设、交通建设、城镇建设、生态建设、扶贫开发、生态文明村建设、宜居乡村建设、文化遗产保护与开发、危房改造中充分考虑旅游功能,形成全社会关注、多部门参与的一体化旅游扶贫格局。例如,广西壮族自治区在旅游扶贫开发中,旅游部门与住建、农业、水产畜牧、林业、水利、水库移民和文化等部门合作,建设了一批旅游名镇名村,创建了一批休闲农业与乡村旅游示范县(点)、农业旅游示范点和星级农家乐,开展了森林旅游示范点创建和"森林人家"旅游品牌建设,帮助发展水利旅游和库区旅游,挖掘民俗风情旅游资源,包装旅游演艺产品,等等。[2]

各相关部门全方位协作有利于使旅游扶贫得到必要的支持与配合,旅游扶贫与科技扶贫、教育扶贫、农业扶贫等工程紧密衔接,可实现扶贫效益最大化。为了保证江西省旅游扶贫开发的有效实施,有必要通过适当的组织形式来协调各方力量,以建立政府主导、多部门合作、多元主体参与的互动平台。本书课题组认为,理想的组织形式应该是打破行政体系的条块分割,以旅游部门为龙头,将旅游、扶贫、科技、文化、环保、水利、农业和林业等政府部门在统一的开发目标下进行职能整合,可考虑成立具有一定级别的专门机构,如市、县级旅游扶贫工作组,其工作形式可以采用直接在社区进行现场办公的方式。这种操作灵活、成员多样的专门组织机构可以为旅游扶贫开发提供组织保障,有助于协调政府各职能部门的分工协作,提高他们的工作效能,加强信息的沟通,确保旅游开发协调、有序发展。在具体工作中,财政与旅游部门联合进行旅游扶贫专项资金管理,渔业部门协助贫困渔民聚集地旅游扶贫项目配套设施建设,林业部门为林区旅游扶贫项目开发提供配套资金,新闻媒体加大旅游

---

[1] 胡明文、王小琴:《生态旅游扶贫开发的多元主体协同机制探讨——以兴国县天鹅湖社区为例》,《江西农业大学学报(社会科学版)》2010 年第 9 卷第 4 期。

[2] 韦继川、邝伟楠:《广西旅游扶贫探索与展望:"卖"出好山水 迈向脱贫路》,2012 年 7 月 11 日,见 http://news.gxnews.com.cn/staticpages/20120711/newgx4ffcd21f-5632326.shtml。

扶贫景区宣传力度,有关科研院所和高校对贫困地区旅游规划、旅游人力资源培训进行扶持。

第四节　模式选择

旅游扶贫是一种全新的扶贫模式,是旅游资源条件较好的贫困地区通过扶持旅游发展带动地区经济发展的一种区域经济发展模式,也是一种投入较少、效果较好、返贫率较低、贫困地区的群众能获得经济实惠的新型扶贫方式。① 江西省贫困地区分布广、范围大,各地区具备旅游扶贫的条件差异较大。根据各贫困地区的旅游资源、地理区位、社会经济发展水平等条件,应采取有针对性的旅游扶贫开发模式,走各具特色的旅游扶贫之路。

一、赣南等原中央苏区——以红色旅游为主体的多维扶贫试验区模式(补血型)

旅游扶贫试验区模式,是在一些旅游资源丰富的贫困地区,划出一定范围建立国家级或省市级旅游扶贫试验区,通过发展旅游业促进其经济社会发展,并对其他地区起实践示范作用。这种模式特色在于政府引导,以单个或少量几个项目开发为主要载体,采取目标攻坚式扶持;优势在于方便操作,容易获得广泛的社会关注和支持,具有很强的示范效应。在贫困状况和旅游开发条件具有一定典型代表性特征的贫困地区可采用旅游扶贫试验区模式。

赣南是原中央苏区的主体,又是国家扶贫重点区域,兴国、宁都、于都、安远、会昌、上犹、寻乌、赣县、石城、瑞金、南康等 11 县市已划入罗霄山特困片区和江西省特困连片地区,具备旅游扶贫试验区的资源、区位、政策、产业、经验等创建条件。鉴于此,旅游、扶贫等相关部门应积极协作,抓住国家政策契机,尽快建立以红色旅游为主体的赣南旅游扶贫试验区(国家级),以瑞金、兴国、宁都、于都、安远、上犹等县市为核心,兼顾赣州市其他县市部分地区。针对赣南地区有足够的红色旅游资源却缺少市场和市场发育不良而亟待开辟市场的状况,进行"对症下药"式的帮扶。从景区建设、产品开发、商品研发、市场营

① 王兆峰:《民族地区旅游扶贫研究》,中国社会科学出版社 2011 年版,第 146 页。

销、品牌推广、企业上市、人才培养多维角度，就"红色旅游""古村（镇）游""客家民俗游""生态旅游"和新农村旅游等方面开展扶贫工作，以接受革命传统教育、增长历史知识为目的，组织行政部门、企事业单位的职工以前来旅游的方式来实现"市场扶贫"。

二、环鄱阳湖地区——业态创新型旅游扶贫模式（混血型）

业态创新型旅游扶贫模式，即通过与农业、水产、林业、交通、信息等现代科技的融合，培育新型的旅游产品和业态。旅游业态的外在表现形式虽然呈多样化特征，但旅游业态的创新过程包括市场创新、技术创新、生产经营方式创新、组织创新、供应流通渠道创新、制度创新。扶贫旅游产品的功能拓展及新增长点主要反映在培训旅游、考察旅游、疗养旅游和修学旅游等领域。业态创新型旅游扶贫模式充分发挥外援与自主开发相结合，加速了各种社会资源的优化整合，有利于"造血"机制建设，受益面广。

环鄱阳湖地区旅游资源丰富、交通条件发达、产业发展水平高，很多贫困村均处于旅游风景区范围内或周边地带，适宜运用业态创新型旅游扶贫模式。在旅游扶贫开发中，应从社会系统整体出发，依托多层面参与主体、多元化协作部门与多渠道旅游扶贫操作手段，以南昌、九江、景德镇、鹰潭、上饶等城市为中心，城乡互动，山江湖一体，大力发展水域风光旅游、渔家风情旅游、湿地生态旅游、水乡创意旅游、田园风貌旅游、湖区户外旅游等，促进新型旅游业态的形成，在鄱阳、余干、横峰、上饶、修水、武宁等县开展立体化旅游扶贫开发。

三、大井冈连片特困地区——景区带动型旅游扶贫模式（借血型）

景区带动型旅游扶贫模式，是指贫困地区依托周边著名风景名胜，利用自身良好的自然、人文旅游资源，共享景区固定客源以及已有的较为完善的基础服务设施，开发与区域主要景区一脉相承的旅游产品或是开展互补性强的旅游活动，如开展农家乐、休闲接待、特色乡村游等旅游接待服务，扩大区域旅游产品的吸引力，促进地区旅游业快速发展。

大井冈连片特困地区包括井冈山市、永新县、遂川县、吉安县、万安县、安福县等县市。该地区以井冈山为中心，旅游产业发展水平较高，适宜采用景区带动型旅游扶贫开发模式，即将旅游产业作为本地区的主导产业，开发周边县市的优质旅游资源,充分发挥井冈山景区的龙头带动作用、产品的品牌招徕作用、市场的中心辐射作用,与井冈山旅游功能差异定位、旅游产品差别发展、旅游线路连线互动,实现优势互补,推动大井冈地区旅游产业的全面协调发展,促进整个区域逐步消除贫困。

四、点状分布的贫困地区——责任包干型旅游扶贫模式(造血型)

包干型旅游扶贫模式,是通过指定相关部门或地区,对贫困地区一对一、有针对性地进行"定点"或"对口"扶贫——缺少开发技术即提供技术支持,不懂旅游规划与开发即帮助其规划与开发,没有产业就引导品牌企业入驻或帮助兴建产业,促使当地形成旅游产业及相关产业发展链,多采用资金扶持、智力扶贫、技术扶贫、市场扶持和人才扶持等方式。

针对分布较散、条件较差的点状分布贫困地区,如乐安县、广昌县、崇仁县、莲花县等,可采取责任包干型旅游扶贫模式。比如,针对乐安流坑古村旅游市场的不足,省市政府部门可以牵头组织旅游相关部门(如旅行社、景区、旅游交通部门等)到当地进行考察,或到外地举办推介会,或在本地举办旅游交易会、土特产品交易会等活动。针对人才不足的情况,政府部门和高校选派部分领导或专家学者以及旅游相关企事业单位的专业人员到当地挂职进行专业指导。

第五节 主要任务

一、统筹规划旅游扶贫开发工作

旅游规划是一套法定的规范程序,是对目的地或景区长期发展的综合平衡、战略指引与保护控制,从而使其实现有序发展的目标。旅游规划要求从系统全局和整体出发,着眼于旅游规划对象的综合整体优化,正确处理旅游系统的复杂结构,从发展和立体的视角来考虑和处理问题,因而旅游规划具有较强的综合性、前瞻性和战略性。

在江西省旅游扶贫开发中,要做到规划先行,严格按规划开发。江西省旅游局负责组织江西省旅游扶贫开发总体规划和专项规划,要重点做好环鄱阳湖地区、大井冈山地区、赣南红色旅游扶贫试验区和吉安红色旅游扶贫试验区、10 个旅游扶贫重点县、22 个旅游扶贫一般县的旅游扶贫专项规划,各地要因地制宜明确主题定位,以红色旅游、乡村旅游和生态旅游为主要发展方向。被列为旅游扶贫开发的 10 个重点市(县)、22 个一般市(县)要做好《旅游发展总体规划》和《旅游扶贫专项规划》,由市、县政府组织并委托有专业资质的单位进行编制,规划内容要与风景名胜区总体规划、本级国民经济和社会发展规划、城镇总体规划、土地利用总体规划、基础设施建设规划等相衔接。对于未做规划的,不予列入省旅游扶贫重点项目。

二、成立旅游扶贫开发协调机构

为了保证江西省旅游扶贫开发的有效实施,有必要通过适当的组织形式来协调政府各部门力量,建立专门的旅游扶贫协调领导机构,并从人员组织上给予保证。协调机构要具有权威性,对旅游业有关部门、旅游企业具有绝对的监督、协调管理权力。实践证明,如果机构没有实际的管理权,各种旅游活动的整合、联合,各部门、各地区之间的合作就会流于形式,停留在口头上,没有任何效果。

结合江西省实际情况,可专门成立省、市、县级旅游扶贫综合协调领导小组,分别由主管扶贫工作的副省长、副市长、副县长担任组长,旅游、扶贫、建设、工商、国土、林业等相关部门为成员,各部门在规划、征地、环评等环节上统筹兼顾,密切合作,齐抓共管,协调动作,创新工作举措和方式,不断把江西省旅游扶贫开发推向深入。各级党委、政府和各有关部门要将旅游扶贫工作纳入重要议事日程,定期研究相关工作。与旅游扶贫重点项目所在地建立挂钩扶贫关系的地区和部门,要大力支持旅游扶贫项目的开发。

三、开拓旅游扶贫开发融资渠道

旅游扶贫项目建设是一项系统性工程,需要投入大量资金,在实际工作中,招商引资问题不解决,旅游扶贫这块"蛋糕"就无法做大。因此,要积极探索和创新旅游投融资的新方式和新途径,充分调动各方面的积极性和主动性,为旅游扶贫工程的实施和可持续营运提供稳定可靠的资金来源和保证。

对于江西旅游扶贫而言,一是要加大财政资金引导性投入。设立专项资金是旅游扶贫政策推动的重要突破口之一，"十二五"期间，江西省省级旅游扶贫专项资金每年安排应不低于 3000 万元，用于实施旅游扶贫开发战略，帮助有条件的地方贫困农民发展乡村旅游。二是要充分发挥财政扶贫资金的引导作用。依靠旅游扶贫资金的启动效应，在招商引资方面催生出强大的"磁场"效应，给投资商信心，为社会资本导航，引导侨资、外资和民间闲散资金参与贫困地区旅游开发，承接其他产业的投资转移，营造全社会关注旅游发展的氛围与环境。① 采取招商引资、引进战略联盟等多种方式，吸引鼓励多种所有制经济组织参与旅游扶贫开发；鼓励省内外各类企业、社会团体和个体工商户，采取独资、合资、合作、承包、租赁、托管等方式，参与旅游扶贫开发和项目区基础设施建设；拓展与对口帮扶城市的产业对接范围，积极引导对口帮扶资金发展乡村旅游。三是要鼓励相关金融机构加大支持力度。可引导国家开发银行、农业银行、农业发展银行、农村信用联社等金融机构加大对旅游扶贫项目的信贷投入。四是要引导民间资本以购买、租赁、承包、联营、股份合作等多种形式参与旅游扶贫开发。鼓励农户和回乡创业农民工以房屋、宅基地、土地承包使用权、资金、技术等投入旅游扶贫开发，同等条件下优先给予支持。

四、实施旅游扶贫项目驱动战略

旅游项目是旅游经济发展的主要动力和支撑，特色是旅游地的主要标志。旅游业的发展是以旅游资源为前提的，江西省旅游扶贫开发战略的实施也必须以特有的资源为依托，着力打造有特色的重点旅游项目。特色旅游扶贫项目具有很强的示范带动效应，旅游扶贫项目库是旅游扶贫项目建设和招商引资的重要基础性工作。根据江西省的实际情况，"十二五"期间每年批准 100 个旅游扶贫项目，对入库项目在资金和政策上给予大力扶持。各旅游扶贫项目建设要从本地实际出发，突出山区资源和乡土文化特色，并要注重环境和生态保护，要优先开发有地方特色、文化内涵和生态旅游的项目。旅游扶贫项目由项目实施地的乡（镇）人民政府提出立项申请，经县（市、区）人民政府或旅游扶贫综合协调工作小组审查通过，报市扶贫部门采取竞争入围方式初审后，择优推荐上报省旅游局。区位突出、示范作用大、农民增收快、发展前景好的

① 李国平、刘春燕：《省域旅游扶贫工程研究》，《中国人口资源与环境》2006 年第 16 卷第 1 期。

旅游扶贫项目,可以由县(市、区)人民政府向省扶贫办直接申报。根据申报项目的重要性,建立三级(国家级、省级、市级)旅游扶贫项目库,根据项目库制定中长期旅游扶贫开发建设规划和五年行动计划。入库项目除可获得相应的资金扶持外,还将被纳入旅游行政管理体系,免费获得省、市、县旅游行政主管部门的宣传推介。

五、加快旅游扶贫示范区(点)建设

旅游扶贫试验区(点),是在一些旅游资源丰富的贫困地区,通过发展旅游业带动当地群众脱贫致富的一种有益探索。自 2000 年我国首个国家级旅游扶贫试验区项目——宁夏六盘山旅游扶贫试验区创建以来,云南、贵州、广东、新疆、四川、西藏、湖南、湖北、河南、陕西、山西等地,都相继创建了一大批国家级和省级旅游扶贫试验区,积累了大量旅游扶贫试验区的建设经验。江西省开展以乡村旅游扶贫示范点建设的乡村产业扶贫工程,需打造一批有影响力的旅游扶贫示范区(点)。通过先行示范点,以点带面,助农增收,带动全省乡村旅游大发展。"十二五"期间,江西省全面实施旅游扶贫战略,推动形成红色旅游、民族风情、生态休闲、特色农业等主题功能区,打造一批在国内外有影响力的乡村旅游扶贫示范区,培育一批乡村旅游扶贫龙头企业。在实施"十百千万"工程的基础上,到 2015 年,力争建成两个国家级旅游扶贫试验(示范)区、10 个以上具有较大影响力的省级乡村旅游扶贫示范区、30 个市级乡村旅游扶贫示范区和 100 个各具特色的县级乡村旅游扶贫示范点,形成"以点连线、点线成面、点线面结合"和"一镇一特色、一村一景观"的旅游扶贫开发格局。

六、开拓旅游扶贫市场

旅游市场的占有率直接关系到旅游扶贫开发的经济效益,应通过多形式、多渠道、多领域开展旅游扶贫宣传活动,不断提高江西省旅游扶贫的知名度和影响力,有效地开拓旅游扶贫市场。

第一,充分发挥政府职能部门在乡村旅游宣传推广中的主导作用和旅游企业特别是旅行社的促销主体作用,支持旅行社的长期促销计划。各旅游扶贫区要以重要民俗文化活动、节庆等为平台,不断扩大旅游扶贫景区(点)的

影响，加强与报刊、广播、电视台、网站等媒体的合作。用好社会扶贫资源，积极开展市外旅游扶贫宣传，主动与旅行社合作，举办旅游扶贫专题推介活动，共同开拓贫困地区旅游市场。

第二，积极开发本地旅游市场。在经济不发达地区，特别是在农村地区发展旅游业，往往会注重经济发达的"长三角""珠三角"客源市场的开发而忽视省内市场。外地旅游市场的开发和发展确实会产生相当程度的经济效益，从而推动当地经济水平的提高。虽然江西省本地的旅游市场并不能增强地域的整体经济实力，却可以在城乡经济之间加快流通，平均分配区域内的货币，最终实现经济社会的和谐发展。

第三，加强宣传报道。省市主流媒体要积极宣传报道，将旅游扶贫宣传作为一项重要内容，开辟专题专栏，进行重点推介。江西省各市县机场、车站及其他重要公共场所和城市出入口等要设立乡村旅游宣传广告。城镇、重点旅游线路和景区（点），均要设立乡村旅游宣传推介窗口。

第四，加快乡村旅游目的地管理系统建设，积极开展网络营销、网络预订等旅游在线服务，指导乡村旅游景区（点）、农村家庭旅馆等建立网上预订系统，提高乡村旅游发展的信息化水平。

七、加强贫困人口智能培训

治穷先治"愚"，扶贫要扶"智"，在旅游扶贫中应认真做好旅游培训工作，使贫困农民对旅游业有充分的认识，提高贫困地区旅游服务水平和管理水平。

第一，有关部门要通过每年安排贫困地区 1000 人进行岗前培训、学历班学习等方式，力争 5 年内使乡村旅游景区（点）每户农家都有 1 名以上乡村旅游从业人员参加过不同形式的业务培训。旅游、人力资源社会保障、教育、农业、扶贫、文化、中小企业等部门要将乡村旅游从业人员培训纳入年度培训计划；注意选聘高校旅游专业的毕业生到基层工作，选派旅游部门的工作人员到旅游重点村镇挂职锻炼。

第二，鼓励省内旅游院校或有资质的旅游培训机构对贫困农户进行经营管理、食宿服务、接待礼仪、传统技艺、导游解说、文艺表演、旅游商品设计、市场营销等培训，对农村贫困家庭未继续升学的应届初、高中毕业生进行 1~2 个学期的旅游技能劳动预备制培训。

第三，实行扶贫培训基地"送教上门"，针对乡村旅游业发展所需人才开展培训,实现"门口办班、就地培训、出门就业"。组织从业人员到省内外成熟的乡村旅游点进行现场培训,整合运用农村远程教育、村图书室、文化活动室等教育培训资源,对旅游扶贫点的农民进行旅游基本知识、基本技能、普通话、外语等培训,提高贫困地区贫困人口的旅游服务水平和管理水平。

第五章

江西旅游扶贫开发的实现途径

旅游扶贫开发,不仅要促进地区经济的发展、促进地区经济结构优化与产业转型升级,更重要的是要通过发展旅游业,促进贫困地区的贫困人口获得脱贫致富的机会与能力。江西省是中部地区经济欠发达省份之一,农业在国民经济中的比重较大,农村贫困人口较多。同时,江西省又是一个旅游资源大省,素有"物华天宝、人杰地灵"之誉,其旅游资源具有数量多、分布广、类型全、品位高等特点。丰富的旅游资源,对江西实现在中部地区的崛起起着重要的促进作用,也为江西贫困地区通过旅游开发实现脱贫致富提供了一条极好的途径。

第一节　建立多层级试验区

建立旅游扶贫试验区是我国关于帮助贫困地区脱贫致富的伟大战略决策,符合全国旅游发展工作会议关于在全国"规划建设一批旅游扶贫试验区,在旅游资源丰富的贫困地区,通过发展旅游业培育特色产业,带动贫困地区群众脱贫致富"的精神,是在全国一些旅游资源丰富、尚未脱贫的地区尝试发展旅游业,实现脱贫致富的一种探索。2000 年 8 月,六盘山旅游扶贫试验区开工,标志着我国第一个国家级旅游扶贫试验区开始建设。随后,广东、贵州、海南纷纷仿效并且在通过旅游带动贫困地区经济发展方面获得了巨大成功。

一、建立的必要性

(一)更好地发挥关联带动作用

旅游扶贫作为一种创新扶贫形式,以其强大的辐射效应、丰厚的经济效益、良好的生态效益和独特的开放效应为扶贫攻坚开辟了一条崭新的通道。作为一种开发式的扶贫形式,旅游扶贫不仅可以带动当地百姓实现致富,更促进了农村的精神文明建设,使农民的思想观念发生了深刻的变化。各地开展旅游扶贫的经验证明,旅游扶贫是一条投入相对较少、回收较快、返贫率低、成效较高的扶贫之路。旅游扶贫试验区的建设可以使旅游扶贫工作进一步走向规范化,更好地突出旅游扶贫的示范作用,真正起到"建设一个点,带动一大片"的效果。

(二)获得政策及资金的支持

长期以来,贫困地区国民经济总量偏低、旅游投资严重不足,这极大地影响了旅游业的发展。政府对在贫困地区建设旅游扶贫试验区给予极大支持和帮助,旅游扶贫试验区可以享受各项优惠政策。政府在不改变现有投资渠道和工作格局的前提下,将会尽力在国债项目安排、旅游专项补助资金安排、外国政府和国际组织无偿援助资金安排、扶贫资金安排以及规划、建设、管理、人员培训、市场营销等方面给予支持。这将使贫困地区旅游业的发展获得极大的政策和资金支持,有力推动贫困地区的旅游基础设施建设。

(三)使旅游扶贫工作更科学、更规范

旅游扶贫试验区是一个专业性较强的扶贫模式,需要多部门密切合作才能成功,特别是对于扶贫主管部门和旅游主管部门来说,一定要制定科学合理的创建方案和措施,并狠抓资金投入和工作的落实情况,为创建旅游扶贫试验区发挥积极作用。通过旅游扶贫试验区的建设,在各级政府有关部门的引导下,保证旅游资源开发规划的科学性和规范性,真正起到"建设一个点,带动一大片"的效果,这将有利于贫困地区旅游业的可持续发展,保证旅游扶贫工作的长远功效。

(四)提高旅游产品开发的档次,培育旅游精品

旅游扶贫试验区的建设,所树立的是国家标准或地方标准,这使贫困地区的旅游产品开发进入高起点、高层次轨道,为优化旅游产品结构,提升旅游开发档次,更好地进行景区管理,彻底改变贫困地区旅游景点、景区中存在的小、弱、散、差等普遍现象,为其他贫困地区旅游开发提供示范作用,也为江西省旅

游业的发展开发出旅游精品创造了条件。

二、建立的基本思路

(一)政府引导

贫困地区经济落后,市场发育程度低,市场机制不完善,单纯依靠市场来完成资源的优化配置是不现实的。同时,由于旅游扶贫开发对象与目标的特殊性,以及一定程度上市场的失灵,因此,旅游扶贫开发需要确立政府的特殊职能与作用,政府通过特殊政策扶持支持贫困地区通过发展旅游产业实现脱贫致富的政策目标。在旅游扶贫开发过程中,政府职能应由“政府主导”转变为“政府引导”“政府辅导”和“政府督导”,并重点体现在宏观规划、政策扶持、组织引导、统筹协调、监督管理等方面。

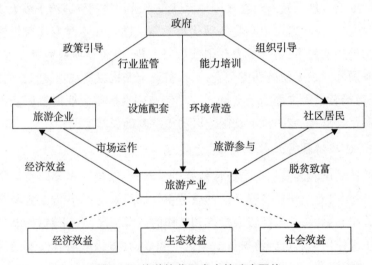

图 5-1 旅游扶贫开发中的政府职能

“政府引导”“政府辅导”和“政府督导”的旅游扶贫开发战略是促进旅游扶贫开发健康、可持续发展的重要前提。在旅游扶贫开发过程中,政府的职能主要表现在:在政府规划指导下,采取各种措施,包括决策工程、人才工程、引导工程、资金工程等,对旅游开发给予积极引导和支持,营造旅游环境,有意识地发展旅游业,以带动社会经济的全面振兴。① 中央或地方政府凭借其社会

---

① 冯学钢:《皖西地区旅游开发扶贫探讨》,《经济地理》1999 年第 19 卷第 2 期。

威望、财政实力与强大的管辖能力,通过制定法令、法规、规划、政策,投入相应的旅游基本建设资金,营造良好的旅游环境,在旅游业的发展上发挥着极为重要的主导作用。① 由于旅游扶贫开发对象与目标的特殊性,旅游扶贫开发既要依存于市场运作,又要超越于一般的市场运作,即社会服务性质或非利润导向的内容在旅游扶贫项目中占有相对重要的地位。② 因此,政府职能主要体现在宏观层面、整体效益和公共产品的提供上。旅游扶贫是一种在市场经济环境下的扶贫开发模式,当贫困地区的经济被旅游业激活以后,政府就应该逐步放手,引入市场经济机制,进行企业化运作,做到"政府引导、企业运作、社会协同",以实现旅游扶贫开发的可持续发展。同时,应根据江西的"三区"(老区、山区、湖区)社会经济发展实际情况,探索旅游扶贫开发的江西特色发展道路与创新发展思路。

(二)部门主管

旅游业是专业性较强的新兴产业,旅游主管部门应作为旅游业可持续发展的主要参与者和执行者,对贫困地区发展旅游业给予专业性的指导与管理,如通过对贫困地区旅游环境的监测与评价,监督旅游业发展对环境与文化的影响,特别是对民族民俗文化的消失、商品化、庸俗化的影响;组织公共教育活动,提高当地居民与旅游者对实施旅游业可持续发展的认识和支持;在旅游开发和经营中,加强对土地、森林、水资源的可持续利用的管理,减少废气、废水、废物对环境的污染破坏,杜绝对旅游资源和环境的破坏,倡导与环境和谐的旅游活动。旅游主管部门应通过制定相关的旅游政策法规加强对试验区的管理和监督,从而对旅游扶贫试验区的宏观管理方面发挥积极的作用。

(三)市场运作

旅游扶贫试验区的建设,根本目的是要通过旅游扶贫试验区带动贫困地区发展经济,解决贫困问题,走上致富道路。因此,作为试验区本身,不能成为贫困地区的负担,必须通过有效的运作和经营管理获得经济利益,创造经济效益。贫困地区面临的主要困难是资金及技术的不足,国家对试验区的政策及资金支持是要帮助试验区建立一个"造血"工厂。建成后,试验区要靠自己造血,而不能等靠政府不停地输血。帮助贫困地区致富,是政府的责任和义务,但这并不意味着政府要直接对试验区进行管理和经营。关于试验区的管理,

---

① 蔡雄等:《旅游扶贫》,中国旅游出版社1999年版,第1~13页。
② 谷丽萍、方天堃:《旅游扶贫开发新论》,《云南财贸学院学报(社科版)》2006年第3期。

政府应按照市场经济的要求,对试验区的管理进行运作,最大限度地提高投资效益和经济效益。在试验区的具体运作机制上,如决策机制、用人机制、收益分配机制、激励机制、管理创新等方面,应实行市场化运作,这是使试验区得到最优和最快发展的经营方式。只有这样,才能最大限度地调动各方面的积极性、主动性和创造性,使旅游业的发展与其他方面的发展协调一致,相互促进,实现通过发展旅游业使贫困地区群众尽快脱贫的目的。

企业化经营与市场化运作是相辅相成的。在市场化运作条件下,旅游业的经营必须实行企业化,否则,就会形成经营与运作的巨大摩擦,进而形成巨大的内耗,由于人为因素而降低旅游业的经济效益和社会效益,延缓贫困地区旅游业的发展,进而延缓贫困地区的脱贫致富进程。企业化经营,具体地说,就是要根据旅游景点、景区的实际情况,在管理模式建立上使其具有企业的性质或特征,从总体上对其进行企业化管理,建立现代企业制度,推行现代企业管理模式。

(四)社区参与

旅游扶贫试验区是在一定的社区范围内进行开发和建设的,社区是旅游扶贫试验区建设的基础保障。试验区的建设只有获得社区的大力支持和配合,才能健康、顺利地发展,并实现带动贫困地区脱贫致富的目的。社区是塑造游客体验的重要道具,社区居民本身是构成游客体验"友好气氛"的必要成分,为游客的新鲜感以及亲切感提供必要的环境。在贫困地区,特别是少数民族地区,社区居民本身的生活就是宝贵的旅游资源。社区的资源状况及居民的态度对旅游扶贫试验区的吸引力有着重要的影响,贫困地区的居民由于受长期生活习惯的影响,存在着一些不良的行为,或无意地对当地赖以生存的资源和环境进行破坏。在当地旅游扶贫试验区,就要求人们的行为要有所改变。要想使贫困地区居民改变长期形成的不良习惯,必须让居民从试验区中得到足够的实惠。当他们意识到试验区的建设能给他们带来利益时,他们才能以主人翁的身份积极投入试验区建设中,这样试验区才能正常、持续地发展。因此,如何鼓励当地居民积极参与试验区的管理,处理好试验区与社区居民的关系,是试验区规划的重要内容。

三、具体建设措施

根据江西省贫困地区人口的分布现状,针对旅游资源较丰富的区域,采取旅游扶贫试验区的模式。全省力创两个国家级旅游扶贫试验区——赣南红色旅游多维扶贫试验区和吉安红色旅游扶贫试验区;各设区市分别力创 1 个省级旅游扶贫试验区,如吉安市创建罗霄山升级旅游扶贫试验区;旅游扶贫重点和一般县(市、区)分别创建 1 个市级旅游扶贫试验区。在众多领域进行"先行先试、积极示范",为其他贫困地区提供积极有益的扶贫经验和示范价值。

第二节　开发三大特殊产品

江西省旅游资源丰富,种类多、品位高。在旅游扶贫开发中,除开发传统旅游产品之外,应重点开发三大创新性特色旅游产品,充分发挥这三大类旅游产品的扶贫功能。

一、志愿者旅游产品

志愿者旅游是将志愿者活动融入旅游当中,是近年来国外学者最广泛引用的概念。"志愿者旅游可以定义为一种特殊的旅游模式,通过那些不仅自愿提供资金,同时致力于世界自然环境的保护的度假者们,为其提供可持续的替代性旅游,以此来帮助社区的发展、科学研究以及生态恢复"。此种旅游的参与者的旅游动机是基于利他主义的。他们愿意接受一种与众不同的假期,可以使自身得到发展(精神的升华,自我完善)、自我实现以及自我价值再评价的机会,做与众不同的事,同时做力所能及的事回报自然和社会。

(一)志愿者旅游项目的扶贫功能

国外的旅游项目志愿者主要包括两种:其一为基于 responsible tourism 的志愿者,即负责任旅游下的志愿者,是将志愿者(volunteer)与旅游(Tourism)结合而成,亦是现在西方新兴旅游项目中增长最快的类别,吸引了不少青年及刚退休人士参与;其二为基于 working holidays 的志愿者,它的核心目标是通过义务工作来度过一个有意义的假期,志愿者每次出行都是为了一项或几项特定的工作,如建屋刷墙、捡垃圾等。

志愿者旅游所选旅游目的地多为贫困边远的地区。志愿者项目能够促进平衡地区贫富差距,帮助贫困人群摆脱贫困。志愿者旅游的过程包括了人力和物力的流动,主要是经济发达地区或城市的志愿者无偿支援劳力和物力,帮助落后地区或农村发展。

（二）志愿者旅游项目类型

志愿者旅游的组织者主要包括四种类型：第一类是由政府组织的志愿者旅游项目，各级团组织是政府开展志愿者旅游项目的重要执行者；第二类是由非政府/非营利组织（NGO/NPO）开展的志愿者旅游项目；第三类是高校类社团组织开展的志愿者旅游项目；第四类是企业公益活动的志愿者旅游项目。志愿者旅游项目的主要类型有：

1.贫困救助型

扶贫救助型项目是志愿者旅游的一种基本类型。特点是志愿者们到比较贫困的国家和地区开展救助性活动，包括救助失学儿童、孤儿，赈灾、援建房屋，为贫困地区义诊，为贫困地区发展捐赠物品等。中国自1995年由中宣部、农业部、文化部等8个部委发起的科技文化卫生"三下乡"活动也可看作一种官方的该类型的志愿者旅游活动。

2.扶贫发展型

如果扶贫救助型为"授之以鱼"，则发展型属于"授之以渔"。此类型志愿者的目的地社区往往会遇到一些发展的瓶颈问题，使得单靠地区自身的力量仅能维持现状，而难以在短期内得到发展。通过扶贫发展的培训，在农村就业、增加收入等方面给予技术和资金方面的支持，使得旅游目的地居民摆脱贫困。此类型的开发可以与政府的扶贫项目相结合，如国家扶贫办的"雨露"计划，通过政府出钱、志愿者"出力、出智"的方式进行合作。

3.教育培训型

教育型项目也是志愿者旅游的一种重要类型，这与很多开展志愿者旅游的非营利性组织关注教育有关。在很多国家，非营利性组织的教育功能是非常重要的。比如，英国和日本的非营利性组织支出中的教育支出分别占了42%和40%（文军和王世军，2004）。教育型志愿者旅游包括环保教育、语言教育、技能教育等。

4.生态保护型

生态保护型项目近年来发展较快，并且引起了学者的广泛关注。这与近年来全球环境保护意识普遍提高有关，同时也与生态旅游的兴起有关。生态保护型志愿者旅游项目与很多组织开展的生态旅游项目存在着重叠的部分。在中国，率先开展志愿者旅游项目的民间组织也大都是环保组织，如世界自然基金会、自然之友、北京林业大学科学探险与野外生存协会（山诺会）等。

二、红色拓展产品

2004 年 12 月,中共中央办公厅、国务院办公厅颁布实施了《2004—2010 年全国红色旅游发展规划纲要》(以下简称《纲要》)。根据这项发展规划,我国将大力推动红色旅游发展,利用市场机制鼓励社会参与红色旅游的经营开发,建立红色旅游产业运作体系,提出了红色旅游综合收入在 2010 年达到 1000 亿元人民币的目标。至此,红色旅游开启了通向产业化经营的大门,实现了由革命传统教育基地、爱国主义教育基地向旅游目的地的转型,并成为一个响亮的旅游品牌。

(一)红色旅游扶贫功能

红色旅游是革命传统教育观念和旅游产业观念与时俱进的结合,既是观念的创新,也是产业的创新,是我国旅游产业一个新的重要组成部分。旅游业在国际经济学界被称为"朝阳产业""无烟产业"。据世界旅游组织资料统计,旅游业每直接收入 1 元相关行业的收入就能增加 4.3 元,旅游业每增加 1 个直接从事人员,社会就能增加 5 个就业机会。我国的红色旅游资源从东南沿海到雪域高原,从商业经济重镇到穷乡僻壤,绵延曲折,逶迤万里。分区域看,红色旅游是大都市一道独特的风景线,是革命老区人民脱贫致富的重要手段。据有关部门统计,2003 年,参加红色旅游的人员约一亿人次,给革命老区带来的综合经济效益约 200 亿元。红色旅游带动了老区的基础设施建设,改善了老区的招商环境,扩大了就业机会,增加了当地的财政收入。

(二)江西红色旅游的发展

江西被海内外誉为"红土地",既指全省以红壤土为主体(占总面积的70%)的地形地貌,更指江西是最重要、最著名的革命老区之一。"红色"指江西与中国革命历程紧密相连,红土地与红色历史交相辉映。中国共产党在南昌领导武装起义打响武装反对国民党反动派的第一枪;以毛泽东为代表的中国共产党人在井冈山创建了第一个农村革命根据地;中国共产党在瑞金创建了第一个中华苏维埃共和国临时中央政府;中国工农红军从赣南迈开了举世闻名的二万五千里长征的第一步。"中国革命摇篮"——井冈山、"八一起义英雄城"——南昌、"共和国摇篮"红色故都——瑞金、"中国工人运动发源地"——安源,在中国乃至世界现代革命史上都具有重要地位,是当代进行革命传统教育的重要基地。这些红色资源与当地绿色、古色旅游资源交相辉映,完美地将自然景观与人文景观融为一体。

(三)红色旅游产品市场定位

红色旅游的历史文化背景，决定了其较为明确的目标市场——由全国各国有和非国有单位及机构公务支出的政治学习游团体。这一市场的特点是，通过红色旅游，达到革命传统教育、政治学习、休疗游乐、管理游学、素质拓展等目标。这一市场最主要的单位为全国各级党政机关、事业单位、国有企业、党团行政院校学员、大专院校及中小学教师、各类会议培训等。面对该项公务与商务消费市场，以红色旅游资源开发为基础，在提升红色旅游产品的生动性、鲜活性和深刻性的同时，又避免红色旅游产品的单一性，通过丰富绿色景点、文化景点、游乐性项目等，形成综合性旅游区概念，实现吸引游客的功能配套。

(四)红色旅游产品拓展方向

1.军事文化体验

——军事战例模拟。精选若干个军事经典故事或战例，运用高科技手段和仿真技术，设置多种实战装备野外体验和模拟操控项目，进行坦克、步战车、伞兵突击车、气垫船、冲锋舟实装驾驶体验和模拟舰船、战机、导弹等操作；实兵模拟对抗；心理战环境体验；航空航天失重、悬浮体验等；建设规范的地下靶场，进行轻武器实弹射击体验；建设直升机空中览景体验园，购进性能优质的AC313型号直升机多架，配备专业的驾驶服务团队，为游客提供 1~2 个小时的"空中览景体验"。

——军事拓展训练。包括军事拓展和军事模拟训练。主要针对公民、国家公务员、企事业单位员工，重点是在校学生进行系统规范的国防教育训练。设立"青少年训练营"，开展"军营一日""军营一周"项目。军事拓展项目主要开展军事野营、军事主题夏令营、轻重武器射击表演、CS 野战游戏、格斗、刺杀、潜水、跳伞、滑翔伞、步兵障碍、越野车障碍培训、摩托车障碍培训等基本素质培训活动。军事模拟训练可按照正规化团队的训练场设置体能训练、军事训练、预备役训练，供学生军训和游客娱乐。

——军事娱乐体验。结合陡峭的悬崖，开展攀岩、速降、溜索、高崖跳水等项目；结合起伏的小丘陵开展山地自行车、障碍越野赛、体能对抗等项目；在平地开展射箭、飞刀靶、投斧、标枪、拳击、击剑等项目；结合水体开展赛艇、摩托艇、滑水、皮划艇、航模、游泳、垂钓、铁人三项等项目。

2.户外拓展训练

在井冈山、瑞金、兴国、安源、宁都、横峰等红色旅游地,结合当地红色历史,将红色旅游与户外拓展训练项目结合起来,开发红色拓展旅游产品,如吃红军饭、走红军路、睡红军洞、做红军操、扛红军枪、唱红军歌、挑红军粮、过大山渡险滩等拓展性旅游项目。

——建设红军生活体验园(红军村)。住宿、餐饮做足地方特色,让游客在红歌、山歌的音乐气氛中,品尝"红米饭、南瓜汤",感受"天当被、地当床"的艰苦岁月。

——建红军食堂。收集大量以"弘扬长征精神、传播长征文化"为主题的瓷器、宣传画、雕塑及纪念章等,推出红色菜肴及党、团员就餐优惠活动。以红色文化、红色旅游、红色产品、红色餐饮、红歌传唱为主打品牌,重点推出"红军套餐"。红军食堂分为饭庄和快餐厅。其中,饭庄以老式大会堂面貌展现在游客面前,内设木桌条凳,可同时接纳几百人用餐。大厅设置红军伙房式明档,重点推出由退伍军人主理的忆苦思甜的红军菜肴,包含大锅菜、土菜、野菜(红军草、苦叶菜、水芹菜、蕨菜、笋干等)、玉米饼、土豆饼、南瓜汤等;长征菜,包括麦面疙瘩汤、野芹菜、野韭菜、炒米、牛皮带、豆角、清水煮树皮、草根、酥油糌粑、青稞面馒头、小米、南瓜、油煎糖饼子、桐油炒狗肉、蕨根等;红军地方特色菜肴,如江西兴国县的"四星望月"、节节高升、五指酸菜鱼等,尽显红军饭菜风味。另设庭院式首长包房,内设圆形红木桌和木靠凳,里设老式马灯、洗手盆、衣架等,具有较强的观赏性。快餐厅重点推出"红军套餐",主要有红米饭、红军菜、将军茄子、赣南小炒肉、井冈云海等;同时,还可配备一些江西地方特色小吃,如民间瓦罐煨汤、清汤泡糕、酒糟汤圆、金线吊葫芦、炒粉、拌粉等,现场还伴有艺人的红歌、山歌表演。

——建设红军客栈。红军客栈体现浓郁的客家建筑风格。在客房内的醒目位置配置印制精美的橱窗画,可以让游客看到江西省的"革命故事""英雄人物""红色诗词""红色景点"等,集中介绍江西红色文化。每天用军号提示游客起床、熄灯、吃饭、睡觉。

——开展"当一天红军"旅游体验活动。通过穿红军军装、照军相、扛步枪、品红军菜肴或吃红军套餐、住红军客栈、唱红色歌曲、看反围剿戏剧,穿越历史时空,深度体验红色革命文化。

三、农家温泉产品

江西具有丰富的温泉资源,已发现九十余处天然出露的温泉(25℃以上),温泉地热点数量居全国第 7 位,地热资源居全国第 11 位。温泉资源主要集中在赣州、宜春、九江等 8 个设区市的 41 个县(市),其中,54%的温泉集中在赣南和赣中南地区。江西温泉具有水质好、温度高、品质优等特点,有较高开发价值的达 51 处,达到医疗用矿水标准的温泉有 88 处,80%的温泉水中含有对人体有益的 20 多种微量矿物质元素,对养颜护肤、强身健体、治愈疾病、防癌抗癌有特殊的功效。其中,九江星子温泉与陕西华清池、西班牙比利牛斯温泉并称为世界三大名泉,也是我国八大温泉之一,素有"江南第一温泉"之称。①

随着旅游消费方式的改变,休闲度假成为新的发展方向,温泉旅游作为休闲度假旅游产品正得到迅速发展。江西地热资源丰富,具有发展温泉旅游的优势。江西提出未来 5 年将大力发展温泉旅游,把温泉旅游产业作为新经济增长点。面临发展的机遇和挑战,要构建服务支持体系,制定温泉旅游发展总体规划,打造温泉旅游品牌,强化服务意识,综合开发温泉旅游资源,加强温泉资源的保护等措施促进江西温泉旅游产业的快速发展。

温泉旅游产品是复合型消费产品,江西各地温泉旅游在不同程度上都为当地经济社会发展起到了一定的促进作用。庐山天沐温泉度假村自 2003 年试营业以来,单日接待量突破 4000 人次,直接创税收超过百万元,为周边居民提供就业岗位 400 多个,2008 年,温泉景区全年接待游客数量突破百万人次,荣获了"中国十大温泉休闲基地"的称号。温泉旅游的发展还带动了景区周边房地产、商业服务、餐饮住宿、交通信息业等相关产业的迅速兴起。温泉旅游已经成为星子旅游的龙头。②

在遂川、上犹、寻乌、石城、安福、崇义、修水、安远、铜鼓、资溪等温泉富集县,开展了将温泉引入贫困人口家庭项目。政府帮助其进行家庭民居温泉旅馆设计,并进行相应资金资助,开发特色家庭温泉旅游产品,配套农家餐饮、住宿、土特产等服务设施,以帮助当地居民脱贫致富。

---

① 邓燕萍:《江西省温泉旅游产业发展的对策研究》,《宜春学院学报》2011 年第 33 卷第 6 期。

② 邓燕萍:《江西温泉旅游资源深度开发策略研究——基于旅游转型升级的视角》,《求实》2011 年第 9 期。

第三节　构建四大特别机制

一、政府采购机制

政策扶持是旅游扶贫开发的重要推手和有力保障。在《国务院关于加快发展旅游业的意见》(国发[2009]41号)中,有关支持旅行社的两项政策,即"允许旅行社参与政府采购和服务外包"和"旅行社按营业收入缴纳的各种收费,计征基数应扣除各类代收服务费",被认为是加快旅游业快速、健康发展的重要力量。它打破了旅行社不能承接公务活动业务的禁区。旅行社参与政府采购、服务外包、公务差旅和会议展览服务,有利于促使公务活动清正廉洁,有利于节约行政成本、降低经费开支,从而推进旅游业参与政府采购与服务外包业务的发展。此后,上海、北京、广东、浙江等省市政府陆续出台文件,将旅行社纳入公务活动定点采购名录,国家机关、事业单位和社会团体的公务活动可以委托旅行社安排会务、交通、住宿和餐饮等相关事宜。目前,江西贯彻落实的具体实施细则正在进行之中。

政府除在资金、项目、人才、培训等领域进行常规政策扶持外,还把贫困地区的旅游产品纳入政府采购的范畴,并作为优先选择的对象,配合党中央反腐败和习近平总书记力行的亲民行为,减少高档饭店会议和宴请,要求相关部门将符合标准的贫困乡村作为政府采购的定点区域和单位,采购对象包括农家乐、渔家乐、乡村旅馆、会务接待、土特产、红色拓展产品等。也可针对部分部门和单位,规定每年组织一次公务员前往贫困地区进行乡村体验和修学旅游等扶贫活动。把贫困地区的旅游接待纳入政府采购的范畴,是直接推动贫困地区旅游业发展与贫困人口脱贫致富的一个重要途径。具体来说,应该采取以下举措:

第一,支持贫困地区乡村旅游业的发展,把符合一定接待标准的餐饮、住宿、会务、传统文化教育景区作为政府采购的定点单位,并进行等级管理与质量评估。政府采购的对象包括贫困地区的农家乐(渔家乐)餐饮接待、乡村旅馆、会务接待、红色旅游景区传统文化教育活动等。

第二,旅游相关部门应协调发改委、税务、工商、审计等部门,对旅行社发票项目进行调整和规范,明确界定旅行社政府服务与公费旅游的区别。

第三,国家机关、事业单位和社会团体的外出学习、考察、交流和接待等事务可以委托旅行社安排,其交通、住宿、餐饮、会务等公务活动事项交旅行社具体进行落实,旅行社发票可作为报销凭证。

二、贫困人口参与机制

在旅游扶贫开发过程中只注重旅游的发展对当地经济的积极影响,忽视了当地贫困人口的受益,使旅游的大部分收益集中在少数开发商、经营者手中,并未完全实现帮助贫困人口脱贫的目的,甚至还屡屡出现当地开发商与居民纠纷等现实问题。[①] 因此,如何关注贫困人口的利益,使社区贫困人口最大限度地通过旅游发展获得脱贫致富的机会与能力是旅游扶贫的核心问题。

社区参与旅游,尤其是贫困人口参与旅游是旅游扶贫开发发挥扶贫功效的核心环节和有效途径。社区参与旅游,不仅能使乡村剩余劳动力得到有效利用,提高当地居民的收入和生活水平,还能改善当地社区的基础设施和环境。而且,社区参与旅游是打破"贫困陷阱"[②],实现旅游扶贫目标的有效途径[③]。

(一)参与形式

在旅游扶贫开发中,农民受益的途径有很多。从一些地方的统计来看,在旅游扶贫开发地区,受益最大的是景区内的农民,收入较多的是住宿和餐饮业从业者,这在景点开发之初、服务设施配套不够的情况下表现得比较突出;其次是从事景区内旅游交通、商品销售、照相、骑马等服务的人员;再次是景区周围的农民受益,他们主要扮演了拾遗补缺的角色,从事一些景区内的农民"忙"不过来的服务工作,以及养殖、种植、旅游商品生产、贩运、劳务输出等间接性的工作,以满足景区开发建设的需要。[④]

广泛拓宽社区居民参与旅游区开发、接待的渠道,吸纳社区居民就业于旅游区,鼓励当地居民参与旅游的开发与接待服务,即为旅游业作出应有的贡

① 刘绍吉:《滇东少数民族贫困地区旅游扶贫问题研究——以云南省师宗县五龙壮族乡为例》,《经济师》2008 年第 11 期。

② 张祖群:《扶贫旅游的机理及其研究趋向——兼论对环京津贫困带启示》,《思想战线》2012 年第 38 卷第 2 期。

③ 胡志毅:《社区参与和旅游业可持续发展》,《人文地理》2002 年第 2 期。

④ 高舜礼:《对旅游扶贫的初步探讨》,《中国行政管理》1997 年第 7 期。

献,同时也从旅游开发中获取应得的利益,提高生活水平,获得培训和教育的权利,切实落实旅游带动功能,实现旅游扶贫战略。社区参与旅游的渠道有多种,可从各个方面参与旅游的开发与建设,参与形式如图5-2所示:

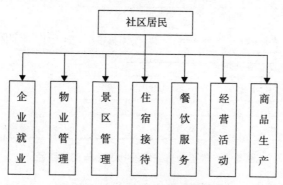

图5-2 社区居民参与旅游的形式

——参与旅游接待。社区居民可以参与旅游接待,通过参与旅游接待解决就业、增加收入。参与旅游接待的主要形式有:从事家庭旅馆接待,开办农家乐(渔家乐、牧家乐),从事旅游餐饮服务,提供旅游向导服务,提供旅游特色交通服务等。

——参与旅游服务。社区居民直接到旅游景区或旅游企业就业,参与旅游服务工作,如接待员、服务员、教练员、导游员、救生员、船员等。

——参与旅游项目。社区居民参与旅游项目开发与经营管理,如漂流项目、游船项目,特色采摘项目,旅游节会活动等。

——参与娱乐表演。社区居民参与旅游景区娱乐表演活动,如地方龙舟队、歌舞表演、民俗表演等。

——从事文化与环境保护。社区居民从事文化与环境保护工作,如民俗文化传承与保护、环境卫生维护与保洁、生态环境保护、物业管理、林业巡护等。

——从事商品生产与销售。社区居民从事旅游商品生产与销售,如加工旅游纪念品、特色工艺品、特色食品、销售旅游商品和特产等。

(二)实施路径

制定各项政策和制度,切实确保社区贫困人口参与旅游扶贫开发的机会,广泛拓宽贫困人口参与旅游区开发、接待的渠道,鼓励和引导贫困人口直接或间接参与旅游的开发与接待服务,从旅游开发中获取应得的利益,提高生活水平,获得培训和教育的权利,切实落实旅游扶贫功能,实现旅游扶贫开发目标。

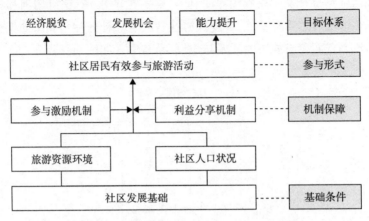

图5-3　旅游扶贫开发的社区参与实施路径

拓宽社区参与旅游发展的途径。在设计社区参与的途径时,可从旅游的六要素出发,进行全方位的考虑。在进行旅游产品设计时,可以更多地挖掘具有地方特色的旅游产品,如利用社区居民住房和田园风光,发展家庭旅馆和农家乐,在这一方面已有很多成功的例子可以参照。另外,在旅游商品开发上,多利用本地资源的特色,开发地方特色很强的旅游商品。这样就可以从最初的资源到成品的出现整个过程,都大大提高当地居民参与的可能性。从旅游的六要素进行设计,属于当地居民参与旅游发展的机会就会大大提高。①

旅游开发的主体是旅游企业,当地民参与其中既保证了贫困人口在旅游发展中获得的直接经济利益,还扩大和促进了就业,让农民获得了长期持续的经济来源。同时,当地居民与当地自然历史和文化资源关系最密切,他们参与旅游服务中,渲染的是原汁原味的乡村文化,增强了旅游吸引力。因此,贫困地区发展旅游,应强调本地居民的参与,这既有利于"扶贫",又有利于旅游业本身的发展。

(三)保障机制

在旅游扶贫开发的利益相关者中,社区居民在旅游资本、技术和市场竞争方面缺乏竞争力,是一个弱势群体,处于一种弱势地位。如果完全采用市场运作机制,扶贫所强调的对贫困人口的扶助和发展机会的创造就很难实现,就很有可能出现社区居民被排除在利益主体之外的状况,这与旅游扶贫开发的初

---

① 唐治元:《红色旅游扶贫实现的途径》,《老区建设》2006年第3期。

衷即旅游扶贫相违背。① 因此,在旅游扶贫过程中,应发挥政府的主导作用,从制度上制定保证贫困社区居民参与旅游的赋权机制、咨询机制、利益分享机制和培训机制等,为社区居民参与旅游开发和旅游经营活动创造良好的宏观环境,从制度和机制上保证旅游扶贫目标的实现。

1.利益分享机制建立

合理的利益分配机制是旅游扶贫开发成功的关键。旅游利益的分配影响到社区参与旅游的积极性,以及社区居民对旅游者、投资者、政府的态度,进而影响社区旅游的发展。因此,旅游扶贫开发应充分考虑当地居民的利益,建立科学合理的利益分配机制,保证当地居民获得均衡的利益回报,激发他们参与旅游的热情。

一方面采用多种形式,不断增加社区居民的就业机会,保证他们优先被雇佣的权利;另一方面社区居民可以用资金、技术、劳力等入股,增加他们在旅游发展中的股份份额,使社区居民既是旅游开发经营的股东,又是旅游经营中的劳动者,成为旅游开发中的真正主人,从而激发起他们参与旅游发展的积极性和保护旅游资源、旅游环境的自觉性,使旅游开发与居民的利益融为一体,让当地居民真正从旅游中受益。

2.社区参与能力建设

贫困导致发展能力低下是旅游扶贫中居民受益不均的重要原因之一。②贫困地区由于经济发展落后,居民的知识水平有限、参与能力较弱,制约了旅游企业的发展和旅游产业优化升级。因此,旅游扶贫应重视教育和培训,以提高居民的整体素质和旅游参与能力。③

——旅游观念提升。有人说贫困地区是"富饶的贫困",这在某个角度上讲的就是一方面是资源的富饶,但另一方面是由人的文化素质、观念落后所造成的贫困④。旅游所扶之"贫"不能仅仅局限于物质上的贫困,更重要的是观念上的"贫困"⑤。观念扶贫,即从观念上转变贫困人口的脱贫致富及自身发展思维方式,打破原始落后的发展观,营造脱贫的内在动力。⑥ 通过教育培训,使社区居民对旅游业有足够的认识,从而更加深入地参与旅游的发展。同

①　唐治元:《红色旅游扶贫实现的途径》,《老区建设》2006 年第 3 期。
②　李培军:《贫困地区旅游扶贫研究与分析》,《社科纵横》2008 年 23 卷第 5 期。
③　郭清霞:《旅游扶贫开发中存在的问题及对策》,《经济地理》2003 年第 23 卷第 4 期。
④　袁翔珠:《论西部大开发中的旅游扶贫战略》,《乡镇经济》2002 年第 7 期。
⑤　刘向明、杨智敏:《对我国"旅游扶贫"的几点思考》,《经济地理》2002 年第 2 期。
⑥　李永文、陈玉英:《旅游扶贫开发的 RHB 战略初探》,《经济地理》2004 年第 24 卷第 4 期。

时,要让他们意识到发展旅游对他们的快速致富是一条有效的途径,从而激发他们参与旅游发展的热情。

——职业技能培训。"授之以鱼,不如授之以渔"。当地政府可通过各种途径,对贫困社区居民进行经营方式、宾馆服务、旅游商品开发等方面的旅游专业知识的培训,使每一个具有劳动能力的社区居民都能掌握一定的专业技术,参与到旅游发展中来。社区居民通过参加与旅游业相关的培训和学习,提高了自身素质及知识水平。这样,社区居民通过参与旅游活动,既可在经济上摆脱贫困,更为重要的是他们在文化上也摆脱了贫困。

——政策资金支持。政府部门要在政策上和财政上扶持当地居民,包括制定保护居民从事旅游经营活动的法规条例,从法律上承认其经营的合法性,规范其经营服务质量,这样既利于其健康发展,也会增加政府的税收。财政上的扶持,包括帮助居民筹措开展旅游经营活动所需资金,协调金融机构提供小额贷款等。

3. 旅游专业人才培养

在旅游扶贫开发中,要扶贫到人,围绕人开展扶贫工作,在扶贫理念中附加人的内涵,把人作为扶贫主体,以人的全面和谐发展为扶贫理论依据,以人的素质提高和能力发挥为条件目标,以改善、提高人的生活质量为扶贫的最终目的。[1]

第一,对于一个要进行旅游扶贫的地区,首先是要充分重视旅游人才,吸引专业人才参与旅游开发,使旅游开发专业化。其次是要有灵活的用人机制,要在人才的任用、选拔、考核、奖惩、培训等方面形成一套切实可行、富有激励性的制度和办法,给人才以最大的支持和创造空间,全面提升旅游开发和经营管理的水平,这是旅游扶贫成功的关键。[2]

第二,尽可能利用和开发当地的人力资源,积极引导,做好示范,创造良好的环境和条件,使本地人才脱颖而出,并精选有较高文化、富有开拓精神的年轻干部进入旅游管理层。培养和开发既懂本土文化,又懂旅游的复合型导游人才,坚持持证上岗,倡导以人为本,不断提高旅游管理人员和其他人员的素质。[3]

第三,要通过教育培训,从当地人中发现一批具有较高素质的人才,并把他们提到旅游管理和决策层,从而为社区参与的多元化和全面性提供保证,也有利于地方特色的挖掘。[4]

---

① 李永文、陈玉英:《旅游扶贫开发的 RHB 战略初探》,《经济地理》2004 年第 24 卷第 4 期。
② 毛勇:《农村旅游扶贫的适应性条件及应注意的问题》,《农村经济》2002 年第 10 期。
③ 刘向明、杨智敏:《对我国"旅游扶贫"的几点思考》,《经济地理》2002 年第 2 期。
④ 唐治元:《红色旅游扶贫实现的途径》,《老区建设》2006 年第 3 期。

首先,提高旅游地区从业队伍素质要以地方教育为根本。在贫困地区,旅游从业队伍整体素质相对较低,制约着贫困人口脱贫致富和贫困地区的经济发展。著名经济学家马歇尔说,知识是生产的最强大的发动机。可见,大力发展贫困地区的教育事业,普及初等教育,扫除青壮年文盲,增强他们认识自然、改造和利用自然的能力,对于贫困落后地区整体经济的发展具有极其重要的意义。各级领导都必须从行动上重视教育,加大教育经费的投入,改善办学条件,提高教育水平。

贫困地区发展旅游业在人才方面的劣势很明显,所以,贫困地区必须大力发展教育事业,提高居民的素质。应从以下两方面着手:一方面,以当地基础教育为根本,采取各种措施,加强贫困地区的教育基础设施建设,提高适龄儿童的入学率,扫除青壮年文盲。建立岗位定期培训机制,提高旅游从业人员的服务技能,使旅游服务持久地保持在较高的水平上。另一方面,提高旅游从业人员的素质还必须积极引进外援性人才和先进的管理方法。通过与大中专院校合作,为旅游专业的学生开辟实习基地,在加强管理的同时可以使当地人直接学习到先进的管理思想和较高水平的服务接待技能,并建立一整套激励和吸引高校毕业生和外界先进管理人才到旅游扶贫景区工作的机制。[1]

三、权益配置机制

贫困人口在旅游资本、技术和市场竞争方面缺乏竞争力,是一个弱势群体,处于弱势地位。在旅游扶贫开发过程中,应发挥政府的主导作用,从制度上制定保证贫困人口参与旅游开发的赋权机制、咨询机制、利益分享机制和培训机制等,为贫困人口参与旅游开发和旅游经营活动创造良好的宏观环境,从制度和机制上保证权益配置的公平性。

在旅游扶贫开发的利益相关者中,社区居民在旅游资本、技术和市场竞争方面缺乏竞争力,是一个弱势群体,处于弱势地位。如果完全采用市场运作机制,扶贫所强调的对贫困人口的扶助和发展机会的创造就很难实现,很有可能出现社区居民被排除在利益主体之外的情况,这与旅游扶贫开发的初衷即旅

---

① 王明霞、李旭超:《河北省青龙满族自治县旅游扶贫调查与研究》,《满族研究》2007年第4期。

游扶贫相违背。① 因此，在旅游扶贫过程中，应发挥政府的主导作用，从制度上制定保证贫困社区居民参与旅游的赋权机制、咨询机制、利益分享机制和培训机制等，为社区居民参与旅游开发和旅游经营活动创造良好的宏观环境和现实条件，从制度和机制上保证旅游扶贫目标的实现。

四、生态购买机制

大部分贫困地区隶属于各级遗产保护区、自然保护区、森林公园、地质公园、风景名胜区等保护体系范围内。为保护生态环境，这些地区失去了一定的经济发展机会，保护了环境，福利了大家，但牺牲了自己的发展，造成眼前和现实的贫困。为保证贫困地区的发展，应制定相应的生态购买机制，一方面，对贫困地区为保护生态环境而作出的牺牲进行经济补偿；另一方面，通过对生态环境保护与管理的投入，积极增加区内居民的就业机会，吸引贫困人口参与保护、管理与服务，实现就近、就便、就地就业。

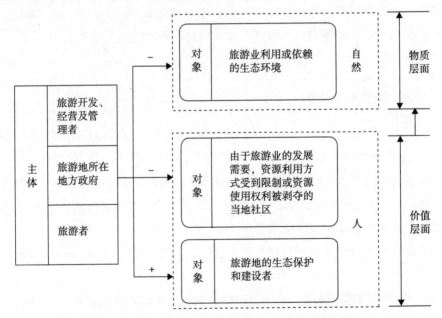

图 5-4 旅游生态补偿（生态购买）关系域示意图②

---

① 唐治元：《红色旅游扶贫实现的途径》，《老区建设》2006 年第 3 期。
② 张一群、杨桂华：《对旅游生态补偿内涵的思考》，《生态学杂志》2012 年第 31 卷第 2 期。

建立完善的旅游生态购买机制是实现旅游扶贫开发与旅游业可持续发展的保障。在旅游扶贫开发过程中,应建立"有偿开发利用、有偿使用"的制度和"谁开发谁保护、谁破坏谁恢复、谁利用谁补偿"的生态购买机制。

第四节　实施七大特色工程

一、旅扶项目驱动工程

(一)旅游扶贫项目库建设

旅游项目是旅游经济发展的主要动力和支撑。旅游扶贫项目库是旅游扶贫项目建设和招商引资的重要基础性工作。

通过旅游扶贫项目库建设,及时、全面、准确地了解和掌握全省的旅游扶贫建成、在建、拟建和招商项目情况,从而科学指导旅游扶贫建设项目的合理布局和有序进行,实现旅游扶贫项目的动态跟踪和常态化管理。同时,旅游扶贫项目库系统将为旅游扶贫项目申报省和国家级旅游专项资金提供决策依据和信息支撑,为旅游扶贫招商项目、为寻求金融机构支持提供投融资公共服务平台,实现最低成本的旅游招商和旅游资源共享。充分发挥旅游扶贫项目库在开展投融资、招商引资和争取上级支持中的重要作用,优化产业结构,推动贫困地区旅游业跨越式发展。

(二)旅游扶贫项目入库申报

旅游扶贫项目由项目实施地的乡(镇)人民政府提出立项申请,经县(市、区)人民政府或旅游扶贫综合协调工作小组审查通过,报市扶贫部门采取竞争入围方式初审后,择优推荐上报省旅游局。区位优势明显、示范作用大、农民增收快、发展前景好的旅游扶贫项目,可以由县(市、区)人民政府向省旅游局直接申报。

入库旅游扶贫项目要立足当地资源,符合全省旅游扶贫发展规划布局,重点培育贫困地区特色旅游经济,广泛储备符合国家产业政策、有比较优势、扶贫效益好、质量高的项目。各地上报的旅游扶贫项目,由省扶贫办会同省财政厅组织专家集中评审,实地考察后择优审批立项。

旅游扶贫项目入库实行集中申报与常年申报相结合,以集中申报为主,常年申报为辅。项目申报期外如有确需申报入库的旅游扶贫项目,也可按程序和要求单独申报作为补充。市、县(市、区)级旅游扶贫项目库申报时间自行确定。

(三)旅游扶贫项目库管理

第一,分级管理。根据规划投资额的不同,纳入不同层级旅游扶贫项目库管理。入省项目库的为总投资额 3000 万元以上的项目;入市项目库的为1000 万元以上;其他项目放在县区旅游扶贫项目库。

第二,各级旅游部门负责对入库旅游扶贫项目统一管理,严格控制入库旅游扶贫项目质量。根据所征集的项目情况,将项目分别列入相关项目子库,并建立完善、翔实的旅游扶贫项目数据库。

第三,旅游扶贫项目库的各旅游扶贫项目进展情况按季汇总报上级旅游部门,有新进展的随时上报。各级旅游部门应按照相应要求及时做好旅游扶贫项目的退出和项目库的更新工作,并做好出入库登记。

第四,加强旅游扶贫项目库的信息化建设。请专业部门编制旅游扶贫项目库档案管理软件,使各地市以统一规范的模式编制和管理旅游扶贫项目库,定期通过网络报送项目在建情况,及时反映项目库的动态变化,并进行统计汇总,发现问题及时指导、纠正和解决。

第五,建立旅游扶贫项目库建设的监督机制。为使旅游扶贫项目库建设工作有序落到实处,省旅游部门将对各市旅游部门的旅游扶贫项目库建设与管理情况进行定期检查;各市旅游局每年度要对各县(区)的旅游扶贫项目库建设进行一次专项检查,重点检查旅游扶贫项目库中旅游扶贫项目建设的更新、落实、开工、竣工等情况,并认真开展自查,将自查及检查情况形成书面材料报省旅游局备案。

第六,积极推进旅游扶贫项目的招商工作。旅游部门根据旅游扶贫项目性质,协助做好产业分析和科学论证,及时进行包装。积极组织对外发布,实施融资。建立和完善各级旅游重点扶贫项目库(招商)网站,通过网络向全社会推介旅游扶贫融资项目。

二、旅游扶贫示范工程

全面实施江西旅游扶贫倍增计划,推动形成红色旅游、民族风情、生态休闲、特色农业等主题功能区,打造一批有影响力的旅游扶贫示范区(点)。实施旅游扶贫"十百千万"工程,即创建 10 个休闲农业与乡村旅游扶贫示范县、100 个旅游扶贫示范乡(镇)、1000 个旅游扶贫示范村、10000 个旅游扶贫小企业(农家乐、渔家乐),形成"以点连线,点线成面,点线面结合"和"一镇一特色、一村一景观"的旅游扶贫开发格局。

三、人力智能培训工程

发展能力低下是导致贫困的重要原因之一,展开人力智能培训工程是旅游扶贫开发可持续发展的重要保障之一。贫困地区由于经济发展落后,居民的知识水平有限、参与能力较弱,制约了旅游企业的发展和旅游产业的优化升级。因此,旅游扶贫应重视对贫困人口的教育和培训,提高其发展能力。第一,培植旅游扶贫意识,开展观念扶贫,即不仅仅局限于物质的扶贫,也要重视从观念上转变贫困人口脱贫致富及自身发展的思维方式;第二,培训旅游服务技能,对贫困社区居民进行经营管理、食宿服务、接待礼仪、传统技艺、导游解说、文艺表演、旅游商品设计、市场营销等方面的旅游专业知识培训,使每一个具有劳动能力的社区居民都能掌握一定的专业技术;第三,要充分重视旅游人才,通过建立合理的人才机制,吸收外地旅游专业人才参与旅游开发,使旅游开发专业化,同时注重培养本地旅游专业人才。

四、智慧旅游扶持工程

《国务院关于加快发展旅游业的意见》提出,将把我国旅游业建设成为国民经济的战略支柱性产业。2011 年 7 月,国家旅游局提出我国将争取用 10 年左右时间,初步实现基于信息技术的"智慧旅游",使旅游企业经营活动全面信息化,基本把旅游业发展成为信息含量高、知识密集的现代服务业。2013 年 11 月,国家旅游局发布了《关于印发 2014 年中国旅游主题年宣传主题及宣传口号的通知》,"美丽中国之旅——2014 智慧旅游年"成为 2014 年旅游宣传主题。通知强调,"各地要结合旅游业发展方向,以智慧旅游为主题,引导智慧旅游城市、景区等旅游目的地建设,尤其要在智慧服务、智慧管理和智慧营销三方面加强旅游资源和产品的开发和整合,促进以信息化带动旅游业向现代服务业转变,努力提升旅行社、旅游景区(点)、旅游酒店等旅游企业的现代科技管理水平和服务水平,创新发展模式,推动我国旅游业又好又快发展"。

智慧旅游是借助智慧城市的技术支持整合旅游产业链,服务旅游市场主体的各类旅游活动。它利用云计算、物联网等新技术,通过互联网/移动互联网,借助便携的上网终端,主动感知旅游资源、旅游经济、旅游活动等方面的信息,达到及时发布、及时了解、及时安排和调整工作与计划,从而实现对各类旅游信息的智能感知和利用。智慧旅游的推广,将提升旅游者在食、住、行、游、购、娱各个旅游环节中的附加值;使旅游者能在旅游前、旅游中、旅游后都能够轻松地获取资讯,有效地规划出行、预订票务、安排食宿、游玩购物等,从而极大地改善旅游体验。

智慧旅游是通过智慧的旅游管理平台,利用全国各地的旅游资源,借助云计算和物联网技术,实现旅游的集约化、智能化、统一化的管理。"智慧旅游"提升工程主要是构建"一个中心,五个数字化服务平台,八个数据库"。

(一)一个中心——智慧旅游云服务中心

基于旅游信息标准的智慧旅游云服务中心,包括旅游信息数据中心和数据交换系统,并将之作为智慧旅游建设的信息基础,实现按照统一的规则获取采集旅游信息,按照统一的数据标准进行集中存储,并按照统一的交换标准通过各种平台发布,最终实现江西旅游信息的智慧化。基于统一的旅游信息云存储中心,建立旅游数据云交换中心与服务中心,实现与旅游企业和各类在线旅游网站的数据同步和信息交换。

(二)五个数字化平台

(1)资源与信息展示平台。对旅游产业中的"食、住、行、游、购、娱"传统六大要素信息及相关的信息进行整合,搭建全方位、多角度的旅游综合信息展示平台。展示的手段包括文字、图片、声音、图像、动画、虚拟现实等。

(2)电子商务服务平台。通过电子商务应用可以实现客户的个性化旅游需求和运营体系的扁平化运作。电子商务系统将从在线预订为切入点,开展电子商务应用,推动旅游营销信息发布及旅游服务在线预定平台建设,并通过在线支付的实现,为旅游星级饭店、景区等旅游企业提供在线预定和智能服务。

(3)智慧型景区管理平台。在建立智慧景区的基础上,开发景区管理平台,对景区资源进行统一管理,包括景点、车况、路况、旅客人群状况等,便于管理部门、企业和游客单方信息联动,提供旅游应急指挥系统、游客活动动态感、旅游引导等服务。

（4）游客自助查询与引导平台。提供旅游咨询、观看实景漫游系统，获得最翔实的资料，也可以利用该终端发布信息，与其他网友获得交流。该平台由特制信息终端和信息收发器、中心系统组成。游客通过信息终端能获取景区导游信息、游客自己所处的地理位置和周边信息，可随时查询自驾路线，还可以发送附近酒店、餐饮、购物等旅游资讯信息。

（5）智能化交通管理平台。建立完善高速路口的旅游交通标识牌（旅游交通标志牌要规范化、多语种），时刻更新报道或公布旅游景区路况、客流、停车状况等信息，通过智能化交通指挥系统，统一调度、管理景区交通车辆（包括本地车辆、外来车辆），进行交通疏导和引导，建成游客一站式到达的交通体系。

（三）八个数据库

（1）数字化文化遗产数据库。采用数字化技术，将各类物质文化遗产和非物质文化遗产保留到数据库中，为相关应用系统提供数据服务，为传承和宣传文化遗产提供技术支持。

（2）旅游区域地理信息数据库。建立数字化地理信息数据库，实现旅游景区全景360度三维全息展现；为旅游者提供在线自主游览、自动游览和导游服务。

（3）虚拟旅游信息数据库。对旅游景区内景点进行特效渲染，为旅游者提供角色扮演进行交流，处理事务的服务以及信息查询、数据测量、建筑切换、场景切换等互动功能服务；通过嵌入音频、视频、动画、图片和文字等多媒体对旅游景点进行补充说明。

（4）旅游资源基础数据库。它是关于旅游资源信息的基础数据库。

（5）旅游知识库。它是记录旅游相关知识的数据库。主要包括食、住、行、游、购、娱等方面的信息。

（6）旅游电子商务数据库。包括以下几个方面的数据：商品目录和属性数据，订单交易数据信息，商家和用户信息，物流信息数据，用户信誉数据，一卡通和支付信息。

（7）智能交通信息数据库。包含到景区的交通汽车班次、火车车次、飞机航班等信息，数字路牌信息，传感器实时采集数据信息，公告广播等信息。

（8）智能景区信息数据库。景区线路数据，景点温度、适度、风速、雨雾等传感器实时采集数据信息，景区大屏幕、音视频输出控制设备信息，景区视频采集设备和采集数据信息，景区容量控制信息，游客游记、博客数据信息，景区实时公告信息。

五、乡土产品开发工程

江西省旅游商品资源丰富,设计、生产和销售具有一定基础。近年来,旅游业迅猛发展,为进一步加强旅游商品开发,繁荣乡村经济,积极支持和鼓励乡村旅游经营者,主要是农民依托当地的特有资源,参与设计、开发和销售具有地方民族特色的服饰、手工艺品、绿色有机食品、旅游纪念品等旅游商品,努力打造"一村一品""一家一艺";充分利用江西省众多农业产业化龙头企业的优势,大力开发适合游客的乡村旅游商品,提升农产品的附加值;推动农副产品加工和旅游商品生产的分工,加强自主品牌深加工农产品、纪念品和工艺品的开发与生产,逐步完善乡村旅游商品生产和销售体系,提升产业化综合水平。结合"一村一品"和旅游开发,实施乡土产品开发工程,开发100个乡村土特产品种,政府扶持和帮助进行生产改进、产品包装、品牌树立、市场营销。

(一)茶叶商品系列

(1)重点开发婺源绿茶、庐山云雾、狗牯脑等名优茶品,注重包装和宣传,加大生产规模,拓宽销路。

(2)配套销售甜茶、河红茶、黄金茶、银杏茶、野山茶、有机茶、白茶、阳天茶等多种商品,提高商品多样性,满足不同游客的购物需求。

(3)结合茶艺表演,开发茶具商品,加大宣传力度,挖掘其生态保健功效。

(二)土特产商品系列

(1)突出"乡土风味、地方特色、天然无污染"三大特点,提高土特产商品产业化水平,延伸产业链,形成涵盖生产、加工、流通等环节的土特产产业链条,包括特色蔬菜、绿色水果、河鲜湖鲜、五谷杂粮等。重点项目包括无公害蔬菜、野生石耳、脐橙、柚子、蜜橘、白莲、板栗、山药、红米、乌鸡、三黄鸡、大闸蟹、银鱼、鲴鱼、甲鱼、鳜鱼、红鲤鱼、灰鹅、蜂蜜、中药材、腌腊肉制品等。

(2)花生、板栗、番薯、瓜子、萝卜、草莓、雪梨、猕猴桃、杨梅、柿子、生姜、荞头、银鱼等可以采取盒装、罐装等方法,使其成为便于随身携带、开封、品尝的旅游休闲食品。

(3)中药材类,如灵芝、丹皮、金银花、百合、野菊花、玫瑰花等可加工成干花;灵芝、玫瑰等还可提炼精油,用玻璃瓶包装,小容量出售。

（4）乡土农产品类，如猪、鸡、鱼、蟹等应宣传其生态和本土特色，在周末和节假日推出乡土农产品销售，可以现场捕捉或到农家直接购买的形式出售，这样就更具有吸引力。

（5）万年贡米、万年珍珠米、奉新大米、武功紫红米、钱氏香米、富硒大米等特色优良生态米，以及纯天然高级食用植物油——茶油可加大生产量，以精美小包装出售。

（三）地方传统风味食品系列

齐云山南酸枣糕、寻乌咸菜、荷包红鲤鱼、安福火腿带皮牛肉、洋溪小鱼干、薯米腊肉粑、油墩、油茶、碱水粑、绿滋肴葛粉、煌上煌酱鸭、盐果子、名口红糖、百利土嘛哩、辣椒酱、一村火腿、腐乳、弋阳扣肉、年糕、曹溪油淋鱼、酒糟鱼、橘子皮、麻子果里、酱果哩、京瓜酱、豆子酱、粟米糖、鲜米糖、糯米糖、手工粉干、藕粉等，这类传统食品要进行创新设计与包装，注重满足不同旅游者的口味和营养需求。

（四）饮品系列

重点推出四特酒、大塘清明酒、李渡酒、锦江酒、安义优黄酒、莲花老酒、清华婺系列酒、惠斯春酒等品牌酒精饮品，养生保健酒——银杏酒，由天然野生葛根榨取的纯汁液与水及食品添加剂混合物调配所制的健康饮品——葛汁和以百合与全脂奶粉为主要原料、经过多道加工工序而成的百合奶。

（五）旅游文化商品系列

旅游文化商品的生命力在于富有地方文化特色，必须具有艺术价值、学术价值、审美价值和商品价值，同时还应将创意思维和现代化生产技术，将传统文化、民间工艺与现代审美、流行趋势有机结合，开发重点应在中药、中国画、中国四大名砚之一的龙尾砚、文港毛笔、铅山连史纸方面。

（六）旅游工艺品系列

（1）陶瓷工艺品。如章贡区七鲤稀土陶瓷系列、八境台瓷盘、古黑陶、八境台青花白釉茶杯、笔筒套装等。

（2）竹制工艺品。一是生活用品类，像竹制木地板、竹编茶具、果盘、茶叶盒，竹编菜篮、送餐篮、托盘，竹编毛巾筐、鞋筐，竹编酒架、酒篮以及各种造型的工艺篮；二是艺术欣赏类，像竹雕、竹编挂画、竹编各种小动物、竹编肖像、竹编吉祥物等。

（3）雕刻类工艺品。如安义板雕、木雕、根雕等。应以江西省地方文化为基调,其式样、颜色的设计要体现较强的艺术感,符合旅游者的审美需求。

(4)其他工艺品。如潦河奇石、湘东傩面具、袁州脱胎漆器等。

(七)生活用品系列

此类乡村旅游商品应注重实用性,利用天然材料或工艺改进,生产为现代都市人所接受、喜爱和使用的、源于农村的生产、生活之用品。巧妙转化农产品或生产工具的用途,增加其附加值,如蚕丝被、沙溪苎麻夏布、井竹苎麻制品、铜柄剪刀、甲路工艺伞、刺绣品等。

六、"乡村课堂"修学工程

与教育部门合作,针对中小学生,结合教材知识、体育锻炼、乡村体验等内容,在贫困地区建立乡村课堂修学教育基地,既可以提高中小学生的课外实践能力,又能为贫困地区乡村增加发展机会。

七、特色旅游服务工程

旅游标准化是对旅游行业的生产、经营、服务、管理等活动中的重复性事物和概念,包括制定标准、贯彻实施标准和对标准实施情况的监督检查,以求得全行业的最佳秩序和经济社会效益,促进全行业高效、健康、有序发展为目标。旅游标准化工作是促进旅游业科学发展的重要技术支撑,也是提高旅游服务质量、规范旅游市场秩序、增强产业竞争力、加强行业监督管理和提升旅游公共服务水平的重要手段。

第一,结合贫困人口的旅游服务培训,根据各地不同文化特色,制定江西特色旅游服务标准体系,包括客家旅游服务标准、畲家旅游服务标准、农家旅游服务标准、渔家旅游服务标准、红色旅游服务标准。

第二,推进江西特色旅游服务标准化试点,通过试点完善江西特色旅游服务标准体系。

第三,进行江西特色旅游服务标准培训与推广。

第六章

江西旅游扶贫开发的绩效评价及监管

旅游扶贫绩效评价体系是一个庞大的系统工程，旅游扶贫绩效评价体系构建，不仅涉及旅游扶贫评价指标选取、评价方法确定、评价制度建立等诸多内容，而且旅游扶贫绩效评价实施也涉及旅游扶贫评价组织、评价对象、结果应用等各方面因素。因此，贫困地区政府部门必须构建相应的旅游扶贫绩效评价体系和评价制度，以科学合理地准确度量旅游扶贫绩效。此外，政府部门应完善和创新旅游扶贫绩效评价方法，时刻关注贫困地区旅游扶贫发展条件的变化，适时监控旅游扶贫绩效，加强旅游扶贫监控工作和旅游扶贫绩效管理，推动旅游扶贫活动科学可持续开展。①

第一节　旅游扶贫绩效与效应

一、绩效评价与扶贫效应

对绩效内涵的界定是进行绩效评估的逻辑起点。对于绩效的概念，目前还没有一个统一的表述。英文中的"绩效"（performance）一词，一般解释为成绩、成效，绩效包含有成绩和效益的意思，最早用于社会经济管理方面，后来在

---

① 向延平、彭晓燕：《旅游扶贫开发的思考与建议》，《宏观经济管理》2012 年第 4 期。

人力资源管理方面又有广泛应用。① 绩效,从经济管理活动的角度看,是组织期望的结果,是组织为实现其目标而展现在不同层面上的有效输出,是指社会经济管理活动的结果和成效。

旅游扶贫是以贫困人口为主要受惠对象,在旅游资源丰富密集的贫困地区或经济欠发达地区,通过发展旅游业,促进当地经济、社会和生态环境等全面健康发展的扶贫政策和手段。旅游扶贫绩效就是旅游扶贫功能和意义,体现在对当地经济、环境和社会文化所起的作用、旅游扶贫负面影响等方面。② 旅游扶贫开发的绩效评价是对旅游扶贫效应(包括效益及其影响)的评估。旅游扶贫效应就是旅游扶贫功能和意义、旅游扶贫在贫困地区发展中的地位和所起的作用、旅游扶贫的负面影响等。③

发展旅游是一把双刃剑,对贫困地区的影响有积极和消极之分。旅游扶贫的效应主要指旅游扶贫在消除贫困方面的作用,同时也包括旅游扶贫的负面影响。从效应作用对象的角度来讲,旅游扶贫效应包含两方面内容:旅游扶贫对贫困地区经济发展的影响和作用,旅游扶贫对贫困地区贫困人口受益和发展的影响和作用。前者是指旅游扶贫的宏观经济效应,后者是旅游扶贫效应最重要的体现,也是旅游扶贫关注的核心问题。④

二、旅游扶贫的正面效应

旅游扶贫的正面效应主要表现在以下 8 个方面:(1)能够充分有效地利用和保护贫困地区的旅游资源,发挥资源优势;(2)能充分发挥旅游业的关联效应和乘数效应,带动相关产业的发展,促进贫困地区的经济繁荣,提高贫困地区的收入;(3)能够为贫困地区劳动力提供大量的就业机会,有利于农村剩余劳动力的分流;(4)增加贫困地区居民收入,改善群众生活,加速脱贫致富;(5)有利于促进贫困地区产业结构调整,改善贫困地区的生态环境,促进社会经济可持续发展;(6)促进了贫困地区劳动力整体素质的提高,有利于人文生态环境和精神文明建设,为贫困地区今后的更大发展奠定思想观念和人才基

① 姜爱华:《政府开发式扶贫资金绩效研究》,中国财政经济出版社 2008 年版,第 107 页。
② 陈友莲:《"旅游飞地"对旅游扶贫绩效的影响及其防范》,《三农探索》2011 年第 12 期。
③ 丁焕峰:《国内旅游扶贫研究述评》,《旅游学刊》2004 年第 19 卷第 3 期。
④ 张伟、张建春、魏鸿雁:《基于贫困人口发展的旅游扶贫效应评估——以安徽省铜锣寨风景区为例》,《旅游学刊》2005 年第 20 期第 5 期。

础;(7)有利于基础设施环境的改善,促进贫困地区横向经济联合和对外开放;(8)加快了我国旅游资源的开发力度,形成了一批新的旅游产品,对我国旅游产业规模的扩大、产业结构的优化和地区布局的完善也产生了积极的作用。①

（一）驱动效应

第一,发展旅游业能够促进贫困地区相关产业发展,促进地区经济繁荣,提高地区人口的收入,其发展会引起社会各个方面对旅游业的关注,促进一个地区基础设施的建设和改善。

第二,缺乏劳动就业机会是贫困地区贫困的主要原因之一。旅游业是劳动密集型产业,根据世界旅游组织公布的资料,旅游行业直接增加1个就业岗位,社会就能增加5~7个就业机会。② 因此,发展旅游业能够为贫困地区提供大量的就业机会,有利于贫困地区农村剩余劳动力分流,增加当地贫困人口收入,改善群众生活,加速脱贫致富,缩小城乡差距,促进社会的稳定与发展。

第三,旅游业的发展可使贫困人口离土不离乡,就地实现产业转移,改善贫困地区产业结构单一和劳动力利用不足与剩余的现象。

第四,贫困地区发展旅游业有利于改善贫困地区的交通、卫生等基本生产生活条件和改善贫困地区的社会环境,加强群众与外界的沟通和交流,促进贫困地区横向经济联合和对外开放。

第五,增强当地居民的市场经济意识,促进观念的更新,改善贫困地区劳动力的整体素质,有利于提高人文生态环境和加强精神文明建设,为贫困地区的更大发展奠定思想观念和人才基础。

第六,旅游业与其他传统产业相比,本身对环境影响相对较小,同时,旅游环境是旅游生存之本,其本身就是一种旅游资源。旅游扶贫开发建设保护和美化了生态环境,提高了人对自然环境的认识,促进了自然生态环境的良性循环。③

（二）乘数效应

乘数这个概念是由理查德·卡恩(Richard Kahn)于1931年提出的,后来

---

① 丁焕峰:《国内旅游扶贫研究述评》,《旅游学刊》2004年第3期。
② 唐建兵:《旅游扶贫效应研究》,《成都大学学报(社科版)》2007年第2期。
③ 同上。

被凯恩斯(J.M.Keynes)采用并进一步完善。① 乘数是经济学中的一个固有概念，其含义是一个经济自变量的变化导致因变量变化，即因变量与自变量的比率。由于各个经济部门在技术和经营上是相互关联的，一种经济量的变化可以导致其他经济量的相应变化，而且这种变化是连续发生的，最终可导致数倍于最初经济量变化的结果，所有变化产生的最终总效应称为乘数效应。因此，乘数效应是指投资某一产业，会带动或促进一系列相关产业乃至整个社会经济的发展。

就旅游业本身而言，它是一项综合性较强"一业兴，百业旺"的服务行业，对其他行业有着极强的带动作用。② 旅游乘数是指旅游消费在经济系统中导致的直接、间接和诱导性变化与最初变化之间的关系。在旅游经济影响研究中，国内外学者普遍认为旅游乘数理论是评价旅游对目的地经济发展影响最具说服力的工具。旅游扶贫的乘数效应是指旅游者在贫困地区消费，最终可带给贫困地区或贫困人口多少收入、多少就业机会。③

旅游扶贫的乘数效应集中表现为：贫困地区通过充分利用其丰富的旅游资源，大力发展旅游业，吸引发达地区的人们前来旅游和消费，使旅游资源产生实际效益，围绕食、住、行、游、购、娱六大行业，带动金融、保险、通信、商业、贸易、文化娱乐、城市建设、地方传统工艺和旅游商品生产、生态农业等行业的发展，④从而促进这些地区市场的繁荣，并逐步实现财富、经验、技术和产业的转移，加强贫困地区的"造血功能"。其乘数效应不仅直接促进贫困地区的经济增长与繁荣，提供广泛的就业机会，加快脱贫致富的步伐，而且还会带动其他产业的发展，形成一系列连锁反应，促进贫困地区人们思想意识、价值观念的更新及整个社会的文明进步。⑤

（三）辐射效应

辐射是指能量高低不同的物体通过一定的媒介进行能量传递并使之达到一种平衡状态的过程。产业也是一样，存在着不同的发展位势和潜力，具有创新能力和规模集聚效应的产业会首先成长为辐射源，对区域相关产业起到强

① 张小利：《西部旅游扶贫的乘数效应分析》，《商业时代》2007年第7期。
② 王伟：《农业旅游的扶贫效应研究》，《消费导刊》2009年第4期。
③ 张小利：《西部旅游扶贫的乘数效应分析》，《商业时代》2007年第7期。
④ 隆学文、马礼：《坝上旅游扶贫效应分析与对策研究——以丰宁县大滩为例》，《首都师范大学学报》2004年第25卷第1期。
⑤ 杨红英：《少数民族贫困地区旅游扶贫的思考》，《经济问题探索》1998年第4期。

大的辐射和牵动作用。①

　　旅游扶贫的辐射效应包括产业辐射和功能辐射两个方面。地域辐射效应是指在旅游资源条件优越的欠发达地区,发展旅游与发展其他产业相比,具有更好的发展前景、更佳的效益和更高的位势,在发展过程中会吸引资金、人才、信息、技术等要素的集聚和流动,推动区域社会、经济的全面发展,并使之成为主导产业;继而通过主导产业带动与之相关的前向、后向和横向产业的发展,逐步培育成区域经济的增长极。根据增长极理论②,主导产业是一个地区经济增长的辐射点、动力源,该点形成后便会不断地向其关联产业扩散、传播,从而带动周围地区的经济发展,是区域关联产业形成与发展的重要影响因素。③

　　功能辐射效应是指由于旅游业是劳动密集型产业,能有效消化和吸收农村贫困地区的剩余劳动力,创造更多的就业机会,具有分流效应;旅游业又是对外开放的窗口行业,在农村发展旅游业使得农村经济具有外向型经济特征,是农村广泛被社会所接纳的一种途径,通过广告宣传、招商引资等活动以实现农业旅游的窗口效应。此外,旅游业的发展也将促进农村贫困地区人们观念的更新,开拓农民的视野,打破贫困地区封闭落后的状态,促进各方面的交流,从而培养了商品经济意识和开放意识。当然,良好的农业旅游开发和市场运作模式也将对贫困地区环境的改善和生态效益的提高起到积极作用。④

　　(四)关联效应

　　旅游业是关联度大、带动性强的劳动密集型产业。据统计,旅游每完成一次供给要直接涉及的行业有十几个,间接涉及的行业有 70 个左右,关联度之高为现有各产业部门之首。⑤

　　旅游业虽然是一个非物质生产部门,但它的关联带动功能很强,旅游业六大要素"食、住、行、游、购、娱"涉及许多相关部门和产业,彼此之间紧密关联互动。旅游者的需要是多方面、多层次的,满足旅游者的多重需求,不仅能带动物

---

① 朱国兴、翟金芝:《旅游业辐射效应及其机理研究》,《合肥工业大学学报(社科版)》2012年第 26 卷第 3 期。
② 白义霞:《区域经济非均衡发展理论的演变与创新研究——从增长极理论到产业集群》,《经济问题探索》2008 年第 4 期。
③ 吴林海、顾焕章、张景顺:《增长极理论简析》,《江海学刊》2000 年第 2 期。
④ 王伟:《农业旅游的扶贫效应研究》,《消费导刊》2009 年第 4 期。
⑤ 于正东、易必武:《湖南西部民族地区旅游支柱产业的发展途径》,《吉首大学学报(自然科学版)》2003 年第 4 期。

质生产部门的发展，而且能带动第三产业的迅速发展，各自提供能满足旅游者某一方面需求的产品，共同作为旅游供给者，向旅游者提供综合性服务。①

由于旅游企业的各部门既相对专业化，又与相关行业互相配合、协调和依赖，因此旅游业表现为一个统一的整体。首先，要使旅游业成为主导产业，并在地区经济发展中发挥作用，必须得到涉旅产业和其他产业的大力支持，在原有的基础上进行产业结构的调整和升级，因而，旅游业的发展有利于优化区域产业结构。其次，发展旅游业还能激发产业结构的活力，延长产业链，并使旅游业与传统产业进行合理、高效整合，扩张产业规模，提高产业效益。再次，旅游业的内涵及外延广泛，涉及食、住、行、游、购、娱"六大元素"，综合性强、产业关联度高、辐射牵引力大的产业特点②决定了发展旅游业能够促进产业结构调整和产业联动，提高原有产品的附加值。

三、旅游扶贫的负面效应

旅游扶贫也会给贫困地区和贫困人口带来负效应，而这些方面却经常被忽视。周歆红在论述旅游扶贫效益的评估时认为，旅游扶贫作为开发式扶贫，贫困是开发所希望改变的一种现状，但开发在各个阶段和各个层面上都会受制于这一现状，如由于资金、物资、人才的短缺，会造成开发难度的加大、旅游市场开拓的困难、乘数效应的降低、旅游收入的漏损、环境和社会文化方面的负效应等问题。同时对"旅游飞地"现象的出现和旅游业同其他产业在资源方面的博弈竞争进行了分析，说明旅游业同其他产业和当地社会协调发展不是一件容易的事。③ 林红也对"旅游扶贫"的负效应进行了分析，认为"旅游扶贫论"的最大危害在于引发各地盲目开发、上项目，并提出应冷静看待"旅游扶贫"在西部开发中的效应（林红，2000）。贾芳也注意到旅游扶贫中应满足的条件和旅游业的脆弱性（贾芳，2000）。

旅游扶贫开发是一把双刃剑，在发挥扶贫作用的同时，也可能会给贫困地区和贫困人口带来消极影响。旅游扶贫的负效应主要体现在以下几个方面。

第一，旅游开发对贫困地区资源、环境、社会文化的消极影响。如在对文

① 唐建兵：《旅游扶贫效应研究》，《成都大学学报（社科版）》2007年第2期。
② 荆艳峰：《以旅游业为先导产业的经济结构调整模式探讨》，《社会科学家》2011年第7期。
③ 周歆红：《关注旅游扶贫的核心问题》，《旅游学刊》2002年第17卷第1期。

化旅游资源的开发上,人为复制古迹,造成整体景观不伦不类。在生态旅游的开发上,盲目追求"高档",建工程,破坏生态原景。一些决策者误将旅游开发简单地视为"上项目、铺摊子",而不针对市场需求发挥自身资源的比较优势,结果造成了大量项目因形式雷同、缺乏特色而投资回报率低下,资源破坏和浪费现象严重。此外,旅游业的发展不仅在一定程度上污染了目的地民族社区的自然环境,还在一定程度上破坏了目的地社区的传统文化,使得当地社会道德风尚退化,淳朴的民风日益变得商品化。

第二,贫困地区盲目开发、重复建设导致资源环境的浪费和破坏。旅游业因其较短的开发收益期和较强的产业关联性,而成为欠发达地区发展战略中带动相关产业发展,推动贫困地区产业"非农化"、国际化、现代化及结构优化的"龙头产业""主导产业"和"优势产业"。欠发动地区旅游业已成为热点话题,许多地方已将旅游业置于重要的产业发展序列中,以发挥其"联动效应""爆炸效应"和"脱贫功能",而忽视了旅游产业的脆弱性和旅游产品的综合性,人为地过多赋予了旅游开发经济功能,造成旅游资源的过度开发、无效开发。

第三,旅游业发展过程中的"旅游飞地"现象对消除贫困的负面影响。旅游扶贫绩效在一定程度上取决于旅游业对诸如农业、工业等相关产业的带动作用,以及旅游收入进入当地经济循环系统中的比例,而旅游业对相关产业的带动性和旅游收入的循环性往往取决于旅游地本身所具备的自然、社会和经济特征。旅游业能成功带动相关产业发展的地区往往在农业、工业等其他产业方面原本就具有较好的发展基础和条件,但由于种种原因,这些地区缺乏进入更广阔市场的机遇。然而,旅游业发展却为这些产业发展提供了市场进入机会,从而带动了这些产业的发展。但是,如果当地在农业和工业发展潜力上本身就存在着某种制约,面临的是生产不足而非需求不足,那么在这些地区发展旅游业就有可能导致旅游地变成"旅游飞地"或带有"飞地"性质。"旅游飞地"强调旅游地虽然依托当地旅游资源优势,但其带动作用却与当地经济发展关联很小,产生促进本地发展的作用甚小,表现为旅游者仅在旅游地从事旅游游览活动,食、住、娱、购等均在异地进行;旅游者消费品也来自外地;从事服务的中高层人员为外地人等。"旅游飞地"降低了旅游扶贫效应,减少了旅游发展对贫困地区经济发展的积极影响,增加了诸多消极影响。"旅游飞地"现象减少了旅游扶贫绩效,影响和制约着国内许多旅游地的可持续发展。①

---

① 陈友莲:《"旅游飞地"对旅游扶贫绩效的影响及其防范》,《三农探索》2011 年第 12 期。

四、影响旅游扶贫绩效的因素

(一)基础条件

旅游扶贫问题,是对于有旅游开发条件的贫困地区而言的,并非所有的贫困地区都可以走旅游扶贫、旅游脱贫的道路。众所周知,旅游业的发展是在一定的前提条件下进行的,其中旅游资源条件是起决定作用的最基本的条件,如果贫困地区的旅游资源条件难以满足,旅游扶贫就将是一句空话。在有旅游开发条件的贫困地区发展旅游,不仅开拓了土地利用的新模式和新领域,彻底改变了传统的地域生产结构和产业结构,推动了传统产业向"高技术、高附加值、高效益"的现代产业转化,而且通过旅游开发为其他产业发展提供良好的基础设施条件,给地区经济创造新的增长机会,使贫困地区达到脱贫致富的目标。[①]

贫困地区要通过发展旅游业脱贫致富,必须要拥有丰富的旅游资源。不顾资源条件,盲目发展旅游,不仅不能消除贫困,反而会导致投资的浪费和贫困的加剧。实践证明,许多老少边穷地区之所以能从发展旅游业中找到新的增长点,脱贫致富,均有赖于其旅游资源的吸引力。江西省城乡差别显著,很多偏远的农村,由于较少遭到破坏和污染,都保留了较原始的乡村风貌,自然风光神奇而美丽,而在一些少数民族聚集的村落则更具有浓郁的民俗风情。这些对已处于后工业文明的城市游客都充满了极大的吸引力,是适合旅游开发的良好资源[②]。

旅游区区位是指旅游区在区域环境内的位置和地位,属于宏观环境。主要包括旅游区与其依托城市(或中心城市)的距离位置关系及与交通干线的关系;包括其所在区域的人口稠度与相邻旅游区的资源类型、功能、开发导向的异同以及旅游区土地利用等问题。对于经济落后的地区,区位选择更是旅游开发规划的一个先决条件,它将直接影响旅游地的开发和投资规模、开发导向、经济效益和成本回收率。因此,贫困地区发展旅游业必须就近依托一两个中心城市,同时具备与该城市相连接的良好的交通系统。[③]

---

① 李永文、陈玉英:《旅游扶贫及其对策研究》,《北京第二外国语学院学报》2002 年第 4 期。
② 毛勇:《农村旅游扶贫的适应性条件及应注意的问题》,《农村经济》2002 年第 10 期。
③ 同上。

（二）政府部门

1.政府在旅游扶贫开发中的作用

旅游扶贫开发成效如何，能否实现可持续发展，政府部门起着十分重要的作用。冯学钢认为，在贫困地区，"政府主导型"行为是指在政府规划指导下，采取各种措施，对旅游开发给予积极引导和支持，营造旅游环境，有意识地发展旅游业，以带动社会经济的全面振兴，包括决策工程、人才工程、引导工程、资金工程等。① 蔡雄等认为，政府主导模式的内涵是指国家或地方政府凭借其社会威望、财政实力与强大的管辖能力，通过制定法令、法规、规划、政策，投入相应的旅游基本建设资金，营造良好的旅游环境，能在旅游业的发展上发挥极为重要的主导作用。② 谷丽萍等认为，鉴于旅游扶贫开发对象与目标的特殊性，旅游扶贫开发既要依存于市场运作，又要超越于一般的市场运作，即社会服务性质或者非利润导向的内容在旅游扶贫项目中占有相对重要的地位，因此，可以认为政府部门在旅游扶贫开发中的作用主要体现在宏观层面、整体效益和公共产品的提供上，当贫困地区的经济被激活后，政府就应该逐步放手，让市场更多地发挥作用。

政府在旅游扶贫中的具体作用主要表现在以下方面：第一，扶贫对象选择与旅游发展规划方面，起决策与协调作用；第二，基础设施投资与投资融资机制方面，起配套与引导作用；第三，旅游环境营造与旅游资源保护方面，起示范与监管作用；第四，旅游市场宣传与旅游市场环境方面，起媒介与管理作用；第五，社区参与旅游与地区产业结构方面，起引导与调控作用。

2.政府部门在旅游扶贫中的角色定位

政府部门在旅游扶贫开发过程中，需要扮演多重角色：

第一，旅游扶贫开发初期："领头羊"。

贫困地区大都地处偏远山区，缺少旅游业发展所需要的基础设施和上层设施，因此，在旅游业的筹备阶段或者旅游业发展的初期，需要政府充当"领头羊"的角色，加大对旅游业发展初期的基础设施与配套设施建设，努力为招商引资创造条件。

第二，旅游扶贫开发中期："服务员"。

在旅游业发展的中期，扶贫开发环境和管理机制相对健全和完善之后，政

---

① 冯学钢：《皖西地区旅游开发扶贫探讨》，《经济地理》1999 年第 19 卷第 2 期。
② 蔡雄等：《旅游扶贫》，中国旅游出版社 1999 年版，第 1～13 页。

府应该进行角色的转变,由"领头羊"转变成"服务员"。政府主要为投资者提供良好的投资环境和优惠的投资政策,为投资者服务,为企业牵线搭桥,协调各个部门之间的关系,为企业提供良好的市场环境,同时也为旅游者提供良好的旅游环境。① 在这一过程中,各级政府要充分发挥其在旅游业发展中的主导作用,加强宏观调控,同时引入市场机制,以旅游业的快速发展促进贫困地区贫困人口的脱贫致富并带动社会经济的全面发展。

第三,旅游扶贫开发后期:"监管者"。

完善的管理与监督是促进旅游扶贫开发可持续发展的重要保障。旅游扶贫的后期,政府需要从"服务员"的角色转换成"监管者",为旅游企业制定"游戏规则",同时监督旅游企业的经营,对不遵守"游戏规则"的企业进行处罚,维护市场的正常经营秩序。② 政府部门可以运用行政、法律、经济等手段,制定行业标准,建立市场管理体系与市场运行规则,协调、监督、维护旅游市场秩序,规范旅游经营者行为,以达到提高旅游的服务质量、增强旅游经济效益及实现旅游扶贫开发可持续发展的目的。

3.政府部门在旅游扶贫中的工作内容

贫困地区经济落后,市场发育程度低,市场机制不完善,单纯依靠市场来完成资源的优化配置是不现实的。同时,由于旅游扶贫开发对象与目标的特殊性,以及一定程度上旅游扶贫开发的市场化失灵,因此,旅游扶贫开发需要确立政府引导型旅游发展模式,通过特殊政策扶持支持贫困地区通过发展旅游产业,实现脱贫致富的政策目标。政府的引导作用首先体现在宏观规划、政策扶持、组织引导、统筹协调、监督管理等方面。

第一,制定总体规划,促进地区协调发展。制定旅游总体发展规划是实现旅游扶贫开发目标的重要保障与前提。政府有责任帮助贫困地区制定系统科学的、符合贫困地区旅游发展实际的旅游开发总体规划,通过旅游规划避免低层次重复开发建设。同时,政府通过旅游规划的制定和组织实施,确保旅游开发与生态环境保护相协调,促进旅游扶贫开发的可持续发展。另外,在旅游规划和开发中制定有利于社区贫困人口参与并保证其从中获利的制度安排,实现旅游扶贫开发最重要的目标。

---

① 冯万荣:《贫困地区的"旅游扶贫"之路该怎么走》,《太原大学学报》2007 年第 8 卷第 3 期。

② 同上。

第二,基础设施建设,提供硬件环境支撑。解决贫困地区旅游基础设施建设问题是进行旅游扶贫开发的关键。通过改善旅游基础设施条件与环境,为贫困地区旅游业的发展提供良好的硬件环境支撑。在旅游基础设施建设方面,政府应唱主角,并且要首先将重点放在交通、通信等基础设施方面,加大政府引导性投资的力度,改变贫困地区落后的基础设施现状,消除贫困地区发展旅游业的最大障碍。

第三,政策法规建设,营造良好制度环境。通过法规与政策的制定,为贫困地区旅游扶贫开发提供良好的软件环境支撑。在法制环境建设方面,由政府制定有利于当地旅游开发的政策、法令、法规。同时,加大执法力度,规范旅游市场,从依法旅游的高度来认识旅游扶贫开发,杜绝破坏式开发,实现贫困地区人与自然的和谐发展,为旅游扶贫合理有效开发提供良好的法制环境。同时,政府要根据当地的特点出台相应的招商引资、人才引进、税收优惠等一系列政策,为贫困地区旅游扶贫开发营造良好的投资环境。

第四,区域形象塑造,加大宣传营销力度。贫困地区丰富的旅游资源由于大多处在"养在深闺人未识"的状态,因此,政府应对贫困地区优势的旅游资源进行有效整合,打造具有吸引力的旅游产品,利用政府优势加大宣传力度,提高贫困地区旅游产品与旅游形象的知名度。

第五,市场管理监督,保障市场良性运行。完善的市场管理与监督是促进旅游扶贫开发可持续发展的重要保障。政府部门通过运用行政、法律及经济手段,制定行业标准,建立市场管理体系与市场运行规则,协调、监督、维护旅游市场秩序,规范旅游经营者行为,以达到提高旅游服务质量、增强旅游经济效益及实现旅游扶贫开发可持续发展的目的。

此外,政府还应在旅游资源与生态环境保护、招商引资、旅游专业人才培养等方面起主导作用。

(三)多元主体协同关系

旅游扶贫中"扶"的主体涉及立法者和决策者、非政府组织、旅游开发商、社会其他扶助力量、旅游研究者,甚至包括部分旅游者。[1] 通过政府引导、社区参与、市场支持的有机结合,使其形成内聚合力,从而使旅游业带动当地经济产业链的发展,达到扶贫目标,最终实现贫困地区经济、社会、生态等可持续发展的效应。

---

[1] 周歆红:《关注旅游扶贫的核心问题》,《旅游学刊》2002年第17卷第1期。

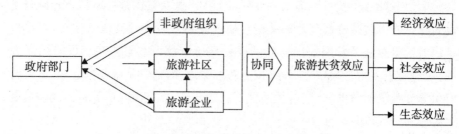

图 6-1　旅游扶贫开发多元主体协同模型

　　旅游扶贫效益若要实现可持续发展,需要处理好影响它的五个主体因素之间的关系。它们是政府部门、NGO、旅游企业、旅游社区和游客。

　　1.政府部门

　　政府部门对旅游扶贫主要是积极引导和政策支持,政府的作用应体现在宏观层面与综合效益上,体现在公共产品和服务的提供上。旅游扶贫开发是一种在市场经济环境下的扶贫开发模式,贫困地区的经济被旅游业激活以后,在实施政府引导战略的基础上,需要引入市场经济机制,进行企业化运作,做到“政府引导、企业运作、社会协同”,以实现旅游扶贫开发的可持续发展。

　　政府政策与宏观管理对旅游扶贫的实施和发展有着直接而巨大的影响。旅游扶贫的社会性要求旅游业的内外部各组成部分构成一个协同、高效的系统,促进区域旅游业的快速启动、良性发展和合理布局。政府应成为这个系统的组织者,协调系统内各个组成部分的关系以及当前利益与长远利益的关系,以大旅游的观念营造大环境,致力于贫困人口的脱贫致富。①

　　首先,政府部门要处理好旅游与扶贫之间的关系,旅游扶贫不仅是物质的扶贫,更是观念的扶贫。其次,要处理好资源、旅游资源和经济效益之间的关系。旅游业是典型的资源依托型产业,要清醒地认识到资源不等于旅游资源,资源乃至旅游资源不等于经济效益。政府在进行旅游扶贫开发的时候,要注意资源的丰富性和独特性这两个基础性因素。再次,要明确旅游扶贫的最终目标是贫困人口利益的保证和发展机会的创造。但是,在旅游扶贫的实践中却出现了目标被置换的现象——将“旅游业的发展”作为首要目标。这些地区违背了旅游扶贫开发的初衷,使当地贫困人口的利益受到了严重的侵害,甚至还可能使贫困人口付出比所得更高的代价。所以,政府应及时制止并纠正

---

①　刘成:《基于区位理论的安徽旅游扶贫开发前景分析》,《安徽工业大学学报(社科版)》2007 年第 24 卷第 3 期。

扶贫目标被置换的现象。最后,政府应严格使用扶贫资金,对于扶贫资金被非法占用的行为给予严肃处理,从而使扶贫效益达到最大化。①

政府在旅游扶贫开发中的一个很重要责任是为旅游企业营造公平竞争的发展环境;保护旅游业经营者的产权,包括资产的所有权、收益权和处置权等;为旅游业的发展提供公共品,即提供交通、通信、金融等硬条件,制定、实施灵活的产业政策及相关配套政策等软件。由此,政府的作用不容忽视,政府是旅游扶贫过程中的支持动力主体。②

旅游扶贫开发还需要旅游大环境的支持。旅游大环境是社会、经济、文化环境与自然环境的统一,包括硬环境和软环境两个方面。大环境是构成旅游形象的重要因素,对旅游吸引力的营造具有很强的辅助作用,并对旅游产品的生产与供给具有制约作用,同时对旅游决策行为和旅游质量产生深刻影响。从某种意义上讲,大环境就是扶持系统,它与供给、需求和营销系统都有着千丝万缕的联系,而该系统主要是通过政府的行为来运作的。③

2.非政府组织(NGO)

非政府组织(NGO)也称民间组织、社会中介组织或"第三部门",它是与政府、营利组织(即企业)相对应的非营利组织,主要致力于社会服务与管理,以及解决各种社会性问题。④ 非政府组织具有合法性、非营利性、志愿性、公益性、独立性等特征,能够很好地代表公众利益,尤其是弱势群体的利益,具有良好的群众基础,是市场机制和政府职能的重要补充。作为志愿性组织,他们代表和保护公众利益,消除贫困、实现社会公平是他们努力工作的源动力,也是推动旅游扶贫战略实施的重要原因。在旅游扶贫开发过程中,应努力争取国内外不同层次非政府组织的支持,取长补短,协同致力于贫困地区的经济发展。⑤

首先,要提高非政府组织在旅游扶贫开发中的作用。在欠发达地区扶贫过程中,非政府组织有较大的活动领域。对于欠发达地区来说,非政府组织可作为一种有力的外来援助力量,因而必须加强非政府组织在旅游发展过程中

---

① 王明霞、李旭超:《河北省青龙满族自治县旅游扶贫调查与研究》,《满族研究》2007年第4期。

② 王丽:《基于系统论的旅游扶贫动力机制分析》,《商业经济》2008年第7期。

③ 同上。

④ 刘益、陈烈:《旅游扶贫及其开发模式研究》,《热带地理》2004年第24卷第4期。

⑤ 刘筱筱:《旅游扶贫的经济风险及应对策略探析》,《商业经济》2006年第12期。

的作用。①

其次,要积极引进和强化民间扶贫,重视和鼓励非政府组织、私人部门积极参与旅游扶贫。这样既可解决资金短缺问题,还可引进和学习它们管理扶贫资金、沟通贫困人口、提升贫困人口发展能力的新的方法和理念。例如,如果能争取到国外一些专门对发展中国家实施旅游扶贫项目的非政府组织的支持,如英国国际发展局、海外协会等,那么这对于丰富旅游扶贫的实践和理论都是十分宝贵的。另外,海外少数民族、华人组织、国内民间组织和私人部门等也是重要的旅游扶贫力量。当然,这其中也始终离不开政府的积极支持和有效引导。②

旅游扶贫开发中非政府组织可以引导旅游需求,沟通旅游产品开发与旅游消费需求,也可根据旅游消费信息指导旅游开发。同时,非政府组织也应受政府的引导和管理,并向政府提出反馈意见。因此,非政府组织是旅游扶贫系统有效运作必不可少的中间环节。

3.旅游企业

贫困地区的旅游开发商和经营商在旅游扶贫中扮演着双重角色。一方面,他们参与扶贫的主要激励因素是经济利益和企业社会价值,以利益最大化为目标,比较容易和扶贫目标产生矛盾。另一方面,他们提供旅游发展的资金、技术支持,通过开拓产品、接近市场促进贫困地区旅游产业的发展。同时,旅游企业的兴办、产业的发展又给社区居民带来了就业机会,并增强了当地贫困人口的旅游服务能力,满足了旅游者对旅游产品的质量要求,引导贫困人口参与旅游的经营活动。因此,旅游企业是景区中最活跃的利益主体,对贫困人口和贫困社区的影响最大,是旅游扶贫过程中的中坚动力主体。③

旅游企业经营主、客观方面的因素给旅游扶贫的可持续发展带来正、反两方面的影响。一方面,旅游企业拉动了当地经济的发展,提供了很多就业机会,转移了农村剩余劳动力。另一方面,一些旅游企业违背可持续发展的原则,急功近利,旅游产品开发同质化严重,缺乏特色,弱化了乘数效应。④

① 陈丽华、董恒年:《可持续旅游扶贫开发模式研究——社区参与乡村旅游》,《淮海工学院学报(社科版)》2008年第6卷第1期。
② 王永莉:《旅游扶贫中贫困人口的受益机制研究——以四川民族地区为例》,《经济体制改革》2007年第4期。
③ 王丽:《基于系统论的旅游扶贫动力机制分析》,《商业经济》2008年第7期。
④ 王明霞、李旭超:《河北省青龙满族自治县旅游扶贫调查与研究》,《满族研究》2007年第4期。

其一,旅游企业经营客观方面影响旅游扶贫效益的因素主要包括两个方面:(1)旅游漏损弱化了旅游扶贫的乘数效应。"旅游飞地"现象的存在,使旅游业在发展过程中遇到很大的风险,再加上外来的企业或个人将部分收入变成储蓄,停止在经济中流通而成为漏损,旅游的乘数效应便不可避免地大打折扣。漏损使得旅游业带动当地经济发展的扩散效应降低,甚至有可能造成资源的"低价出售",为微小的所得而支付在环境、社会、文化和经济上的高昂代价。(2)科技介入弱化了旅游扶贫的就业乘数效应。旅游业是劳动密集型的产业,这就决定了旅游的就业门槛比较低,能为农民提供大量的就业机会。由于农民自身的文化素质不高,又缺乏发展基金,因此,他们很难成为旅游部门中的管理人员。在提倡"科技兴旅"、鼓励高精技术进入旅游业的今天,对高层次人才的需求迫在眉睫,而对低层次人员的需求减少。从中可以看出,现在这种"基层就业多,高层就业少"的局面不利于贫困人口的可持续受益。

其二,旅游企业经营主观方面影响旅游扶贫效益的因素也主要包括两个方面:(1)旅游企业的急功近利不利于旅游扶贫开发的可持续发展。企业以追求利润最大化为目标,在旅游扶贫开发过程中,他们往往只注重眼前利益,急功近利,不择手段,竭泽而渔,采取掠夺式的开发,不注意保护环境。虽然在短期内,会使一些地区脱贫致富,但不利于旅游扶贫的可持续发展。(2)旅游企业开发的旅游产品往往缺乏特色,同质化现象严重。贫困地区由于封闭落后,缺乏创新意识,很容易陷入"从众"的误区,盲目模仿,重复建设,造成旅游产品的雷同。还有一些地区,忽视自身的资源优势,一切向城市看齐,陷入了城市化误区。这样做既浪费了资源,还分流了客源甚至使游客"望而却步"。

在旅游扶贫开发过程中,政府部门应引导旅游相关企业根据实际制定专业化旅游开发策略。同时,旅游企业也应积极响应政府等部门制定的旅游扶贫开发目标,承担旅游企业的社会责任,为贫困地区的脱贫致富贡献主体作用。

4.旅游社区

旅游社区是指旅游扶贫开发区域范围内的所有个人与团体,包括一般居民、从事旅游业的居民、当地的社区组织。社区参与旅游扶贫,是指贫困地区从社区的角度考虑旅游业的发展,社区居民作为主体参与社区旅游发展计划、项目及其他各类事务与公益活动的行为及其过程。这样,通过社区参与的方式为当地居民提供更多的就业机会而增加收入,使贫困社区居民在共同承担旅游扶贫的风险和责任的同时,能够公平地分享旅游业发展带来的经济、政治、社会、环境等各方面的利益,从而实现消除贫困、促进贫困地区经济社会的可持续发展。因此,社区是整个旅游扶贫过程中的核心动力主体。①

当地居民利益受损是影响旅游扶贫效益的重要因素。维护当地居民的利益,实现扶贫效益最大化,是旅游扶贫的重要任务。但是,区位因素的先天不足限制了当地居民受益的最大化。一方面,贫困地区多处于老、少、边、穷地区,交通不便,可进入性很差,游客一般不愿意将大部分的时间浪费在前往旅游目的地的路上,因此他们可能会选择一些距离较近的景点,而放弃前往那些虽然景色很美但距离较远的扶贫景点。另一方面,当地居民受益不均严重挫伤其参与旅游的积极性。这主要表现在以下四个方面:(1)贫困地区的受益排挤了贫困人口的受益。不可否认,贫困地区旅游业整体发展水平的高低对旅游扶贫具有基础性的影响,但经济增长不等于贫困人口的收益,关键是要看旅游的收入是如何分配的。一些地区将发展旅游业作为首要目标,偏离了旅游扶贫的大方向,使贫困地区的贫困人口被排挤在受益群体之外。(2)贫困人口之间存在着受益不均。由于在知识、技能等方面的差异,贫困人口之间的收益也会不同。据研究表明,贫困人口中最贫困的20%从旅游业中受益的概率很小。(3)外来投资者剥夺了贫困人口的部分受益机会。旅游投资者是旅游扶贫开发的重要外援性力量,但同时也是与贫困居民存在利益竞争的群体。投资者在资金和市场经验方面的优势,使当地有意参与旅游的居民处于竞争的相对劣势,从而使大部分的利益被外来投资者占有。(4)其他产业与旅游业之争导致当地居民的利益受损。旅游业是关联性很强的产业,在某些情况下可能会与其他产业发生矛盾,比如说,发展旅游业可能使当地原住居民改变甚至失去原有的生活环境,减少甚至丧失原有的生产和生活资源。②

使贫困人口在旅游发展中获得最大的发展机会和净利益是旅游扶贫最终的目标,能否参与到旅游中以及进入旅游市场的能力是贫困人口从旅游中获利的最直接因素。贫困人口的参与程度和方式直接反映了受益的方式和利益的分配情况。贫困人口只有参与到旅游开发与规划、旅游决策制定、旅游企业经营与管理、旅游就业(导游、服务人员)中,才能真正从旅游业中获利。③

---

① 王丽:《基于系统论的旅游扶贫动力机制分析》,《商业经济》2008 年第 7 期。
② 王明霞、李旭超:《河北省青龙满族自治县旅游扶贫调查与研究》,《满族研究》2007 年第 4 期。
③ 李益敏、蒋睿:《怒江大峡谷旅游扶贫研究》,《人文地理》2010 年第 6 期。

5.旅游者

贫困地区旅游开发的需求动力来自城市居民对乡村性的追求。贫困地区旅游业得以产生和发展的基础是旅游客源地与目的地之间的差异和需求的拉动,而旅游者就是拉动旅游发展的驱动力。[1]

旅游者空间行为规律表明,旅游者倾向于到高级别的旅游地旅游。具体表现在:(1)旅游者倾向于选择有高级别旅游景点的地方作为目的地;(2)到达目的地后往往只游玩高级别的旅游景点;(3)在游玩了高级别的景点后,如果时间和金钱允许,他们往往会到其他地方游览高级别的景点,而不会留在原地游览较低级别的景点。因此,如果国家级等高级别的旅游景点和扶贫景点同处于一个区域,在高级别旅游景点的有力竞争下,扶贫景点很容易陷入经营困难之中,处在其"阴影"之下。另外,旅游者的大量涌入在给贫困地区带来经济收益的同时,也带来了不少负面影响,如破坏了当地的自然生态环境。如果对旅游者数量控制不当,那么对环境破坏所付出的代价甚至会大于经济回报,给当地带来毁灭性的后果。因此,旅游者也是影响旅游扶贫效益的一个重要因素。[2]

第二节　绩效评价原则与方法

旅游扶贫的目标是消除贫困人口的贫困状态,实现贫困地区积极的社会变迁和可持续发展。其中,消除贫困人口的贫困状态是旅游扶贫开发的核心目标和最直接体现,而实现贫困地区积极的社会变迁和可持续发展是旅游扶贫开发的长远目标和最终体现。旅游扶贫绩效评价的目的是检验旅游扶贫目标实现的程度和扶贫战略的优劣性。这就要求在旅游扶贫绩效评价过程中必须同时考虑实际效应和效应可持续性两个方面。[3]

---

[1]　王丽:《基于系统论的旅游扶贫动力机制分析》,《商业经济》2008 年第 7 期。

[2]　王明霞、李旭超:《河北省青龙满族自治县旅游扶贫调查与研究》,《满族研究》2007 年第 4 期。

[3]　张伟、张建春、魏鸿雁:《基于贫困人口发展的旅游扶贫效应评估——以安徽省铜锣寨风景区为例》,《旅游学刊》2005 年第 20 卷第 5 期。

一、评价原则

(一)三大效益的兼顾

扶贫效益关系到旅游扶贫开发的成败。① 在旅游扶贫过程中,经济效益是旅游扶贫开发的动力,社会效益是旅游扶贫开发的基础,生态效益是旅游扶贫开发的保障。

按照科学发展观的要求,旅游扶贫开发固然要以经济效益为中心,加速当地农民的脱贫致富,但与此同时,必须把保护资源和环境放在重要位置,应考虑社会、环境和文化的成本与效益,寻求旅游与自然、文化和人类生存环境的协调发展,实现社会、生态、经济综合效益的最大化,最终促进贫困地区的社会经济、文化素质、精神面貌等各个方面得以全面发展。

(二)持续发展的考量

旅游业被誉为"无烟产业",属于风景出口和无形贸易,是典型的资源依赖型产业。因此,在旅游开发的过程中,寻求旅游与自然、文化和人类生存环境的协调发展,实现经济目标与社会目标、生态目标的统一,是实现可持续性发展的需要。②

扶贫是一项系统工程。贫困的治理并不是一项随意的短期行为,认为只要能脱贫不管采取什么方式、对社会与自然产生什么样的后果都无所谓的结果会使一些贫困地区在暂时脱离贫困之后又出现"返贫"现象,扶贫效果不会持久。实施旅游扶贫开发,须从整体角度、长远角度考虑旅游开发与自然环境的协调并进,把保护环境、节约资源放到重要位置,认真贯彻可持续发展战略,坚决避免以破坏环境和浪费资源为代价换取眼前的利益,以实现旅游扶贫开发的可持续发展。

(三)区域差异的原则

由于区域间的地理区位、自然环境条件、社会经济发展历史、现状和文化背景等方面的差异,区域间社会经济发展水平差别较大,造成各区域间发展的不平衡性,即地域差异性。各区域在实施旅游扶贫开发过程中遇到的问题不一样,因而区域旅游扶贫开发的主要目标、评价的重点也不一样,评价的方法

① 肖星:《中西部贫困地区旅游扶贫开发探索》,《开发研究》1999年第2期。
② 刘向明、杨智敏:《对我国"旅游扶贫"的几点思考》,《经济地理》2002年第2期。

或指标体系以及指标的权重也由于区域差异而不同。所以,在旅游扶贫开发绩效评价时,应遵循区域性原则,以便客观、准确地对旅游扶贫开发状况进行评价。

二、评价方法

(一)目标管理评价法

目标管理评价法属于结果导向型的评估方法,主要是将实际达到的目标与预先设定的目标相比较。① 管理大师彼得·德鲁克最早提出了"目标管理"(management by objectives,MBO)的概念。② 德鲁克认为,目标管理是根据重成果的思想,先由组织确定并提出在一定时期内期望达到的理想总目标,然后由各部门和全体员工根据总目标确定各自的分目标并积极主动使之实现的一种管理方法。

通过比较实际达到的目标与预先设定的目标,既能够评价目标是否实现,也能够找出未实现的原因。

(二)关键绩效指标法

关键绩效指标法(key performance indicator,KPI)把对绩效的评估简化为对几个关键指标的考核,将关键指标当作评估标准,把旅游扶贫开发的绩效与关键指标作出比较的评估方法,在一定程度上可以说是目标管理法与帕累托定律的有效结合。

确定关键绩效指标一般遵循三个步骤:第一,建立评价指标体系。可按照从宏观到微观的顺序,依次建立各级的指标体系。第二,设定评价标准。一般来说,指标指的是从哪些方面来对工作进行衡量或评价;而标准指的是在各个指标上分别应该达到什么样的水平。指标解决的是我们需要评价"什么"的问题,标准解决的是要求被评价者做得"怎样"、完成"多少"的问题。第三,审核关键绩效指标。对关键绩效指标进行审核的目的主要是为了确认这些关键绩效指标是否能够全面、客观地反映被评价对象的绩效,以及是否适合于评价操作。

---

① 郑志龙、丁辉侠、韩恒等:《政府扶贫开发绩效评估研究》,中国社会科学出版社 2012 年版,第 20 页。

② 赵曙明:《人力资源管理理论研究现状分析》,《外国经济与管理》2005 年第 27 卷第 1 期。

（三）成本—效益评价法

成本—效益评价法是对投入成本所产生的效果进行评估。成本收益分析的意义在于,让社会及决策部门明确旅游扶贫已取得或可能会取得的成果,以及需要承担的各类成本,客观地把握旅游扶贫的影响,从而能够理性地实施旅游扶贫战略。旅游扶贫成本包括资金、资源、人力等有形成本的投入,还包括如环境污染与破坏、生活质量下降、不良文化的传入以及本地优秀文化的丧失等无形成本的投入,这样才是对旅游扶贫成本的客观评估。旅游扶贫收益分析要考虑旅游发展对本地经济的贡献,包括提供的就业机会以及旅游收入,还要考虑旅游发展对本地资源的保护,对环境的治理、改善和对本地文化的积极影响。①

第三节　旅游扶贫开发绩效评价指标体系

旅游扶贫绩效主要表现为旅游扶贫效益,旅游扶贫绩效评价有利于准确测度旅游扶贫政策实施所带来的经济效益、社会效益和生态效益等。② 因此,旅游扶贫开发绩效评价需要建立一个合理、系统的评价指标体系。

指标通常是说明总体数量特征的概念,指标一般由指标名称和指标数值两部分组成,它体现了事物质的规定性和量的规定性两个方面的特点。旅游扶贫开发的绩效评价指标就是用来评价旅游扶贫开发目标的实现程度所采用的标准或尺度。建立旅游扶贫开发的绩效评价指标体系,一方面需要以现有的各项统计制度和数据为基础;另一方面,旅游扶贫开发绩效评价指标不能简单照搬、相加和堆积原有的传统的经济、环境和社会领域统计指标,而要根据旅游扶贫开发的特点,在原有指标的基础上进行有机综合、提炼、升华和一定程度上的创新。

一、经济效益指标

（一）经济效益

旅游扶贫最直接和最显著的效益无疑是经济效益,这也是旅游扶贫的最

① 田润乾、甘露:《基于系统论的旅游扶贫战略分析——以平顶山新城区为例》,《中国商界》2009 年第 10 期。
② 陈友莲:《"旅游飞地"对旅游扶贫绩效的影响及其防范》,《三农探索》2011 年第 12 期。

初目标。大多数学者通过对贫困地区旅游发展的案例研究,认识到了发展旅游业能促进贫困地区的国民生产总值、财政税收、贫困人口收入增加,推动地区产业结构调整与优化,具有消除贫困的潜力。部分学者同时指出旅游扶贫存在经济风险与限制。如刘筱筱(2006)认为,旅游业的波动、贫困人口参与旅游开发的机会成本以及对经济的影响,威胁着贫困地区旅游的发展,使贫困人口自我发展受限,难以得到旅游开发的利益,严重影响旅游扶贫效果。① 张小利指出,贫困地区由于经济发展整体水平比较低,经济漏损比较严重,故而影响旅游乘数效应的发挥。②

（二）评价内容

通过旅游业的发展促进贫困地区传统产业结构的优化,扩大并密切其与相关产业之间的关系;通过旅游活动的开展提高当地劳动力、物资、食品、服务业的利用;通过基础设施的建设和旅游项目的设置,使贫困人口从中受益。

旅游扶贫经济效益评价主要包括:第一,旅游对贫困地区经济整体增长、产业结构优化的作用。第二,旅游产业发展对贫困地区相关产业的带动作用与影响。第三,贫困地区人口由于旅游发展而获得的收益和代价评估。第四,贫困地区中贫困人口的收益和代价评估。

（三）评价指标

旅游产业的业绩指标包括旅游总收入、旅游外汇收入、旅游营业利润率、旅游投资收益率、旅游投资回收期、旅游投资风险收益率等。

旅游产业的贡献指标包括旅游产值占 GDP 比重、旅游税收、需求收入弹性、旅游乘数、旅游漏损等。

贫困人口受益指标包括贫困人口的直接受益（包括对所付代价的考察）、受益人口中贫困人口的比例、贫困人口受益的比例等。

二、社会效益指标

（一）社会效益

旅游扶贫的社会文化效益主要体现在贫困型旅游地社会文化环境在旅游

① 刘筱筱:《旅游扶贫的经济风险及应对策略探析》,《商业经济》2006 年第 12 期。

② 张小利:《西部旅游扶贫中的乘数效应分析》,《商业时代》2007 年第 7 期。

活动介入后会得到整体优化：一是贫困型旅游地社会文化物质环境的改善，表现为各种与旅游相关的社会文化要素和设施得到建设和发展；二是贫困型旅游地社会文化精神环境的改善，表现为贫困型旅游地居民在旅游活动开展过程中所感受并从中获取的各种商品经济意识和现代生活观念；三是贫困型旅游地社会文化制度和心理环境的改善，表现为政府为鼓励和保护旅游活动顺利开展而逐步制定的系统法规制度和大力宣传，使之朝有利于旅游业发展的方向演化。但旅游扶贫可能产生社会文化风险，如地方民俗文化面临危机，包括地方民俗文化的变质（商品化）和消失（同化）；社会文化冲突加剧；旅游业引发犯罪率上升；贫富差距拉大等社会问题。①

（二）评价内容

贫困地区实施旅游扶贫政策后对贫困地区人们思想认识、知识增长、社会文化、民俗风情等方面产生影响和作用。旅游扶贫能够促进贫困地区人们的思想认识、知识增长、社会文化、民俗风情等发展变化和进步。旅游扶贫发展所能产生的可感知的影响方面，包括人们能够感知到的消遣和娱乐机会、社会治安和防火、犯罪率、地方文化保护、生活方式、民俗风情，等等。②

旅游扶贫社会效益评价主要包括：第一，旅游扶贫对贫困地区社会环境与地区形象的影响与作用；第二，旅游扶贫对贫困地区贫困人口就业的影响与作用；第三，旅游扶贫对贫困地区人们思想观念、思维方式与价值观的影响；第四，旅游扶贫对贫困地区的基础设施与生产、生活条件改善程度；第五，旅游扶贫开发对贫困地区文化的影响。

（三）评价指标

旅游就业的相关指标包括旅游总就业人数、贫困人口就业比率等。

社会环境的相关指标包括投资环境、农村女性的家庭地位变化、基础设施改善情况等。

旅游社区的相关指标包括社区居民对旅游开发的感知、社区参与度、社区参与能力、社区获益的均衡性与公平性、社区生活方式变化等。

---

① 李佳、钟林生、成升魁：《中国旅游扶贫研究进展》，《中国人口·资源与环境》2009 年第 19 卷第 3 期。
② 向延平：《基于 WTP 法的旅游扶贫社会绩效评价研究——以德夯苗寨为例》，《郑州航空工业管理学院学报》2011 年第 29 卷第 1 期。

三、生态效益指标

(一)生态效益

旅游扶贫的生态效益主要表现在,旅游开发可以减轻生态经济脆弱区为缓解贫困而进行的经济发展对自然环境的压力,有效克服因区域性生态脆弱劣势而导致的贫困问题。例如,政府利用旅游扶贫基金为农户建立沼气池、修建卫生间、建造节能灶,改变了村民传统的使用燃料的方式(薪炭材),减少了对森林资源的消耗,从而减少了破坏森林资源的行为;农民的现金收入增加,生活条件改善,也使他们减少了对自然资源环境的过度依赖。当然,在生态环境脆弱的贫困地区进行旅游开发也可能带来自然资源耗损、环境退化和大气、水体、生活垃圾、噪音等环境污染问题。①

(二)评价内容

在环境影响方面,旅游业的发展对贫困人口的生活环境会产生积极和消极两方面的影响。积极影响主要指旅游发展对生态环境的改善,而消极影响主要是旅游发展带来的环境污染与生态破坏问题。

旅游扶贫生态效益评价主要包括:第一,旅游扶贫开发对区域生态环境的影响与作用;第二,旅游扶贫开发对社区生态环境的影响与作用;第三,旅游扶贫开发对社区居民生活环境的影响与作用。

(三)评价指标

生态指标通过空气水体环境、绿化覆盖水平、自然人文景观保护、废弃物处理达标、声光环境等指标来衡量。

四、总体评价

旅游扶贫效益的总体评估主要包括四方面:第一,旅游对贫困地区经济整体增长的作用。第二,旅游对该地区环境、社会、文化效应的影响。第三,贫困地区人口由于旅游发展而获得的收益和代价评估。第四,贫困地区中贫困人口的收益和代价评估。

---

① 李佳、钟林生、成升魁:《中国旅游扶贫研究进展》,《中国人口·资源与环境》2009 年第 19 卷第 3 期。

其中,最重要的是扶贫人口的收益情况。对其进行评估需要考虑如"贫困人口的直接受益""收益人口中贫困人口的比例""贫困人口受益的比例"等要素。同时,一些硬性指标如旅游收入、旅游创造的就业机会、人均收入的增长等是评估体系中必要的因素,还要兼顾对环境、社会、文化方面的成本收益进行考察。总之,上述四方面的内容构成了旅游效益评估的完整体系,将在衡量旅游扶贫的结果方面发挥指导作用。①

表 6-1　旅游扶贫开发绩效评价内容与指标体系

	评价内容	评价指标
经济效益	·旅游对贫困地区经济整体增长、产业结构优化的作用 ·旅游产业发展对贫困地区相关产业带动作用与影响 ·贫困地区人口由于旅游发展而获得的收益和代价评估 ·贫困地区中贫困人口的收益和代价评估	旅游产业的业绩指标:旅游总收入、旅游外汇收入、旅游营业利润率、旅游投资收益率、旅游投资回收期、旅游投资风险收益率等 旅游产业的贡献指标:旅游产值占 GDP 比重、旅游税收、需求收入弹性、旅游乘数、旅游漏损等 贫困人口受益指标:贫困人口的直接受益(包括对所付代价的考察)、受益人口中贫困人口的比例、贫困人口受益的比例等
社会效益	·旅游扶贫对贫困地区社会环境与地区形象的影响与作用 ·旅游扶贫对贫困地区贫困人口就业的影响与作用 ·旅游扶贫对贫困地区人们思想观念、思维方式与价值观的影响 ·旅游扶贫对贫困地区的基础设施与生产、生活条件的改善程度 ·旅游扶贫开发对贫困地区文化的影响	旅游就业的相关指标:旅游总就业人数、贫困人口就业比率等 社会环境的相关指标:投资环境、农村女性的家庭地位变化、基础设施改善情况等 旅游社区的相关指标:社区居民对旅游开发的感知、社区参与度、社区参与能力、社区获益的均衡性与公平性、社区生活方式变化等
生态效益	·旅游扶贫开发对区域生态环境的影响与作用 ·旅游扶贫开发对社区生态环境的影响与作用 ·旅游扶贫开发对社区居民生活环境的影响与作用	空气水体环境、绿化覆盖水平、自然人文景观保护、废弃物处理达标、声光环境

---

① 王明霞、李旭超:《河北省青龙满族自治县旅游扶贫调查与研究》,《满族研究》2007 年第 4 期。

第四节 旅游扶贫开发绩效反馈与监管

旅游扶贫涉及社会公共资源的占用,通过人大、政协、群众的监督和必要的扶贫效益评估,有利于对扶贫项目、扶贫重点、扶贫途径等作出适宜的调整,也有利于防止国有资产流失,减少社会公共资源浪费。①

一、扶贫绩效反馈机制

旅游扶贫不是政绩工程,而是民生工程。贫困人口是否受益是旅游扶贫最终的根本性问题。旅游扶贫是一项长期的系统工程,其成效要经过不断的反馈、调整、改进才能优化。评估反馈系统实时评估旅游扶贫效果,并向有关部门反馈,及时对旅游扶贫系统的缺陷进行调整,是整个旅游扶贫系统的保障。其主要内容包括旅游扶贫开发收益分析、旅游扶贫开发成本分析、旅游扶贫开发效果评估、旅游扶贫开发效果反馈(如图 6-2 所示)。

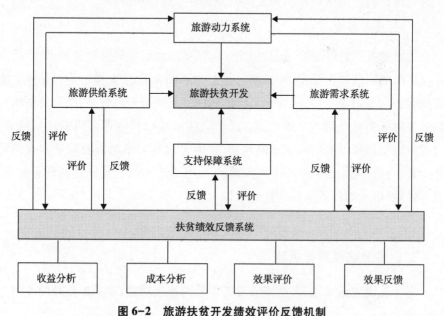

图 6-2 旅游扶贫开发绩效评价反馈机制

---

① 李国平:《基于政策实践的广东立体化旅游扶贫模式探析》,《旅游学刊》2004 年第 5 期。

（一）收益—成本分析

收益—成本分析的意义在于，让社会及决策部门明确旅游扶贫已取得或可能会取得的成果，以及需要承担的各类成本，客观地把握旅游扶贫的影响，从而能够理性地实施旅游扶贫战略。旅游扶贫成本包括资金、资源、人力等有形成本的投入，还包括如环境污染与破坏、生活质量下降、不良文化的传入以及本地优秀文化的丧失等无形成本的投入，这样才是对旅游扶贫成本的客观评估。旅游扶贫收益分析要考虑到旅游发展对本地经济的贡献，包括提供的就业机会及旅游收入，还要考虑旅游发展对本地资源的保护、对环境的治理和改善，以及对本地文化的积极影响。

（二）扶贫效果评估

旅游扶贫效果评估，一方面是在对旅游扶贫项目的成本、收益进行对比分析的基础上，确定旅游扶贫发展的实际操作中对本地经济、环境以及社会文化的综合影响，客观地评价旅游业在本地经济社会发展中的实际作用；另一方面是评估旅游发展对消除贫困的作用，包括贫困人口在旅游就业人口中的比例，以及旅游扶贫贫困人口与其他方式扶贫贫困人口之间的对比，通过这种对比来客观地评估旅游扶贫在各种反贫困方式中的地位和价值。

（三）扶贫效果反馈

旅游扶贫不是一蹴而就的，它是一个在贫困地区形成循环经济，从政府主导发展向贫困群体自我发展的过程，是一个不断系统发展和完善的过程。旅游扶贫的实施效果如何，需要一套合理的评估系统来进行评价，而要使系统更加完善就需要有合理的反馈系统。反馈包括旅游行政管理部门的政策调节、各类旅游项目和设施的数量规模调整、贫困人口参与率与旅游发展方式的优化调整。通过对系统各个环节的反馈调节，系统会更加符合扶贫的现实需要，操作性更强，从而达到最佳的扶贫效果。①

二、旅游扶贫监管机制

对于贫困地区来说，若要充分发挥旅游的扶贫功能，必须加强政府监管与

---

① 田润乾、甘露：《基于系统论的旅游扶贫战略分析——以平顶山新城区为例》，《中国商界》2009 年第 10 期。

社会监督的双重监管机制。政府主要从制度设计与政策制定两个方面对旅游扶贫开发进行监管,主要采取经济、行政、法律等手段;社会监督的途径与方法主要有舆论监督、媒体监督、信访、申诉等。

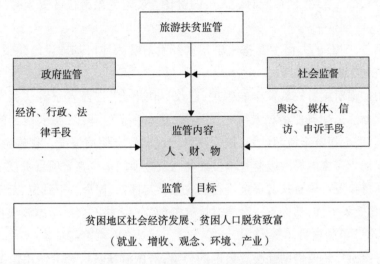

图 6-3 旅游扶贫开发监管机制示意图

旅游扶贫监管的内容包括人、财、物三个方面。

第一,"人"的方面主要关注贫困地区贫困人口在旅游扶贫开发过程中的利益分享、旅游参与度、参与能力、生活水平的改善,以及旅游人才培养、选拔与运用等方面。

第二,"财"的方面主要指旅游扶贫资金的监管。扶贫资金是推动贫困地区扶贫开发的一种重要的外部推动力量,因而加强扶贫资金的管理、提高扶贫资金的使用效益就成为决定国家扶贫开发成败的一个战略性问题。扶贫开发的实践表明,扶贫资金管理中的问题主要表现为扶贫资金被非法占用,以及扶贫开发项目可行性论证不充分、投资效益低下、扶贫效果差等两个方面。如果说确定扶贫开发的目标地区和目标人口关系着国家扶贫机制是否瞄准的话,那么扶贫资金被非法占用以及扶贫开发项目可行性论证不够则直接导致了对扶贫对象的"无效瞄准"。由于旅游扶贫开发是国家扶贫开发方式中的一个重要组成部分,因而旅游扶贫开发同样面临着旅游扶贫开发资金管理的问题。①

---

① 伍延基:《论国内旅游扶贫开发中的几个战略问题》,《漳州师范学院学报(哲学社会科学版)》2004 年第 2 期。

要积极探索财政扶贫资金在使用过程中的公开、公示机制，提高财政扶贫资金使用的透明度。各级旅游和财政部门要切实做好旅游扶贫专项资金的使用和监管工作，建立健全责任制，加强专项审计，对贪污、挪用、浪费旅游扶贫资金的单位和个人，要依法追究有关人员的责任。要避免旅游扶贫资金的"沙漏"现象。

第三，"物"的方面主要指旅游扶贫开发对贫困地区基础设施建设、环境条件改善等方面的监管。

为加强对旅游扶贫资金的管理，建议尽快出台《江西省旅游扶贫专项资金管理办法》，明确旅游扶贫资金的申报、拨付和监管程序，要求资金使用单位要制订、上报资金使用计划，报告项目建设和资金使用情况。省旅游局、项目所在地级市旅游局两级监管单位还要与资金使用单位签署项目责任书。省财政厅每年要对旅游扶贫资金进行绩效考核与评估，如资金不到位、未落到实处、扶贫效果不佳，那么下一批旅游扶贫资金的投入将不会再考虑该项目甚至该县（市、区）的项目。

省旅游局还要借助社会及舆论的力量，对旅游扶贫资金的使用情况进行监督，包括不定期邀请专家、人大代表、政协委员和媒体记者对旅游扶贫地区和项目考察，了解旅游扶贫项目建设和资金的使用情况。运用各种监管手段，力求使旅游扶贫资金的投入达到最佳效果。

第七章

江西旅游扶贫的政策和保障体系

纵观各地旅游扶贫的成功经验,政策支持和组织保障直接关系到旅游扶贫的成效。江西作为革命老区,虽然旅游资源丰富,但经济社会发展却相对滞后,因此,旅游扶贫工作具有艰巨性和特殊性。江西要探索实践旅游扶贫的新路子,实现旅游扶贫工作的新突破,需要建立健全投融资、税费优惠、财政扶持、用地支持、项目奖励等系列政策,完善人才培养、市场拓展、环卫养护、管理体制、绩效监管等保障措施,以确保旅游扶贫工作顺利推进,落到实处,取得实效。

第一节　政策支持

旅游扶贫作为一种新的产业扶贫模式,在全国各地实践中虽然取得了一定的成效,但整体上仍处于摸索阶段,因此,政策的制定也没有现成的模式可以照搬。各地旅游扶贫政策应以有效推进旅游扶贫工作为出发点。关于旅游扶贫政策支持的必要性,是基于以下两方面的考虑:一方面,旅游业属于战略性新兴产业,需要一整套产业政策体系来推进旅游业的快速发展和转型升级;另一方面,扶贫作为国家战略,也需要强有力的扶贫专项政策保障。江西旅游扶贫政策既要适合本省旅游产业发展,又要关注贫困地区的脱贫致富。鉴于江西省的旅游业发展和扶贫工作现状,本书课题组认为应从以下几方面构建旅游扶贫政策体系。

一、投融资政策

江西是革命老区,经济发展相对滞后。虽然近年来旅游产业发展迅速,但总体上看,江西旅游产业规模整体实力不强。这很大程度上归结于旅游资金短缺。旅游投融资已成为制约旅游开发的瓶颈,贫困地区尤显突出。投融资问题能否有效解决,是贫困地区旅游能否加速发展的关键环节。针对江西旅游产业投融资存在的财政资金不足、投融资渠道单一、投融资政策法规不配套等问题,本书提出如下投融资支持政策建议。

(一)建立完善的信用担保体系,缓解旅游扶贫企业融资难题

信用担保体系不健全很大程度上制约着旅游企业的融资发展。政府应加强引导和政策支持,建立面向贫困地区的旅游产业信用担保体系。首先,要加大各类信用担保机构对贫困地区旅游企业、旅游项目和扶贫旅游企业的担保力度,尤其是政府非营利性政策性担保机构应对贫困地区旅游项目和企业承接担保业务予以倾斜,对信用状况好、资源优势明显的旅游项目适当放宽担保抵押条件。其次,要培育一批专门面向中小型和微型旅游企业的信用担保机构。当前,江西省内担保机构为旅游企业提供担保业务的不多,远远不能满足中小旅游企业的需求。省级专门面向旅游企业承担担保业务的公司成立于2009年,但由于注册资金仅为5000万元,担保能力非常有限。地方专业旅游担保公司的数量与担保能力更是微乎其微。

随着旅游扶贫工作的开展,中小旅游企业的融资担保刚性需求将不断增长。首先,省级财政应增加江西省旅游产业担保公司的资金投入,将资金增加到1亿元,新增的部分主要用于贫困地区旅游企业的融资担保。同时,各设区市和重点旅游县应设立旅游产业担保公司,或者引导融资担保机构为旅游企业提供担保业务,构建全省旅游产业担保机构网络,提高旅游担保机构整体实力,为贫困地区旅游企业提供融资担保支持。再次,政府建立担保补助机制,可采取两种方式进行:一种方式是借鉴山西省和湖北荆门市的做法,设立企业信用担保风险补偿资金,对信用担保机构给予一定数量的风险补偿;另一种方式是对担保机构为中小旅游企业提供银行贷款担保并符合融资性担保机构专项补助条件的,省级财政参照一定比例给予补助。最后,建立健全旅游企业信用征集和评价长效机制,及时对贫困地区旅游企业和从事旅游扶贫开发的企业进行信用等级评定,规范企业信用行为,加强企业信用管理。

担保抵押是担保企业规避风险的主要环节之一,在实际的担保操作过程

中,江西省应积极探索符合旅游产业特点的多种担保抵押模式。一方面,金融机构在依法合规的基础上对商业性开发景区可以开办依托推行动产抵押、权益抵押、林权抵押、土地使用权抵押和旅游景区门票权质押等多种形式的抵押贷款办法,为符合条件的旅游企业提供贷款担保。另一方面,发展企业互助联保,由中小旅游企业联合组建会员制的担保机构,资金共同承担,自担风险,自我服务,发挥联保、互保的作用,此类机构的运作采取担保基金的形式,实行封闭运作。此外,鼓励有条件的地区建立区域性旅游再担保机构,提升旅游担保机构的信用和能力,控制和分散旅游信用担保体系的风险。

(二)创新旅游投融资体制,搭建隶属于政府的旅游扶贫投融资平台

在旅游扶贫开发的起始阶段,产业基础薄弱,要壮大产业规模,应充分发挥国家旅游投资主渠道与国有旅游资本市场的龙头作用,采用政府强力主导的方式,整合涉旅的国有资产、资本、资源、资金,组建旅游扶贫投资公司,对重大旅游扶贫项目直接进行投融资运作。旅游扶贫投资公司主要职责有:一是筹集资金对旅游基础设施、景区景点、生态保育进行规划和建设;二是根据政府授权对国有资源和资产进行运营管理,确保国有资产保值增值;三是加大与当地部门与企业的合作,建立良好的银旅合作机制,争取政府赋予土地储备职能,建立旅游土地储备库,享有土地出让收益;四是代表政府开展对外合作,多方筹措资金,提升融资能力。

搭建好旅游投融资平台后,要灵活运用政策,采用多渠道、多模式的投融资运作形式。一方面,要加大招商引资力度,将旅游招商引资作为重要产业招商内容,纳入政府对外招商推介体系,并定期举办旅游招商推介活动,吸引有实力、负责任的旅游开发商前来投资旅游。另一方面,加强项目包装,构建省级和地方旅游招商项目信息平台,定期发布旅游招商引资信息和旅游政策信息,使投资者全面了解资源和政策。此外,在实际融资过程中,可根据项目的特性,灵活选择运用多种方式,如在旅游基础设施薄弱的贫困地区就可以采取BOT(build—operate—transfer)即建设—经营—转让模式。它是指政府与私营企业达成协议,给予其一定期限的特许专营权,许可其融资建设和经营特定的公用基础设施获得利润,在特许权期限届满时,私营企业按约定将该基础设施无偿移交给政府。TOT(Transfer-Operate-Transfer)即"移交—经营—移交"模式,是指政府部门或国有企业将建设好的项目以一定期限的特许经营权和产权,有偿转让给投资者,由其进行运营管理;经营权的受让方全权享有经营该设施及对应资源所带来的收益,双方合约期满之后,投资人再将该项目交还政

府部门或原企业。PPP(Private-Public Partnership),即公共部门与私人企业合作模式,是指政府、营利性企业和非营利性企业以某个项目为基础而形成的相互合作关系的模式,达到多方共赢。

(三)拓宽旅游企业债务融资渠道,探索针对旅游扶贫的彩票融资模式

债券融资是企业直接对外融资的主要渠道之一。债券融资较股权融资和银行贷款而言,企业债券筹资成本较低、企业税负较轻,实际操作中准入条件相对宽松灵活,具有更多优势,从而成为现代企业不可缺少的重要融资渠道。在旅游扶贫开发过程中,应支持符合条件的旅游企业发行企业债券。当前,我国债券市场发展迅速,旅游企业可充分利用这一平台融资。目前我国企业债券产品一般有企业债、公司债、短期融资券(期限一般是 3 个月至 1 年)、中期票据(期限一般是 1 年至 5 年)、中小企业集合票据等。江西贫困地区旅游企业应争取国家更优的政策支持,加强产品创新和制度创新,拓宽债券市场对贫困地区旅游企业的支持面。一是在企业发行债券审批上适当简化程序;二是遴选时在同等条件下优先考虑贫困地区的旅游企业;三是尽快采用区域集优①等方式,扩大中小旅游企业集合债券发行规模;四是落实设立直接债务融资风险缓释基金和组织地方信用增进机构作为反担保机构等风险缓释措施。

彩票是一种特殊的金融工具,同股票、债券、基金一样,发行彩票可以持续、反复地筹措社会闲散资金。旅游扶贫的落脚点是帮助贫困人口脱贫致富,贫困地区旅游基础设施和公共服务设施建设可以争取彩票融资的支持。省政府可以探索整合现有彩票资源,面向旅游扶贫事业发行即开型旅游扶贫福利彩票、老区生态彩票等,将公益金用于贫困地区旅游公益设施建设,为旅游扶贫发展建立新的融资渠道。

(四)培育旅游骨干企业,鼓励符合条件的企业上市融资

当前,江西旅游企业散、小、弱的状况没有发生根本改变,贫困地区的旅游

---

① 区域集优债务融资模式是根据我国经济发展的形势任务和目标要求,结合实际情况,对一定区域内具有核心技术、产品具有良好市场前景的中小非金融企业,通过政府专项风险缓释措施的支持,在银行间债券市场发行中小企业集合票据的债务融资方式。区域集优债务融资模式集优了企业、产品、效率、政策和风险缓释措施,能有效降低单个企业的融资成本,分散融资风险,提高发行效率,是解决中小企业融资问题的一种多方共赢的模式。(参考费宪进、郭舒萍:《中小企业融资模式创新:区域集优债务融资》,《浙江金融》2012 年第 5 期。)

企业更是处于小打小闹状态,资金短缺,实力不强。地方政府要以开放开明的姿态,放宽市场准入,鼓励各种所有制企业依法投资旅游产业。推进旅游企业改组改制,借助产业转型和企业改制的机遇,引导和支持鼓励规模小、网络化程度低的企业引入战略合作伙伴,以获得战略伙伴的资金支持。鼓励旅游景区、星级饭店、旅行社等旅游企业通过横向并购(即同类旅游企业间的并购,如宾馆与宾馆)、纵向并购(旅游各要素企业间的并购,如宾馆与景区)、混合并购(旅游企业与其他企业间的并购,如饭店与制造企业)等形式进行重组,形成规模经营,培育一批龙头企业,以提升旅游企业的核心竞争力。

上市融资是解决旅游企业资本短缺的最佳路径之一。旅游企业上市可进一步拓宽融资渠道,拓展发展空间,提高管理水平,壮大企业规模,增强企业竞争力,推动企业转型升级。江西应出台鼓励和扶持企业上市的若干政策,成立旅游企业上市协调机构,推进一批有竞争力的企业在境内外上市,鼓励符合条件的企业在中小企业板和创业板上市融资。企业在上市过程中可以借鉴其他省份的做法,可以按照企业的潜力和现状,如后备企业、拟上市企业、上市培育对象企业等,分层次筹备,逐步扶持,有序推进。对后备上市企业和尚未改制为股份有限公司的企业,需引导和推动其按照现代企业制度的要求规范改制;对已改制为股份有限公司的企业,指导其进一步优化股权结构,做强做大主业,建立健全法人治理结构,按照资本市场要求进行规范运作,夯实上市基础;对拟上市和上市培育对象企业,要加强证券交易所、保荐机构等相关机构对旅游企业进行发行上市的辅导培育等工作。同时,可以参考海南省和黄山市的做法,积极发挥政府部门的职能作用、协调优势和扶持奖励政策的激励促进效应,帮助协调解决企业上市过程中出现的问题,加快上市进程。

(五)建立适合旅游业特点的授信制度,加大对旅游扶贫项目的信贷支持

为贯彻落实《国务院关于加快发展旅游业的意见》(国发〔2009〕41号)精神和中央关于把旅游业培育成国民经济战略性支柱产业的重要战略部署,进一步加大金融支持实体经济力度,改进和提升金融对旅游业的服务水平,支持和促进旅游业加快发展,中国人民银行等七部委印发了《关于金融支持旅游业加快发展的若干意见》(银发〔2012〕32号)。江西省在旅游扶贫过程中应将该意见落到实处。同时,应结合旅游扶贫的特殊性,加快江西金融机构制定和细化符合旅游业经营规律的授信标准,主要应在以下四个方面给予政策支持:一是允许金融机构根据旅游项目的风险和经营情况,合理确定贷款利率、

期限和还款方式;二是鼓励政策性银行和各商业银行在国家许可的业务范围内,加大对旅游扶贫项目信贷的投放力度,适度降低旅游扶贫企业贷款准入门槛;三是对贫困地区旅游企业的短期小额贷款,要在有效控制风险的前提下适当简化审批手续,确保符合条件的旅游企业获得方便、快捷的信贷服务;四是对符合条件的贫困地区小型微型旅游企业实行差异化的信贷管理和考核办法,合理扩大县级和乡镇基层金融机构审批权限。

基础薄弱的农村是旅游扶贫的重点,乡村旅游企业是乡村旅游的主力军。乡村旅游企业大多处于弱、小、散的境况,更需要金融机构的贷款支持,因此,要加大贫困地区乡村旅游的信贷支持力度。农村信用合作社、农业银行、邮政储蓄银行等涉农金融机构要努力满足农村旅游业的资金需求,对于合理利用古村古镇、传统村寨、农村和农业景观资源发展乡村旅游的企业,要积极采取多种有效信贷模式和服务方式予以支持。加快推进农户电子信用档案建设,鼓励通过农户小额信用贷款等形式直接帮助贫困地区村民参与乡村旅游发展。贫困乡村旅游所需的经营性贷款,要确保优先纳入农业贷款担保补助的范围。

二、税费优惠

税收政策关系到旅游业纳税人的切身利益,增税和减税所引起的税收成本的增减势必直接影响旅游纳税人的投资或消费行为。税收优惠是国家支持旅游业发展的重要举措。实行税收优惠政策,改善旅游业投资环境,有利于吸引企业和社会各界投资旅游,从而促进旅游产业健康快速发展。针对江西现行税制对旅游业的具体优惠措施还不够系统、不够明确等问题,本书提出如下税收支持政策。

(一)减免旅游扶贫相关税费

减免税收意味着税后可支配收入的相对增加,企业发展能力就进一步增强。当前,江西旅游企业享受的税收减免政策很少,要扶持旅游,需进一步加大税收减免政策。一是对贫困区内新建的旅游景区景点、新办的区内旅游企业、公益性中小型微型旅游企业信用担保机构,三年内免征企业所得税地方分享部分,四至五年内减半征收企业所得税地方分享部分。二是争取国家特殊政策支持,对符合条件的小型微利旅游企业依法减按18%的税率征收企业所得税;年度应纳税所得额低于6万元(含6万元)的,其所得减按50%计入应纳税所得额,按20%的税率缴纳企业所得税。三是对从事旅游资源开发和旅游经营的企业实行投资抵免的政策,允许企业在盈利后将再投资数额的一定比例在纳税年度的应纳税所得额中扣除,促进企业扩大经营规模、开发新产品和推出新的旅游线路。四是贫困地区旅游企业投资道路交通等公益性基础设施免征耕地占用税,投资公共污水处理、公共垃圾处理、沼气综合开发利用、节能减排技术改造等符合条件项目,三年免征企业所得税。五是落实国家有关规定,对经营采摘、观光农业的单位和个人,其直接用于采摘、观光的种植、养殖、饲养的土地,免征城镇土地使用税。重点乡村旅游项目开发建设实行"一事一议",纳税人确有困难的,经批准可定期减免房产税、土地使用税。① 六是制定鼓励个人投资旅游业的税收优惠政策,如对个人购买国家旅游企业的债券、股票的利息、股息、红利所得实行免征个人所得税。七是企业、个人等通过公益性社会团体的旅游扶贫捐赠支出,在计算应纳税所得额时予以扣除。

(二)对旅游扶贫企业执行适度的税收返还政策

税收返还是一种奖励性的税收优惠政策,有利于提高旅游企业的发展积极性,在特定的条件下起到激励和扶持的双重作用,江西旅游扶贫中也可以构建省级和地方配套的税收返还政策。一是对重要品牌创建给予税收返还,主要对景区成功创建国家 AAAA 级以上(含 AAAA 级)旅游景区的、国家级旅游度假区和生态旅游示范区的,成功获评四星级以上(含四星级)饭店的,三年内企业上缴的所得税中属于本级财政收入部分,100%奖励给企业。二是对年上缴利税增幅达25%以上的旅游企业,其新增税收地方所得部分的50%返还给企业用于扩大再生产,鼓励旅游企业向大型企业、集团化方向发展。三是对旅行社实行税收返还,凡组织境外游客到贫困地区旅游的年度人数达1000人以上且所得税属于本级财政的,100%返还给企业用于开拓市场。

(三)争取将江西作为旅游扶贫税制改革试点地区

目前,我国旅游税收政策还不尽完善,具体优惠措施不系统、不明确,但旅游税制改革与完善需要一个探索过程。江西可以以老区旅游扶贫为契机,争取国家支持,将其列为旅游扶贫税制改革试点,探索适合旅游产业特点的税收制度。一是实行以旅游养旅游的专用税制。将旅游行业税收相当比例部分用于江西省整体旅游基础设施建设投资、旅游宣传推广、旅游发展规划研究、旅

① 引自《中共江西省委、江西省人民政府关于推进旅游强省建设的意见》(赣发〔2013〕11号),2013 年 10 月 17 日印发。

游人才培养等开发补助,以此提升旅游行业的整体竞争力。二是借鉴国际成功经验,将旅游业纳入增值税征收范围,实行消费性旅游增值税,并对生态旅游、文化旅游、乡村旅游项目实行 13% 的优惠税率。三是争取国家适度下放地方税权。目前我国旅游税收管理权限高度集中,地方政府促进旅游业发展的政策选择权过小,不利于发挥税收因地制宜的调解功能。建议争取国家授予江西贫困地区较大的旅游税收政策选择权,对一些税种如城建税、城镇土地使用税由江西政府选择确定,对一些地方税种的小税种立法开征全部下放给江西政府。四是争取将江西纳入境外游客购物退税政策试点单位,刺激境外游客在江西的购物消费,推动旅游商品大发展,让旅游经济功能更加凸显。

三、财政扶持

财政资金的扶持是国内外使用较为普遍的一种支持产业发展的政策手段。加大政府导向性投入,发挥财政资金"四两拨千斤"的作用,能有效地吸引和撬动外来资金与社会资金,广泛调动起全社会投资发展旅游产业的积极性,推动旅游产业快速发展。江西贫困地区旅游大多处于起步阶段,要培育成为带动贫困人口脱贫致富的战略性支柱产业,更需要出台良好的财政扶持政策,加大政府的导向性投入,对旅游企业"扶上马送一程"。

(一)争取国家资金支持

近年来,江西扶贫开发成效显著,但全省贫困地区相对集中,贫困人口依然较多,扶贫开发任务仍然繁重艰巨。江西不仅是原中央苏区的主体部分,也是国家划定的罗霄山特困片区,在国家新一轮扶贫攻坚计划中应争取国家更大的支持。一是争取获取更多的中央预算内投资和其他有关中央专项投资,对革命老区和特困连片区给予支持,尤其是积极争取国家扶贫资金和旅游发展基金对江西的倾斜,新增的资金主要用于旅游扶贫项目建设。二是争取国家向江西旅游扶贫试验区拨付专项扶持资金。《国务院关于支持赣南等原中央苏区振兴发展的若干意见》中明确提出支持赣州、吉安创建国家旅游扶贫试验区,省旅游局、扶贫办和两个设区市政府可以此为契机,主动作为,以优势示范项目为突破口,争取国家在一定时期内对试验区给予专项资金补助,集中财力把试验区做强做大。

(二)设立省级旅游扶贫专项基金

广东等省份旅游扶贫经验表明,省级财政导向性资金投入是撬动旅游扶贫工作的强有力杠杆。目前江西扶贫资金主要用于基础设施建设等民生工程，而旅游发展专项资金数量少、支持面大，纯粹意义上用于旅游扶贫的非常有限，难以支持贫困地区的旅游发展，所以，应加大省级财政的投入。本书课题组认为，应设立江西省旅游扶贫专项基金，由省财政厅通过财政专款或资金整合的方式，在起始之年安排5000万元作为旅游扶贫专项基金，用于支持旅游扶贫开发建设，以后每年根据旅游产业发展需要和财政增长情况逐年增加。同时，市级财政提供专项配套资金。为使资金用到实处，要建立健全资金的使用监管机制，制定旅游扶贫专项资金管理办法，实行追踪问效制。各级旅游和财政主管部门严格对专项资金的拨付、使用管理情况进行监督检查，并实行绩效考核评估，确保扶贫资金专款专用。

（三）灵活实施多元财政政策组合

同其他产业一样，政府对旅游的财政扶持也需要构建多方位的财政政策体系，形成政策组合效应。对于江西贫困地区来说，财政支持还应包括国有资本金注入、投资补助、贴息和财政担保等政策。一是鼓励贫困地区政府对有发展潜力的旅游开发项目投入资金。政府既可以对旅游基础设施、公共服务体系和市场推广方面直接拨款，也可以对需要扶持的开发经营项目采取国家入股的方式注入资本金，并由相关部门依法行使出资人权利。二是实行旅游扶贫重点项目贷款的财政贴息政策。财政贴息是政府对承贷旅游企业的银行贷款利息给予的补贴，研究表明，科学合理地利用财政贴息政策，能有效引导信贷资金的流向，推动更大规模的外部资金加盟，提高投资效益。对旅游项目建设、相关配套措施进行贴息，能拉动数十倍于自身的社会投资，直接增加旅游供给。[①] 根据江西实际情况，省政府和各设区市政府可以采取全额贴息和部分贴息的方式进行扶持。2013年10月，江西省委、省政府印发的《关于推进旅游强省建设的意见》（赣发〔2013〕11号）规定，符合小额担保贷款担保条件的旅游小企业，额度在20万元以内的，由财政部门按照基准利率的50%给予贴息补助，这就是很好的尝试。三是实施财政担保政策。对于特困地区具有良好前景的重大旅游扶贫项目，在对开发企业做好信用评估的条件下，以政府信用为项目提供担保，缓解资金瓶颈问题。

---

① 王建勋：《旅游业发展财政政策研究》，东北财经大学博士学位论文，2011。

四、用地支持

旅游涉及吃、住、行、游、购、娱六大要素,旅游景区的开发和产业要素的配套项目建设都与土地开发紧密联系。土地政策直接关系到旅游项目能否落地,现在各省旅游用地供需矛盾逐步凸显,很多具有潜力的旅游项目因用地问题而不能启动,因此,用地优惠政策已成为投资商最为关注的旅游投资重点政策。

(一)用地指标方面给予一定倾斜

随着旅游的目标由观光向休闲度假转变,随着居民对旅游消费需求的不断增长,旅游产业开发规模也不断扩大,对土地的刚性需求必然增大,因此需要在年度用地指标中充分考虑旅游用地需求,并给予一定的倾斜。首先,要用好用足国土资源部出台的支持集中连片特困地区、赣南等原中央苏区等优惠政策措施和省里支持旅游产业项目用地政策,为旅游产业项目用地提供支持。其次,探索差别化供地政策,根据旅游扶贫的实际需求,实行贫困地区旅游用地计划指标单列下达,并加大土地利用年度计划指标倾斜力度,适当增加年度旅游新增建设用地总量。再次,各地在制定土地利用和城乡建设总体规划时充分考虑旅游扶贫发展需要,把旅游建设用地纳入土地利用规划中,留足旅游项目建设用地,从规划上确保旅游用地的长远储量。最后,对旅游扶贫重大项目用地,参照省重大项目有关制度执行,纳入用地审批绿色通道,并采取"一地一策"的方式,根据具体的情况在土地利用规模、结构、布局和时序等方面给予不同的优惠。

(二)用地方式灵活性上给予支持

旅游用地的量总是有限的,这就要求政府出台政策引导企业多渠道、多形式地利用有限的土地资源。一是鼓励盘活存量建设用地发展旅游。针对闲置的存量土地,可通过存量土地租赁、兼并、改建、嫁接等形式吸引投资,使闲置、存量的土地充分发挥作用,缩短建设周期、减少投入,实现"多赢"。针对旅游项目设施占地一般较少、通常与其他产业存在资源共享的特点,可充分利用现行土地审批、林权制度改革和耕地、环境保护的政策,探索旅游"一地多用"方式。① 二是支持利用荒山、荒坡、荒滩进行旅游开发,给予土地出让金、土地使

---

① 李荣:《对旅游项目用地政策的思考》,http://www.cdlr.gov.cn/cdgtzyj/detail.aspx? id = 38989。

用年限适当延长的优惠政策,并在将来涉及征、占用地时,用新开发土地进行有条件置换。三是支持农村集体土地参与旅游开发。加快推进贫困地区农村集体土地所有权、宅基地使用权、集体建设用地使用权、集体林权等涉及乡村旅游产业的确权登记发证工作。加大对农村土地流转的扶持力度,为旅游服务项目开发提供优惠。支持旅游扶贫重点村镇探索农村集体土地采取作价入股、土地合作等方式参与旅游开发。四是结合集体林权改革,积极盘活林区建设用地资源。充分利用零星土地整理和集中使用相关政策,实施林区土地综合整治,以拓展旅游业用地。可以借鉴成都在统筹城乡土地改革试验中通过转用或开展农村挂钩项目整理对集体建设用地用于旅游业等进行了探索和创新实践经验,对项目所在的林区内废弃的老宅基地、工矿、厂房、冲口、道路等零星地块进行综合整理复垦、植树造林,整理集体建设用地,由林业、国土等相关部门进行验收,验收的集体建设用地指标纳入储备管理,优先用于生态旅游项目开发,并允许根据旅游专项规划突破用地空间和渠道,在行政区域内挂钩使用。五是对与旅游配套的公益性城镇基础设施建设用地,以划拨方式提供,为旅游扶贫企业提供便利。

（三）建立用地综合协调和监管保障机制

旅游用地涉及方方面面,部门的协调、主管单位的审批、建设过程中的监管、居民利益的保障落实与否等都关系到项目的进展。所以,需要建立用地综合协调和监管保障机制,营造良好的用地环境。首先,要充分发挥职能部门在旅游用地规划管理等方面的职能作用,协调发改委、规划建设、国土林业、农业、水利等部门成立旅游用地工作协调机构,积极参与旅游资源开发和项目选址,研究并解决制约旅游发展中的用地难题。其次,对每一个旅游项目的建设用地均严格按照有关法律法规严审把关,按照有关程序依法依规上报审批,国土部门将重点旅游扶贫项目用地纳入审批绿色通道,提高审批效率。再次,做好全程跟踪管理,坚决杜绝"未批先用"情况发生,确保土地资源依法合理高效利用,尤其是禁止旅游圈地现象,防止以旅游建设为名搞地产开发,确保旅游可持续发展。最后,做好征地补偿及安置工作,落实好被征地农民的就业安置、在土地收益中建立居民最低生活保障金等,真正让百姓受益。

五、其他政策

除上述四大支撑政策之外,旅游产业发展还需要其他政策的支持,以合力助推贫困地区旅游产业快速发展。

（一）奖励政策

奖励措施能有效提高企业和个人从事旅游的积极性，鼓舞士气，增强干劲，也能使旅游企业和从业人员从中得到实惠，助推旅游发展。本书课题组认为，在旅游扶贫开发过程中，各地可结合实际，推行以下奖励政策：一是对一次性投资重大的项目给予一定的奖励。二是出台奖励措施鼓励旅行社积极开展旅游扶贫区游客的招徕经营活动，如做旅游扶贫景区专线的旅行社每年接待旅游量过千人就可以给予一定的人头奖励，对旅行社开拓市场就有很好的促进作用。三是对旅游扶贫类景区、饭店、旅行社品牌创建实行奖励，如成功创建 A 级旅游景区、星级饭店、旅游度假区、生态旅游示范区、百强旅行社等，就按等级进行奖励。在江西婺源江湾创建 AAAAA 景区过程中，政府给予企业的奖励性补助就是很好的案例。四是每年在全省范围内对全省旅游扶贫有突出贡献的集体和个人给予奖励。五是对关于旅游扶贫的公益宣传和旅游产品宣传营销作出贡献的媒体、记者和相关人员予以奖励。

（二）相关行业特定扶持政策

旅游业涉及面广，关联度强，在实际运营中，很多行业和部门都能为旅游开发提供支持，这些支持的作用虽然不及融资、土地、财政、税收等政策，但也能起到"四两拨千斤"的作用。为此，在旅游扶贫开发过程中，各地可研究出台多项优惠政策，优化产业发展政策环境。一是落实旅游扶贫区宾馆饭店与一般工业企业同等的用水、用电、用气价格政策，落实有线数字电视维护费按不高于当地居民用户终端收费标准的 90%收取的政策。二是排放污染物达到国家标准或地方标准并已进入城市污水处理管网的旅游企业，缴纳污水处理费后，免征排污费。三是旅游企业用于宣传促销的费用依法纳入企业经营成本。四是鼓励银行卡收费对旅行社、景区景点参照超市和加油站档次进行计费，进一步研究适当降低对宾馆饭店的收费标准。五是支持企事业单位利用存量房产、土地资源兴办旅游业。

第二节　保障措施

旅游扶贫是通过发展旅游业带动贫困地区脱贫致富，贫困地区旅游业能否做大做强直接关系到旅游扶贫工作的成效。不难看出,旅游扶贫工作的关键环节就是贫困地区旅游业如何健康持续发展。旅游业健康持续发展离不开人才的培养、市场的开拓、资源环境的保护和体制机制的创新等保障手段。

一、人才培养

随着科技进步,全球已步入知识经济时代。人才成为经济社会发展的第一资源,人才发展战略成为国家、行业发展的基本战略。旅游是新兴的朝阳产业,也是极富创新创意的产业,对专业人才素质提出了很高的要求。人才队伍对旅游产业至关重要,策划设计旅游产品、塑造旅游品牌、开展旅游宣传营销、组织旅游活动、旅游企业经营管理等整个产业发展过程,都有赖于高素质的旅游人才队伍去抓落实、去开拓创新。当前,江西旅游人才发展的总体水平与旅游业发展需要相比还有较大差距,旅游人才整体素质偏低,专业化程度不高、人才队伍不稳定、人才地区结构不平衡等问题凸显。尤其是贫困地区,由于经济落后,条件艰苦,很难引进和留住专业人才,从而导致旅游管理水平和服务质量不高,影响产业的发展。因此,要加大贫困地区旅游人才的培养力度。

贫困地区旅游人才培养主要应做好这几方面工作。第一,创新培养输送方式,加大人才培养输送力度。在江西,中等和高等职业技术院校大多都开设了旅游专业,为当地旅游业输送了一批人才。随着旅游扶贫工作的开展,旅游产业必将迎来大发展、大繁荣的时期,旅游人才的需求也即将旺盛。为加大培养专业的旅游人才队伍,在政府层面上,可以支持有条件的贫困县市发展中等旅游职业教育,培养旅游从业人员;引导职业院校顺应旅游市场需求,深化旅游教育教学改革,依托省内有条件的高校及科研机构通过校企合作、联手办学和订单培养等方式,为贫困地区培养旅游人才;鼓励省内高校加大向贫困地区旅游扶贫人才的定向招生规模,为贫困地区提供人才储备。第二,实施人才培训计划。对于已在岗的旅游从业人员,要实施继续教育计划,可结合国家扶贫"雨露计划"、农村劳动力培训阳光工程和旅游人才培训工作,充分发挥扶贫办、人保部门、旅游行政管理部门的积极性,享受相关扶持政策,建立健全多层次、多类型的旅游人才培训体系。贫困地区可主动与省内外高校合作,建立面向贫困地区的旅游培训基地,加强对贫困地区旅游从业人员的培训和旅游扶贫村镇干部的轮训。鼓励旅游企业以"工读结合、半工半读"等形式对农村劳动力进行岗前培训。第三,完善人才引进和交流机制。贫困地区条件比较艰苦,引进人才和留住人才的压力较大,因此,政府和旅游企业要增加人力资本投入,引进优秀大学毕业生和旅游专业人才到旅游扶贫地区就业。具体可以从以下几个方面着手:(1)省市重大人才工程和引智项目向旅游扶贫区倾斜,吸引高层次人才投资旅游创业;(2)省级层面应鼓励支持旅游专业的优秀大学生村官扎根农村,财政对长期坚持在基层工作的大学生给予补贴,国家选拔公务员时对在基层工作满一定年限的大学生村官给予优惠政策;(3)实施江西省旅游扶贫人才援助工程,选拔优秀人才支援贫困地区旅游开发,并鼓励大学生和离退休干部等参与旅游扶贫志愿服务;(4)建立干部交流任职和挂职锻炼机制,争取国家部委和东部地区、中央机关和事业单位对旅游扶贫地区的人才帮扶。第四,出台人才激励奖励政策。激励奖励政策是对人才个人价值的认可。贫困地区要健全以政府奖励为导向、用人单位和社会力量奖励为主体的旅游行业人才表彰奖励体系。规范开展行业先进工作者、劳动模范、文明导游员、技术能手、旅游突出贡献等评选活动,不断完善人才荣誉表彰与人才使用和薪酬待遇相结合的政策,促进优秀人才脱颖而出,提升旅游人才的成就感和行业认同感。

二、市场拓展

旅游业是典型的"注意力经济""眼球经济"和"形象产业"。"酒香不怕巷子深"的年代已经过去,旅游做的就是市场,只有把旅游吸引物推向市场才能带来人气,凝聚财气,实现旅游扶贫的最终目标。旅游扶贫工作本身便需要正确的舆论引导,引起政府、企业、社团、民众的关注和参与,旅游产品需要强有力的宣传推介才能广为知晓,走入市场。因此,旅游市场开拓是旅游扶贫运营阶段的重要工作。

贫困地区旅游业多起步晚,其旅游市场开拓不仅要纳入全省一盘棋,更要有自己的创新,获取各级各行业更大的支持。第一,全省旅游主题形象央视宣传广告要将旅游扶贫的重点景区和地区形成专版予以推介;同等条件下,在全国各旅展的推介活动中,优先推出旅游扶贫地区;省级和各设区市旅游网,及农业、林业、建设、文化和水利等涉旅行业网站加强对旅游扶贫地旅游业的宣传。第二,多渠道全方位宣传。要利用电台、电视台、报刊、网站、手机短信等多种媒体媒介,加大宣传推介力度,实现旅游扶贫产品与市场的有效对接。支持和鼓励旅游扶贫地区举办各类旅游节庆活动,提高知名度。第三,多项措施辅助拓展。旅游扶贫事业具有公益性,可争取各级广电、宣传部门和媒体支持,通过提供多渠道免费宣传报道和组织社会研讨,突出旅游扶贫宣传影响,帮助旅游扶贫地区进行整体形象宣传,提升旅游品牌形象,吸引社会各界和广大消费者对旅游扶贫及贫困地区旅游业的关注和支持。省内主流媒体、高速公路、国道省道岸线、车站机场将贫困地区旅游宣传纳入重点帮助对象,对宣传收费进行不少于 20% 的优惠。在贫困地区旅游起步阶段,为凝聚人气,建议鼓励推行公益旅行,策划实施旅游扶贫公益旅行活动,组织对口帮扶单位和游客开展消费式扶贫活动。

三、环卫养护

　　旅游业是与环境密切相关的行业。环境卫生是旅游业生存和可持续发展的基本前提。环卫养护,包括生态环境保护和社区卫生维护。生态环境具有珍稀性、唯一性、不可再生性,一旦遭到破坏,就难以恢复。旅游虽是无烟工业,但是无序开发和过度利用也将导致生态环境恶化,旅游产业也必将失去生存之本。当前,国内外不少景区都面临旅游生态环境问题,不同程度地出现了旅游环境质量的恶化和旅游资源的浪费。贫困地区的一大优势就是资源破坏少,如果在开发的过程中造成破坏,等于是一边开发一边在削弱优势,必将导致形成贫穷—开发—破坏—更贫穷的恶性循环。旅游扶贫的生态环境风险主要来自旅游项目建设、旅游区的规划与管理、旅游者的旅游活动以及因挤占当地居民的生存空间和生活资源而间接造成的环境影响。① 因此,在旅游扶贫开发过程中要注重环卫养护,树立"保护优先""注重维护""合理开发"的理念,坚持"在保护中开发、在开发中保护"的原则,做到保护、养护和开发利用的协调统一,建设生态文明。

　　在旅游扶贫开发中,全省各地应紧紧围绕"秀美江西,美丽中国"的建设目标,加强对贫困地区农村环境卫生的维护和管理。第一,制定相关机制,加大对贫困地区环卫管理的资金投入,完善环卫设施,壮大农村环卫工人队伍。当前,垃圾处理系统不健全,广大农村地区环保意识比较单薄,不可降解的塑料垃圾司空见惯,白色污染普遍严重,给景观和环境带来很大破坏,也直接影

---

① 程建平:《旅游扶贫开发的两难选择及对策研究》,《河南师范大学学报》2008 年第 35 卷第 2 期。

响了旅游目的地的形象和旅游产业的可持续发展。第二,严格控制高污染、高排放的工矿企业进驻扶贫地区的旅游开发区域。贫困地区良好的自然生态是旅游业赖以生存的基础。在旅游开发区域周边应有良好的生态涵养带,而不能有高污染、高排放的工矿企业,否则,优质的旅游资源将会变成一片废墟。第三,对旅游扶贫地核心区域实行全面封山育林,做到植被不被破坏,水源不被污染。美丽乡村婺源的环境保护就是值得借鉴的成功案例。为保护良好的生态环境,婺源县高标准实施了造林绿化、"十年禁伐阔叶林"、封山育林等为重点的绿化工程,不断提高森林覆盖率,优化全县生态大环境。全县实施水体生态保护工程,严厉打击炸鱼、毒鱼、电鱼的行为,切实保护水体生态;依法规范河道采砂,做到限地段、限季节、限量开采。多年的保护措施使得如今的婺源于处处青山绿水间掩映着粉墙黛瓦,生态环境非常优美。第四,在旅游项目建设过程中,及时对因施工对原生态环境造成短暂破坏的项目所在的山体、森林、湖泊与湿地等进行修复。在旅游项目施工建设过程中,不可避免地会对山体、湖泊等生态环境造成破坏,若不及时修复,带来的破坏就是毁灭性的,对项目所在地将造成很大的负面影响。第五,在旅游扶贫开发过程中,探索建立"有偿开发利用、有偿使用"的制度和"谁开发谁保护、谁破坏谁恢复、谁利用谁补偿"的生态补偿机制,强化资源的有偿使用和污染者付费政策。第六,推行低碳旅游,研究制定绿色消费、绿色开发等奖励措施,对已取得成绩的绿色旅游行为提供合理的奖励和资金补助,确保绿色旅游在经济上能持续发展。低碳旅游是在低碳经济的大背景下产生的一种新的旅游形式,是一种以低能耗、低污染为基础的绿色旅游,要求在旅游过程中通过食、住、行、游、购、娱每一个环节来体现节约能源、降低污染的理念,是旅游业持续发展的目标。[①] 在旅游扶贫中推行低碳旅游,提倡绿色消费,将能实现资源利用的高效低耗和对环境的损害最小化,走出一条经济发展与环境保护双赢的可持续发展之路。

四、体制创新

旅游扶贫工作领导和协调体制是直接影响产业发展效率的关键因素。好的管理体制是旅游产业高效运行的保障。旅游扶贫既是旅游开发工作的组成

---

① 邓运员等:《基于低碳旅游战略的环境教育实施策略》,《衡阳师范学院学报》2012 年第 33 期。

部分,又是国家产业扶贫的重要内容,是旅游部门和扶贫办的一项长期合作任务。此外,由于旅游产业关联性强、涉及面广,因此旅游扶贫还涉及各级政府和众多相关部门。因此,旅游扶贫需要建立组织领导机构,需要推行管理体制和运行机制创新,确保各项工作顺利推进,落到实处。

针对江西省的实际和旅游扶贫工作的特殊性,本书课题组认为应从以下几个方面入手。第一,由省政府牵头成立江西省旅游扶贫工作协调小组指导和协调全省旅游扶贫工作。旅游、扶贫、发改、财政、国土、住建、农业、林业、水利、文化、税务、广电、交通、民宗等涉旅部门均为协调小组成员单位。协调小组的主要职责是综合协调和研究制定涉及旅游扶贫的政策、战略和规划,争取相关项目资金支持,研究部署重大活动和工作措施,协调解决旅游扶贫工作中存在的问题,统筹推进旅游扶贫区建设工作。第二,推进贫困地区旅游体制改革。引导贫困地区旅游景区要按照因地制宜、统一管理、责权一致、精简高效的原则,进一步理顺管理体制,合理设置管理机构,赋予相应管理职能。根据旅游相关资源的隶属关系,推动旅游与环境、建设、交通、农业、林业、水利、文化、体育、外事等管理部门合作,推进景区所有权、管理权和经营权相分离,探索旅游资源与产业的一体化管理。第三,积极发展行业协会,推动管理职能的市场化、社会化。理顺政府、行业组织和市场主体之间的关系,建立健全旅游行业协会管理体系,逐步实行管办分离、政会分开,提升在市场主体和政府之间的协调、维权、自律和服务职能。第四,实行旅游扶贫绩效考核。制定推进全省旅游扶贫工作的若干意见,并将意见中的主要目标任务分解落实到各相关单位和部门,实行跟踪督导制,分年度考核。在进行省、市两级的年度考核时,对重点旅游扶贫县(市、区)加强旅游产业发展引导,实行差别化考核政策,对旅游扶贫工作优异的市(县、区)给予表彰奖励。

第八章

创建以红色旅游为主体的赣南国家旅游扶贫试验区构想

    旅游扶贫试验区是根据党中央、国务院关于帮助贫困地区脱贫致富的伟大战略决策和全国旅游发展工作会议关于在全国"规划建设一批旅游扶贫试验区,在旅游资源丰富的贫困地区,通过发展旅游业培育特色产业,带动贫困地区群众脱贫致富"的精神,在全国一些旅游资源丰富、尚未脱贫的地区尝试发展旅游业,实现脱贫致富的一种探索。[1] 2012 年 7 月,国务院扶贫办和国家旅游局签署了合作框架协议,以期通过两部门的合作,在部分旅游资源丰富的贫困地区,合理开发和积极利用旅游资源,以加强政策引导、资金支持、人员培训等为主要手段,形成更加稳定有效的工作机制,共同探索新时期旅游扶贫新模式。创建旅游扶贫试验区是旅游扶贫开发的重要形式之一,是旅游资源丰富的贫困地区扶贫开发的重要创新举措,将为贫困区域全面发展带来新的机遇。

    赣州,俗称赣南,属于罗霄山连片特殊困难地区的重要区域范围,是原中央苏区的重要组成部分,拥有丰富多样的旅游资源,其中红色旅游资源的数量和品级非常突出。2013 年 3 月,国家旅游局、国务院扶贫办正式批复同意在江西省赣州市设立"国家旅游扶贫试验区",并要求试验区积极发挥资源优势,探索建立旅游扶贫开发新模式。基于此,根据我国旅游扶贫试验区的发展经验,提出创建以红色旅游为主体的赣南旅游扶贫试验区的构想,对创建背

---

[1] 白凤峥、李江生:《旅游扶贫试验区管理模式研究》,《经济问题》2002 年第 9 期。

景、依据、条件等进行深入分析,对创建内容、开发措施、政策保障、实施步骤等提出具体思路。

第一节　赣南国家旅游扶贫试验区的创建背景

一、我国旅游扶贫试验区发展现状

旅游扶贫试验区是在一些旅游资源丰富的贫困地区,通过发展旅游业带动当地群众脱贫致富的一种有益探索。从目前各地发展的现状来看,从 2000 年我国首个国家级旅游扶贫试验区项目——宁夏六盘山旅游扶贫试验区创建以来,云南、贵州、广东、新疆、四川、西藏、湖南、湖北、河南、陕西、山西等地,都相继创建了一大批国家级和省级旅游扶贫试验区,在政策、资金、培训、建设等方面给予支持,有效地促进了贫困群众整体脱贫致富,实现了当地社会经济又好又快发展,积累了大量旅游扶贫试验区的建设经验。以下简要介绍部分地区旅游扶贫试验区的概况。

(一)宁夏六盘山旅游扶贫试验区

我国第一个国家级旅游扶贫试验区——宁夏回族自治区六盘山旅游扶贫试验区于 2000 年 4 月经国家旅游局批准成立,2000 年 8 月 8 日正式挂牌成立。试验区地处宁夏南部山区,辖区有原州区和西吉、海原、泾原、隆德、彭阳 5 县 1 区,地域范围涉及 21 个乡镇,景区面积 160 平方千米,覆盖人口 40 万,其中回族占 57%,贫困人口占 9%,是国家级贫困地区。按照人均年收入 580 元的标准,到 2000 年年底,这里尚未解决温饱的人口还有 527 万,占该辖区总人口的 37%,远远高于全国平均水平。试验区的中心区有泾河源旅游区、白云寺旅游区和六盘山红军长征纪念馆等,总面积 70 平方千米,开发形成了"红绿六盘·文化固原"为主题的固原旅游整体形象,推出了"高原绿岛""长征圣山""丝路重镇""回乡风情"四大旅游品牌,以及"清凉六盘消夏游""长征圣山体验游""丝路重镇文化游""回乡风情探秘游"等旅游产品。试验区建立以来,固原市接待游客人数和旅游社会总收入每年以 20% 的速度递增。2011 年接待游客 170 万人次,旅游社会总收入 6.3 亿元。全市现有旅行社 11 家,三星级宾馆 4 家,四星级宾馆 1 家,旅游专门从业人员千余人。旅游业已成为固原市的支柱产业之一,试验区也成为宁夏最具发展潜力的旅游区之一,成为宁夏打造西部独具特色的旅游目的地的重要组成部分。

但总体来看,由于当地和自治区财政紧张,各级政府投入仍然有限,六盘山旅游扶贫试验区的发展相对缓慢,旅游资源优势未完全释放,转化为经济优势的步伐仍然缓慢。六盘山旅游扶贫试验区首先亟须对试验区发展重新规划,国家旅游局等有关部委应对六盘山旅游扶贫试验区的建设予以持续指导、提升、总结,以明确试验区今后的发展方向和具体的支持项目;其次建立扶持六盘山旅游扶贫试验区发展长效机制,国家、自治区政府每年安排专项资金帮助试验区加快旅游基础设施建设速度,完善服务设施,提升旅游区档次;最后加快旅游营销人才培训,建议有关部门每年能安排一定的旅游发展专项资金专门用于试验区各旅游景区的宣传营销、人才培养,以进一步推动试验区发展。

(二)河北平山国家旅游扶贫试验区

河北平山县作为一个革命老区,由于在发展旅游业方面具有得天独厚的优势,2002 年 11 月被列为国家旅游扶贫试验区。平山县地处山区,俗有"八山一水一分田"之称,耕地少,经济基础差,群众生活总体上还相当困难。但是,该县地处太行山东麓,山川众多,拥有革命纪念地西柏坡、道教名山天桂山、避暑胜地驼梁、中山国都城遗址等国家、省、市三级文物保护单位及 500 多处自然景观,旅游年收入超过了 2000 万元,旅游业已成为带动该县经济发展的一大主导产业。然而,由于接待、交通、电力、通信等基础设施严重落后,平山县旅游资源的巨大潜力还没能充分发挥出来。鉴于此,国家作出了进一步加快旅游业发展,以及建设国家旅游扶贫试验区的决定,希望通过在政策和资金等方面的支持,使具有丰富旅游资源的贫困地区通过发展旅游业早日摆脱贫困。

(三)河北阜平国家旅游扶贫试验区

2013 年 7 月 5 日,国家旅游局在河北省阜平县天生桥瀑布群景区召开阜平旅游扶贫工作现场会,并举行了阜平"国家旅游扶贫试验区"授牌仪式。阜平是著名革命老区,也是太行山深山区,红色旅游和生态旅游资源丰富,目前拥有晋察冀边区革命纪念馆、天生桥瀑布群两个国家 AAAA 级景区。同时,阜平也是燕山—太行山片区特困地区,全县贫困人口主要集中在自然生态好、适合发展旅游的深山区。按照"宜游则游"的扶贫原则,国家旅游局和国务院扶贫办共同确定阜平县为"国家旅游扶贫试验区"。在现场会上,国家旅游局相关部门负责人表示,针对阜平旅游扶贫工作,国家将给予政策支持,并建立相应的旅游扶贫工作机制,重点支持阜平旅游公共服务设施和重点景区的建设;打造龙头景区,支持重点景区的品牌提升和建设;大力发展乡村旅游,充分调动百姓旅游致富的积极性。

(四)内蒙古阿尔山国家旅游扶贫试验区

阿尔山市于2013年11月8日被列为国家旅游扶贫试验区,是内蒙古自治区首个国家旅游扶贫试验区。阿尔山地处大兴安岭南麓山区,是国家扶贫开发工作重点地区,现有贫困人口1.4万人。受自然、历史、地理、经济、社会等诸多因素影响,阿尔山虽延缓了发展进程,却保护了生态资源,留下了青山绿水,孕育出了发展生态旅游的独特优势。2012年,国家作出了进一步加快旅游业发展,以及建设国家旅游扶贫试验区的决定;2013年,国务院根据阿尔山市的旅游资源优势确定国家旅游局对口帮扶阿尔山市,内蒙古自治区决定开展省级领导对口帮扶。目前,国家旅游局已同意安排近1000万元资金,其中280万元作为《阿尔山市旅游产业扶贫行动规划(2013—2018)》的编制费用、500万元用于阿尔山地区旅游项目开发建设,另外内蒙古自治区旅游局将给予阿尔山市游客集散中心项目200万元资金支持。同时,国家旅游局还将帮助阿尔山市开展边境旅游,线路已得到预受理;并协助阿尔山市在北京举行旅游推介会。

(五)其他

此外,云南、贵州、广东、新疆、四川、西藏、湖南、湖北、河南、陕西、山西等地,都相继计划创建一大批国家级和省级旅游扶贫试验区。例如,四川的秦巴山区、乌蒙山区、大小凉山彝区、高原藏区,将共同设立旅游扶贫试验区,让当地老百姓端上旅游饭碗,推进贫困地区跨越发展;重庆巫溪依托优势旅游资源,以扶贫开发为统揽,以旅游发展为载体,实现深度融合,力争到2016年将重庆巫溪建设成为秦巴山区旅游扶贫试验区,打造国家级旅游扶贫示范精品。

二、赣州创建国家旅游扶贫试验区背景

(一)区域背景

赣州位于江西南部,俗称赣南,是著名的革命老区,是土地革命战争时期中央革命根据地的主体和全国苏维埃运动的核心,是毛泽东思想的重要形成

地、苏区精神的发源地。毛泽东等老一辈无产阶级革命家在这片红色的土地上,指挥了悲壮惨烈的五次反围剿,开展了轰轰烈烈的土地革命,进行了创建中华人民共和国的伟大预演。毛主席的称呼在这片土地上开始叫起,二万五千里长征从这块土地上起步,中华人民共和国从这片土地上走来。在艰苦卓绝的革命斗争中,赣南人民作出了重大贡献和巨大牺牲。在当年 240 万总人口中,参军参战的就有 93 万,仅有名有姓的烈士就达 10.82 万,分别占全国、江西省革命烈士的 7.5%、43.8%。

赣州所作的历史贡献是巨大的,但经济发展水平却与之形成了巨大的反差。由于战争创伤、自然条件、资源分配、基础设施、地理位置等原因,赣州经济发展与全国全省拉开了较大差距。赣州国土面积和人口分别占全国的 0.41% 和 0.68%,但经济总量和财政收入仅占全国的 0.28%、0.15%。2010 年人均生产总值、人均财政总收入分别只有全国平均水平的 44.7%、24.7%,城乡居民收入甚至比西部地区的平均水平还分别少 1186 元、210 元。与延安、遵义、百色、临沂、龙岩、黄冈等革命老区相比,赣州的经济增速和人均水平均处于较后的位置,甚至末位。到目前,仍有 8 个县属国家重点扶贫县,1119 个村属省级扶贫村。按国家最新的 2300 元的贫困线标准,全市贫困人口达 215.5 万人。贫困程度的深重使赣州市与全国同步建成小康的战略任务面临严峻挑战。

(二)资源基础

赣州的资源禀赋为设立旅游扶贫试验区提供了基础,交通等基础设施为设立旅游扶贫试验区创造了条件。在与赣州毗邻的四省九市中,基本都是革命老区、贫困地区、农村山区和旅游资源富集区。国务院之所以确定赣州为国家旅游扶贫试验区,就是要充分发挥旅游业在充分利用资源、保护生态环境、开展产业扶贫中的导向作用,在调整经济结构、转变经济发展方式中的引领作用,在创办旅游企业、解决贫困人口就业、增加贫困人群收入中的示范作用,从而促进人民整体脱贫致富奔小康。在赣州设立旅游扶贫试验区,不但能促进赣州本身的发展,还能通过赣州的有益尝试,凭借赣州的区位优势,辐射带动周边地区,并为全国的旅游扶贫提供经验。

(三)原中央苏区振兴战略

党中央、国务院对赣南等原中央苏区的发展十分关心,2012 年新年伊始,就派出由中央 42 个部委组成的联合调查组,深入赣南等原中央苏区,对其经济和社会发展现状进行了全面深入的调研,出台了《国务院关于支持赣南等原中央苏区振兴发展的若干意见》,给予赣南等原中央苏区一系列优惠政策,并明确表态支持赣州市创办国家旅游扶贫试验区。2012 年 6 月 28 日,国务院正式出台《关于支持赣南等原中央苏区振兴发展的若干意见》(国发〔2012〕21 号),该文件明确提出"支持赣州、吉安创建国家旅游扶贫试验区"。2013 年 3 月,国家旅游局、国务院扶贫办正式批复同意在江西省赣州市设立"国家旅游扶贫试验区",并要求试验区积极发挥资源优势,探索建立旅游扶贫开发新模式。

第二节　创建赣南国家旅游扶贫试验区的试验依据

一、区域背景

赣州位于江西南部,俗称赣南。由于江西南部绝大部分隶属于赣州市,所以赣南基本等同于赣州。赣州下辖章贡区、南康市、瑞金市、赣县、信丰县、大余县、上犹县、崇义县、安远县、龙南县、定南县、全南县、兴国县、宁都县、于都县、会昌县、寻乌县、石城县 1 区 2 市 15 县,总人口约 900 万,约占江西总人口的五分之一,土地面积 3.94 万平方千米,约占江西土地面积的四分之一。

赣州市是国家历史文化名城,是赣南政治、经济、文化中心,是江西南大门,被誉为"宋代历史博物馆"。赣南人文荟萃,文化底蕴丰厚,五千年前就有先民在此生息繁衍。该地区具有浓厚的客家文化,建有"客家文化城",全境通行客家话和赣州话。同时,赣南地区还是著名的红色革命老区,20 世纪 30 年代初,毛泽东、周恩来、朱德、邓小平等中华人民共和国的缔造者曾在赣南战斗生活过,并在瑞金创建了中华苏维埃临时中央政府。赣州因此被称为"红色故都""共和国摇篮"。工农红军从瑞金、于都等地出发进行了震惊世界的二万五千里长征。兴国县是著名的将军县,当年有 80% 的青壮年参加工农红军,其中有近 30% 的人为国捐躯。红色旅游资源广泛分布于赣南大部分县(市、区)。

二、基本条件

(一)贫困程度

由于地理区位和历史发展等方面的原因,赣南广大地区仍属于贫困地区,是全国较大的集中连片特殊困难地区之一,人均经济总量低、地方财政薄弱、群众增收缓慢、生态环境脆弱、自我发展能力不足等问题仍未得到根本性改变,贫困落后依然是赣南面临的严峻问题。2012年,江西省有国家级贫困县21个,其中赣南有8个,占全省总数的38%,兴国、宁都、于都、安远、会昌、上犹、寻乌、赣县、石城、瑞金、南康11县市已划入罗霄山特困片区和江西省特困连片地区,是国家扶贫重点区域。

(二)资源条件

众所周知,任何旅游活动的产生、发展都是以旅游资源为基础的,资源品位和等级在很大程度上决定了一地旅游活动发展的速度和规模。赣南人文荟萃、文化底蕴丰厚、自然生态优良,并且是著名的红色革命老区,红色旅游资源具有极好的品牌优势,具有丰富的旅游资源。

——红色资源多。以毛泽东为首的老一辈无产阶级革命家在赣南领导了气吞山河的革命斗争,留下了一串串可歌可泣的故事和许多光辉的著作和诗篇。赣南是中央苏区精神孕育地,是毛泽东思想主要发祥地,是我人民军队成长壮大的摇篮,是五次反围剿的主战场,是南方红军三年游击战争的中心领域,是新四军的红色源头之一。作为原中央苏区的核心,赣南红色旅游资源十分丰富,是全国12大重点红色旅游区、30条红色旅游精品线路和100个红色旅游景点景区之一。赣南红色旅游资源有数量众多、品位较高、分布广泛、内涵丰富等特点。从数量上看,赣南有国家重点文物保护单位4处53个点:瑞金革命遗址,包括中共苏区中央局旧址、中华苏维埃共和国临时中央政府旧址、红井等33个点;宁都革命遗址,包括宁都起义总指挥部旧址1个点;兴国革命旧址,包括土地革命干部训练班旧址、长冈乡调查旧址等5个点;于都中央红军长征出发地旧址,包括中央红军长征渡口、毛泽东长征前夕旧居等14个点。有省级重点文物保护单位23处:瑞金4处、会昌2处、寻乌1处、信丰1处、宁都5处、兴国7处、于都3处。还有不少县、市级重点文物保护单位。

——类型互补强。赣南不仅拥有数量丰富、品位较高的红色旅游资源,同时其自然景观、客家文化、宋城文化、温泉资源、生态农业等旅游资源数量丰富、品级较高,红色旅游资源与其他类型旅游资源互补性强。

——范围分布广。在赣南境内,风光秀丽、生态优越,具有优良的自然风光与生态环境基础,在其18个县、市、区均广泛分布有各种特色旅游资源,尤其是红色旅游资源广泛分布于各县、市、区中。

总体而言,赣南地区拥有丰富、高品位的旅游资源,尤以红色旅游资源突出,具备创建红色旅游扶贫试验区的资源条件。

（三）区位条件

——交通区位。近年来,赣南地区对外交通网络体系逐步完善,赣州黄金机场为4C级机场,以京九铁路、赣龙铁路、赣龙铁路、赣韶铁路(在建)、鹰瑞铁路(在建)组成的铁路网络体系,以赣粤高速、蓉厦高速、赣韶高速、鹰瑞高速、瑞赣高速、赣大高速、石吉高速和105、323、319、206国道为骨架通达四面八方的公路网络体系,已形成以航空、铁路、高速公路为主的立体交通网络体系,交通区位优势日益凸显;同时,未来将对铁路、公路、航空系统不断升级,赣南将成为真正的珠江三角洲、闽东南三角区的直接腹地和内地通往东南沿海的重要通道。

——客源区位。在立体交通网络体系逐步完善的基础上,赣南已发展成为中国东南沿海经济发达区的3~5小时经济圈范围之内,珠三角、闽三角、港澳台等我国重要客源地通往赣南各旅游目的地的通达性更加便利;同时,长株潭城市群、大南昌都市圈等内陆主要客源市场与赣南的通达性也极大提高,赣南的客源区位优势逐渐显现。

——资源区位。在对外交通网络体系逐步完善的基础上,赣南区内交通网络体系正逐步建立。一方面,随着众多与交通干线连接的支线和一批旅游公路的建成,各县市景区(点)的可进入性提高;另一方面,随着区域旅游产品体系的不断完善,区内各重要景区(点)间的通达也更加便利。

总之,赣南正从历史上的"边缘区"逐渐转变成为江西对接沿海发达地区的窗口,外部的可进入性和内部的互通性正逐步提高,已具备创建旅游扶贫试验区的区位条件。

（四）产业条件

赣南旅游产业得到长足发展:2011年,赣州共接待旅游者1764.77万人次,同比增长26%,旅游总收入135.7亿元,同比增长40.8%;全市成功创建AAAA级旅游景区15处、AAA级旅游景区3处,申报省AAAA级乡村旅游点8处,基本形成了以观光游览为主,包括休闲度假、康疗保健、文化旅游等多元化的旅游产品结构体系;成功创评星级饭店53家(四星级12家,五星级1家),有旅行社65家,其中出境游组团社1家,三星级旅行社10家,培养导游人员1600余人,旅游从业人员超万人。已形成红色旅游、客家旅游、宋城旅游、温泉旅游、生态旅游等著名旅游品牌,旅游产业体系正逐渐完善。在产业规模上,赣南已经拥有了以"红都"瑞金为代表的一批在国内外具有知名度的比较成熟的景区,旅游产品日臻成熟,景区开发经营、旅游住宿餐饮、旅游商品产销、旅行社、旅游交通、旅游文娱等旅游产业体系逐步完善,并形成了具有一定规模的企业集团;旅游从业人员队伍不断壮大;旅游经营管理和服务水平不断提高。初具规模的产业体系成为赣南创建红色旅游扶贫试验区的重要支撑。

(五)政策条件

首先,从国家层面看,旅游扶贫是国家扶贫开发战略的重要组成部分。2011年12月下发的《中国农村扶贫开发纲要(2011—2020年)》明确提出,要充分发挥贫困地区生态环境和自然资源优势,培植壮大特色支柱产业,大力推进旅游扶贫,促进产业结构调整,带动和帮助贫困农户发展生产。2012年6月28日,国务院在《关于支持赣南等原中央苏区振兴发展的若干意见》中明确提出,支持赣州创建国家旅游扶贫试验区。

其次,从地方层面上看,旅游扶贫是地方政府历来高度重视的工作。赣南既是江西红色旅游资源的主要集聚地,又是罗霄山连片特困地区的集中地,江西省委、省政府历来高度重视旅游和扶贫工作。在2009年7月出台的《关于加快旅游产业大省建设的若干意见》中,省委、省政府提出发展旅游产业应与扶贫开发结合起来,加大导向性投入。在2013年10月出台的《关于推进旅游强省建设的意见》中,省委、省政府明确指出:"以建设赣州、吉安国家旅游扶贫试验区为重点,把赣南等原中央苏区尤其是井冈山、瑞金、兴国、于都、永新、遂川、青原建设成为全国领先的红色旅游目的地、红色旅游示范区。推进罗霄山脉片区旅游扶贫开发。"《江西省农村扶贫开发纲要(2011—2020年)》特别提出旅游扶贫问题,"挖掘贫困地区旅游资源,发挥江西省毗邻沿海发达地区区位条件,围绕'红色摇篮·绿色家园·观光度假休闲旅游胜地'的总体定位,加快旅游服务产业发展,拓展贫困地区群众增收的新途径。"

另外,红色旅游是江西省旅游业发展的主方向之一,在2006年5月出台的《关于大力发展红色旅游的若干意见》中,省委、省政府明确提出:"在红色旅游景区乡村公路建设、村镇规划建设、扶贫开发等专项资金的安排使用,应尽可能与发展红色旅游结合起来。"因此,创建赣南创建红色旅游扶贫试验区是落实省委、省政府政策精神的体现。

(六)经验优势

首先,旅游扶贫作为一种专项的扶贫方式,国内各地已经积累了较多经验。从政府层面"旅游扶贫试验区"概念的提出到旅游扶贫成为举国上下积极探索的新型扶贫模式,从首个国家级旅游扶贫试验区——宁夏六盘山旅游扶贫试验区的批准设立到各地旅游扶贫项目的纷纷上马,旅游扶贫已经成为目前政界、学界、业界热议的重要课题。因此,赣南创建红色旅游扶贫试验区可供借鉴的前期经验较多。

其次,省内乡村游、生态游发展迅速,旅游扶贫的效益已经凸显。旅游业是解决就业、增加城乡居民收入的重要渠道,是拉动经济增长的重要增长点,旅游业尤其是乡村游、生态游具有极强的扶贫带动作用。实践证明,旅游已经成为江西省各贫困地区脱贫致富的有效途径之一,为赣南旅游扶贫工作的进一步开展积累了丰富的经验。

最后,红色旅游已经成为赣南的名片。赣州被誉为"红色故都",被国家旅游局和全国红办列为全国 12 大重点红色旅游区、30 条红色旅游精品线路和 100 个红色旅游经典景区之一。近些年来,赣南红色旅游蓬勃发展,在发挥其教育功能的同时,扶贫功能也备受重视。红色旅游开发在促进老区农村发展、转移农村剩余劳动力、带动农民增收、促进农村基础设施改善等方面已经取得了显著成效。如赣南瑞金,以红色旅游驱动传统村镇发展的模式,使当地的经济状况及人民生活有了显著的改观,体现了很好的扶贫效果。

综上所述,创建赣南国家旅游扶贫试验区,具备资源、区位、产业、政策等基本条件,同时具有国内外旅游试验区的经验借鉴,既符合国家政策战略导向,又与地方的发展举措相吻合。

三、范围界定

赣南全境均分布有红色旅游资源,因此以红色旅游为主体的赣南国家旅游扶贫试验区的范围,为江西省赣州市行政区划范围,下辖 1 区 2 市 15 县(章贡区,南康市、瑞金市,赣县、信丰县、大余县、上犹县、崇义县、安远县、龙南县、定南县、全南县、兴国县、宁都县、于都县、会昌县、寻乌县、石城县),面积约3.94 万平方千米,总人口约 900 万人。其中以赣州市区为核心,以兴国、宁都、于都、安远、会昌、上犹、寻乌、赣县、石城、瑞金等国家级贫困县和红色旅游资源突出的 10 个县为试验区中心区。

第三节　创建赣南国家旅游扶贫试验区的示范价值

"消除贫困"是 21 世纪人类发展不遗余力的奋斗目标。中国是世界上人口最多的国家,也是贫困人口最多的国家之一。赣南作为原中央苏区的核心区,是国家扶贫的重点区域,创建赣南国家旅游扶贫试验区,在多个层面都具有代表性、典型性。赣南在旅游扶贫的众多领域进行"先行先试、积极示范",将为全国其他贫困地区提供积极有益的扶贫经验,具有重要的示范价值。

一、区域扶贫模式的示范

我国作为世界上贫困人口最多的国家之一,区域扶贫工作的任务仍然十分艰巨,区域扶贫模式有待深入探讨和实践。针对赣南贫困片区,创建赣南国家旅游扶贫试验区,将为旅游扶贫模式在区域扶贫领域的实践进行深入探索和验证,为我国区域扶贫在旅游扶贫模式方面提供示范性借鉴经验;另一方面,赣南国家旅游扶贫试验区是在借鉴国内已有旅游扶贫试验区经验的基础上,以红色旅游为主体创建的特色旅游扶贫试验区,它将是我国首个红色旅游扶贫试验区,而且在众多领域进行了创新,对旅游扶贫试验区的创建进行了有效和积极的探索,对形成旅游扶贫模式具有示范性意义。

二、旅游扶贫方式的示范

赣南国家旅游扶贫试验区将采用旅游扶贫试验区的旅游扶贫模式,并在此框架下,针对试验区内各扶贫对象的不同情况,采取有针对性的旅游扶贫方式。首先,在旅游开发方式方面,主要以红色旅游开发为主,同时结合不同地区的资源特色,有针对性地选择客家文化、生态农业、科技农业、自然山水、温泉、户外基地等进行旅游产品开发;其次,在扶贫方式上,结合旅游扶贫,有针对性地选择人才、智力、资金、市场、政策扶贫等方式。在对旅游扶贫和扶贫方式创新和选择方面,赣南国家旅游试验区的创建具有示范性意义。

三、旅游发展方式的示范

首先,我国红色旅游仍存在产品体验性、参与性不足等问题,"被动式参与"的问题仍较突出,赣南国家旅游扶贫试验区的创建,将在红色旅游产品深度开发及其与生态旅游、乡村旅游、文化旅游等其他类型旅游产品组合开发方面进行积极探索,这将对红色旅游的可持续发展进行有益尝试,并提供示范借鉴;另外,赣南国家旅游扶贫试验区的创建,将红色旅游和其他类型旅游开发与区域扶贫有机结合,为旅游发展方式提供示范性的借鉴经验。

四、和谐社会发展的示范

赣南国家旅游扶贫试验区的扶贫对象主要是农村地区的贫困人口,最终目标是增加人均收入、提高人口素质、改善人居环境,这符合我国和谐社会发展的战略目标,对我国和谐社会发展具有示范性意义。

第四节　赣南国家旅游试验区的总体战略设计

本节主要通过对创建赣南国家旅游扶贫试验区的指导思想、建设目标、主要任务的阐述,回答"试验什么"的问题。

一、指导思想

紧紧围绕《关于支持赣南等原中央苏区振兴发展的若干意见》,推进加快发展、转型发展,建设创业、宜居、平安、生态、幸福赣州的战略目标,立足赣南苏区振兴发展的新起点,充分发挥旅游业在保增长、扩内需、调结构等方面的积极作用,把红色旅游扶贫作为实现脱贫致富的重要动力,坚持统筹城乡发展,坚持转变经济发展方式,积极探索实践旅游扶贫的新模式、新途径、新手段,努力走出一条欠发达地区实现跨越式发展的新路子,实现旅游业发展和扶贫开发工作的新突破,将旅游业培育成赣州强市富民的重要支柱产业、惠及全民的幸福产业、扶贫开发的引领性产业,将旅游扶贫作为开发式扶贫的主要抓手,以带动赣南苏区群众脱贫致富,促进赣南苏区经济社会跨越式发展,努力走出一条欠发达地区实现跨越式发展的新路子,确保赣南人民与全国人民同步全面建成小康社会。

二、建设目标

(一)总体目标

以旅游扶贫试验区创建为主要模式,以红色旅游扶贫开发为主要方式,将赣南建设成"全国革命老区扶贫攻坚示范区""红色文化传承创新区""和谐社会发展示范区"三区一体的红色旅游扶贫试验区,为其他类似区域的扶贫开发提供示范性样板。

(二)具体目标

——增加人均收入。通过让居民直接或间接参与旅游经营与就业,增加当地居民经济收入,这是旅游扶贫的终极目标。

——提高人口素质。通过教育培训提高贫困人口的脱贫技能,变"输血"为"造血",提高贫困人口的综合素质。

——改善人居环境。通过旅游开发,改善卫生环境、保护生态环境、传承传统文化,全面改善贫困地区人居环境。

——传承红色文化。通过创新红色旅游发展方式,变"被动式接受红色精神教育"为"主动式参与红色文化活动"。

三、遵循原则

(一)坚持政府引导

变目前"政府主导"式的旅游扶贫体制为"政府引导"式的管理体制和运行机制,建立政府各职能部门引导下的由企业、社区等非政府组织共同参与的旅游扶贫体制,正确处理好政府引导与资源配置的关系,正确发挥政府的功能,充分发挥非政府组织的作用。政府仅在政策、资金、规划等方面发挥主导作用,其他具体工作应充分放权于企业、社区等非政府组织负责实施,政府仅发挥其引导作用。切实将"政府主导"式管理体制转变为"政府引导"式管理体制。

(二)坚持社区参与

旅游扶贫的根本目的在于使贫困人口脱贫和发展,故而贫困人口如何在旅游发展中受益和获得发展机会是旅游扶贫必须关注的重大问题。同时,旅游扶贫试验区是在一定的社区范围内进行开发和建设的,社区是旅游扶贫试验区建设的基础保障。试验区的建设只有获得社区的大力支持和齐心配合,才能持续、健康、顺利地发展下去,并实现带动贫困地区脱贫致富的目的。另外,从旅游扶贫开发的角度来看,社区居民既是旅游扶贫的对象,又是旅游扶贫的生力军,因为他们对当地自然历史和文化资源最熟悉、关系最密切,参与到旅游服务中,渲染的是原汁原味的红色文化、乡土文化,能为游客增添亲切感、新鲜感,从而增强旅游吸引力。因此,赣南国家旅游扶贫试验区建设强调社区居民参与,这既是扶贫的需要,也是文化传承和旅游业本身发展的需要。

(三)注重扶贫效益

旅游扶贫的实现方式是借助贫困地区的旅游资源、渴求脱贫的积极性和丰富的劳动力资源等内在因素,通过兴办旅游经济实体,实现贫困地区居民和地方财政的脱贫致富。赣南旅游扶贫不是单纯的救济的"输血"式脱贫,如何形成"输血"型扶贫与"造血"型扶贫相结合的有效途径,需要大胆探索、勇于实践。因此,赣南国家旅游扶贫试验区建设要特别注重扶贫效益,要使赣南贫困地区在外界帮扶下,在更大范围内和更高层次上依赖贫困地区的自我寻求发展。在试验区建设过程中,要始终关注民生问题,把带动赣南贫困地区的农户增收、脱贫致富作为主旨纳入试验区整体政策体系,并贯穿于整个扶贫活动过程;"扶"是为了今后更好地"走",要切实做到开发一处、见效一处、受益一处,使赣南贫困地区百姓在旅游开发中得到实惠,真正走上脱贫致富之路。

(四)注重环境保护

提升生态环境质量,切实保障我国南方地区的生态安全,是中央提出的要求。当前,江西旅游开发正步入快车道,赣南旅游业发展迎来了难得的历史机遇。但越是面临发展的重大机遇,越要清醒地认识到自然资源和生态环境是旅游业活动的前提条件,资源开发与生态环境之间的协调统一、互为补充是旅游业可持续发展的基本要求。实施旅游扶贫攻坚,固然要以经济效益为中心,加速赣南当地农民脱贫致富,但与此同时,还须从整体角度、长远角度考虑旅游开发与自然环境的协调并进,实现旅游的可持续发展。贫困地区人们脱贫心切,有可能会出现急功近利、不考虑自然资源与环境保护问题的掠夺式开发,反映在规划中,表现为数量指标、利润最大化等经营性设计思想充斥其中,而并非设定多个层级目标、追求综合效益;反映在实践中,表现为在扶贫开发的过程中竭泽而渔,将环境保护置于一种可有可无的位置,以牺牲自然资源为代价换取经济发展。因而,在赣南国家旅游扶贫试验区建设过程中,要因势利导,依照自然法则行事,寻求旅游与自然、文化和人类生存环境的协调发展,实现经济目标与社会目标、生态目标的和谐统一。

四、主要任务

为实现赣南国家旅游扶贫试验区的建设目标,重点要做好以下四方面工作:

第一,切实避免政府集权,放权予非政府组织。切实避免政府"大包大揽",明确政府组织的引导功能。政府仅在宏观上负责政策制定、资金扶持、区域规划等方面的工作,为避免权力过于集中,企业经营、项目开发、设施建设等具体工作应充分放权予企业、社区等非政府组织负责实施,政府仅发挥其引导作用。

第二,改革旅游扶贫体制,建立长效运行机制。变目前"政府主导"式的旅游扶贫体制为"政府引导"式的管理体制和运行机制,建立政府各职能部门引导下的由企业、社区等非政府组织共同参与的旅游扶贫体制,正确处理好政府引导与资源配置的关系,正确发挥政府的功能,充分发挥非政府组织的作用。

第三,完善旅游扶贫模式,创新旅游扶贫方式。在借鉴已有旅游扶贫试验区发展经验的基础上,通过创建赣南国家旅游扶贫试验区,以红色旅游扶贫开发方式为主,一方面有针对性地进行乡村旅游、文化旅游、自驾旅游等开发,另一方面发挥附近著名景区(点)的带动作用,以达到"完善旅游扶贫模式、创新旅游扶贫方式"的目标。

第四,以红色旅游为主体,加强产业集群建设。试验区以扶贫开发为目标,以红色旅游开发为主体,与生态旅游、客家文化旅游、温泉旅游等其他类型旅游开发结合起来,并充分融合农业、林业、文化、休闲等相关产业,加强旅游产业集群建设,促进旅游产业整体发展,带动其他产业共同发展;另一方面,通过经济发达地区和旅游发达地区带动贫困地区发展,促进区域协调发展。

第五节　赣南国家旅游扶贫试验区的
发展模式构想

本节以"贫困人口"扶贫为核心,围绕建设目标,针对上述四大主要任务,提出具体创建措施,即回答"如何试验"的问题。

一、构建旅游扶贫新模式

赣南国家旅游扶贫试验区的创建,借鉴了宁夏六盘山、广东、广西等旅游扶贫试验区的发展经验,针对旅游扶贫试验区模式存在的体制缺乏实际效率、机制缺乏长效性、扶贫绩效受益面窄等问题,根据赣南的特点,在体制、机制、方式等方面进行创新,具体表现在下文所述的具体举措方面。

二、制定有效的管理体制

成立赣南国家旅游扶贫试验区开发建设工作小组,负责试验区的创建工作,规定工作小组仅在政策、资金、规划等方面发挥主导作用,其他诸如企业经营、项目开发、设施建设等具体工作,政府应避免权力过于集中,应充分放权予企业、社区等非政府组织负责实施,政府仅发挥其引导作用。切实将"政府主导"式管理体制转变为"政府引导"式管理体制。

三、建立长效的运行机制

赣南国家旅游扶贫试验区开发建设工作小组主要负责试验区的创建,在试验区验收后将取消。为保障试验区的稳定运行,应在赣州市政府下设立赣南国家旅游扶贫试验区开发建设办公室,并配套制订相应的监管机制和运行机制,保证该体制按预期稳定长效地运行,在确定政府"主导"的工作内容基础上,正确发挥政府的"引导"功能,真正发挥非政府组织的"主导"功能,正确处理好政府引导与资源配置的关系。

四、多样化旅游扶贫方式

赣南国家旅游扶贫试验区应采取多样化的旅游扶贫方式,即根据各扶贫点的不同特征,应有针对性地采取相应的旅游扶贫方式,如资金相对缺乏地区主要采取资金扶贫方式,融资相对容易的地区采取政策扶贫方式,缺乏旅游从业人才的地区采取智力扶贫,旅游开发已初具规模的可采取市场扶贫的方式。

五、多元化旅游开发模式

针对不同地区应采取相适宜的红色旅游开发模式,如瑞金、兴国、宁都、于都等以红色旅游资源为主的地区,应采用红色旅游深度开发模式;安远、会昌、寻乌等红色旅游资源一般但其他旅游资源丰富的县,应采取红色旅游与乡村旅游、温泉旅游、山岳旅游结合的模式;赣县、上犹等红色旅游资源匮乏但其他旅游资源丰富且距离赣州市区较近的地区,应借助赣州市区市场的辐射力,重点发展农家乐、客家文化、原生态旅游。

六、改革设施建设模式

目前针对公路、码头、停车场、厕所等基础设施的建设,主要采用"政府主导""政府实际操办"的模式,这不利于资源的优化配置和项目的绩效提高。应突破现有模式,充分发挥社区、理事会以及其他非政府组织的作用,政府充分放权,做好引导工作。

七、创新市场营销方式

针对瑞金、兴国、宁都、于都等红色旅游资源丰富地区,应通过红色旅游产品的深度开发,加大台、港、澳及其他境外市场的开拓;安远、上犹、寻乌、会昌等红色旅游资源一般但山水生态旅游资源丰富的地区,应发挥生态旅游市场的带动作用,拓展休闲旅游客源;另外,可广泛采用志愿者旅游、市场对口旅游、赣州人游赣州等方式拓展旅游市场。

八、健全绩效监管机制

紧紧围绕旅游扶贫开发目标,建立健全绩效监管体制。具体包括:第一,监管的全时性,即旅游扶贫开发的全过程监管;第二,监管的全面性,即对旅游扶贫开发的社会、生态、经济三大效益进行全面监管,包括正面和负面的;第三,监管的时效性,即绩效监管的反馈要迅速,起到及时纠正的作用。

九、开展"十大旅游扶贫工程"

从硬件设施到软件设施建设,着力进行旅游扶贫开发工作,进行十大旅游扶贫工程建设:基础设施建设工程、红色旅游重点项目深度开发工程、旅游产品开发工程、乡村环卫美化工程、乡村旅游绿道开发工程、旅游商品开发工程、旅游扶贫营销工程、旅游扶贫融资工程、旅游扶贫人才工程、旅游扶贫信息化工程。

十、全面实施"十百千"乡村旅游工程

以重点旅游扶贫镇、扶贫村为主体,全面实施赣南旅游扶贫倍增计划,推动形成红色旅游、客家风情、生态休闲、特色农业、温泉旅游等主题功能区,打造一批有影响力的旅游扶贫示范点。系统实施旅游扶贫"十百千"工程,创建10个旅游扶贫示范乡(镇)、100个红色旅游扶贫示范村、1000个旅游扶贫微小企业(农家乐、渔家乐、林家乐、牧家乐等),形成"以点连线,点线成面,点线面结合"和"一镇一特色、一村一景观"的旅游扶贫开发格局。

第六节 创建赣南国家旅游扶贫试验区的具体措施

一、资金支持

第一,项目资金支持。通过项目申报的形式,给予贫困人口、贫困家庭旅游扶贫项目建设资金支持。

第二,企业经营补贴。对贫困地区经营农家乐、渔家乐、林家乐、牧家乐、

农家旅馆、乡土旅游商品生产企业等进行补贴;

第三,政府采购支持。将扶贫旅游产品和乡土旅游商品,作为政府采购的优先选择对象,如旅游线路的购买、农民庭院果蔬的购买等。

第四,资金奖励支持。对主要由贫困人口参与旅游开发且成绩突出的企业,一方面给予资金奖励,另一方面在诸如 A 级景区评定、农家乐星级评定等工作中给予一定的支持倾斜。

二、政策扶持

第一,制定乡村旅游专项用地制度。为解决乡村旅游建设用地缺乏的瓶颈,出台乡村旅游专项用地(非建设用地)制度。

第二,实施外企扶贫的减税政策。国外资金进入贫困地区经营旅游扶贫开发项目,在享受其他优惠的同时,减征一定的税额。

三、市场支持

第一,开发公务员农家生活体验市场。规定全省公务员和中国井冈山干部学院、拟建的中国瑞金公务员培训学院的学员,必须自费到贫困地区农家体验生活一天。

第二,开发大中院校学生吃苦体验市场。开发乡村红色旅游体验项目,组织大中学生前往赣南等大片革命老区进行吃苦体验活动,形成固定、长久的支持性市场。

第三,创建贫困乡村课堂教育基地。与教育部门合作,针对中小学生,结合教材知识、体育锻炼、乡村体验等内容,建立贫困乡村课堂教育基地,大力开展乡村修学旅游。

四、技术支持

第一,支持家庭温泉旅游开发。帮助有温泉资源的贫困地区的贫困家庭,规划设计家庭温泉产品,并在营销、经营、管理、服务等方面给予培训,形成有特色的持久性竞争力。

第二,帮助建立农家乐网上超市。针对一个区域内的农家乐(渔家乐),

帮助其建立集咨询、宣传、销售、售后等于一体的网上超市,方便游客预订和购买。

第三,制定特色旅游服务标准。政府聘请相关专家为赣南地区的旅游服务企业和经营农家乐的贫困家庭,制定红军生活服务标准、客家服务标准体系,并进行个性化、特色化服务方式培训,让这些小微型企业和经营旅游的贫困家庭尽快形成自己的经营特色和服务方式,增强其市场竞争能力。

第七节　创建赣南国家旅游扶贫试验区的政策保障

一、建立旅游扶贫领导体制

赣南国家旅游扶贫试验区建设涵盖的内容广泛,涉及赣南社会的方方面面,具有较强的实践性,是一项长期的系统工程。为促进旅游扶贫试验区建设实现可持续发展,应建立旅游扶贫领导体制。成立赣州市红色旅游扶贫工作领导小组,作为常设性的机构,领导小组由市政府主要领导牵头,以宣传、文化、旅游、扶贫、财政、建设、规划、农林、环保、教育、民政、文物等部门主要负责人组成,负责制定旅游扶贫试验区相关政策规定,把握方向,审批规划,筹措资金,落实措施,有力地领导赣南国家旅游扶贫试验区的建设。同时,旅游扶贫工作领导小组要形成定期协调、调度机制,经常就相关工作进行研究和磋商,确保旅游扶贫行动按计划、逐阶段、分步骤地稳步推进。

二、完善旅游扶贫配套设施

建设赣南国家旅游扶贫试验区,说到底就是要通过大力发展红色旅游,带动赣南相关产业的高速发展,从而帮助老区人民脱贫致富,促使当地民生得到极大改善。因此,完善赣南红色旅游的各项配套设施是建设扶贫试验区的先决条件。要使交通、通信、住宿等设施得到较大改观,方便游客进得来、出得去。同时,随着人民生活水平的改善和生活质量的提高,要按照旅游产业六大要素"吃、住、行、游、购、娱"配套发展的要求,进一步完善旅游服务的各项功能,加强休闲生活设施建设,让游客有看头、有玩头、有吃头,为游客提供各项便利设施,提升旅游接待能力,为建设红色旅游扶贫试验区奠定坚实的基础。

三、拓宽旅游投融资渠道

旅游开发资金投入是关键,启动资金缺乏是贫困地区发展旅游的大障碍,赣南贫困地区也同样如此。因此,赣南国家旅游扶贫试验区建设必须突破资金瓶颈,努力拓宽旅游投融资渠道。支持以红色旅游为龙头的新业态、新商业模式、新经营方式的发展,鼓励社会资本参与赣南旅游扶贫开发,鼓励各种所有制企业投资红色旅游产业;探索成立赣南旅游扶贫股份公司、赣南红色旅游银行等金融主体;支持构建多样化的金融资本和旅游扶贫金融工具体系,着力推进政策性银行和各商业银行尤其是赣州银行在政策及业务范围内加大对赣南旅游扶贫项目的信贷支持力度;发展旅游担保机构,增加旅游产业信贷投放,探索采用"资源抵押""门票抵押"等新方式,降低旅游企业信贷门槛。

四、构建旅游人才的生成体系

贫困地区的最大劣势是人才奇缺,因此,开展旅游扶贫的关键之一是着手构建旅游从业人才的生成体系,使旅游人才在数量、质量以及结构上都能适应试验区长远建设的目标要求。一是争取国家相关部门的支持,在中央苏区举办红色旅游培训班,并定期实行送教上门服务,提升赣南旅游扶贫试验区从业人员素质。二是建立旅游扶贫村镇干部旅游轮训机制,通过资金、项目、培训等方式扶持旅游致富,使之成为农村脱贫致富带头人。三是整合省内旅游教育资源,改进专业设置,提升教学水平,培养大批旅游应用型人才。四是支持赣南师范学院、江西环境工程技术学院等院校为农村贫困劳动力开展旅游培训,鼓励并资助农村贫困劳动力学习旅游相关职业技能。五是重视引进高层次旅游管理人才和营销人才,采取多种方式招贤纳士,提高旅游从业人员的整体素质。

五、加大旅游扶贫的政策支持

赣南国家旅游扶贫试验区建设,离不开中央和省、市的政策支持。一方面,用好、用足现有的扶持政策。深入贯彻落实国务院《关于支持赣南等原中央苏区振兴发展的若干意见》《关于加快发展旅游业的意见》《中国农村扶贫开发纲要(2011—2020年)》和省委、省政府《关于推进旅游强省建设的意见》等重要文件中的系列发展旅游扶贫的支持政策,并建立旅游扶贫政策措施落实情况的督察制度,定期开展督促检查,确保各项旅游扶贫支持政策落到实处;争取中央和江西省加大对赣南旅游扶贫工作的支持力度。另一方面,制定赣南红色旅游扶贫的专项支持政策,对旅游扶贫试验区范围内的项目建设用地、水电、税收等实施优惠政策;同时,建议财政部门增设旅游扶贫专项基金,优先扶持赣南旅游开发条件好的贫困地区。

六、推进旅游扶贫区域协作

赣南国家旅游扶贫试验区建设,应推行区域协作机制,打破行政区划界限,根据旅游资源的内在关联性、地理空间的邻近性、旅游产品的互补性、旅游扶贫的均衡性,进行区域内与区域间的联合与协作,以区域旅游整体的形象参与竞争和开发,进而实现各贫困地区共同发展。从区域内而言,整合市、县、乡旅游资源和旅游机构,实现赣南区域内旅游一体化,推动旅游企业的强强联合;从区域间而言,积极推进与周边原中央苏区旅游扶贫在旅游规划、空间布局、项目设置、开发建设、改革创新及综合管理上的协作,促进周边区域资源共享。

第八节 创建赣南国家旅游扶贫试验区的实施步骤

一、成立开发建设工作小组

当前,创建赣南国家旅游扶贫试验区的第一步,是成立赣南国家旅游扶贫试验区开发建设工作小组,由省政府分管领导担任工作小组组长,由省扶贫办、省旅游局负责人担任副组长,由赣州市主管部门负责人担任秘书长,由相关部门及各县市区负责人组成,国家旅游局、国家扶贫办负责人担任顾问。在政策制定、资金扶持、区域规划等方面发挥主导作用,其他诸如企业经营、项目开发、设施建设等具体工作,政府仅发挥其引导作用。

二、编制旅游扶贫开发规划

聘请由旅游、扶贫、文化、景观、生态、林业、农业等领域组合而成的专家组编制《赣南国家旅游扶贫试验区发展规划》,对试验区旅游扶贫开发作出整体部署,制定各项政策和措施,突出红色旅游产业在扶贫中的作用。

三、实施旅游扶贫开发措施

按照《赣南国家旅游扶贫试验区发展规划》的发展部署,陆续进行基础设施建设、产品开发、景区建设、线路组合、市场营销、政策落实、人才培训等工作。

第九章

鄱阳县旅游发展与旅游扶贫开发的思路与经验

鄱阳县位于江西省东北部,鄱阳湖之东,历史悠久,物产丰富,区位独特,是鄱阳湖生态经济区的重要组成部分。2012年,全县人口近160万,其中农业人口134万,国土面积4215平方千米,是全省第一人口大县,也是典型的农业大县、财政穷县,1986年以来一直被列为国家扶贫开发工作重点县。全县有行政村518个,其中205个被列为"十二五"期间扶贫开发工作村。但是,得天独厚的地理区位决定了鄱阳县也是个"四山二水二分田,二分草洲和庄园"的生态县,坐拥中国第一大淡水湖——鄱阳湖,素有"千湖之城""湿地王国""鱼米之乡""富饶之州"等美誉。

2008年,鄱阳县凭借亚洲最大湿地、著名的候鸟栖息地,依托良好的湖泊生态资源,建立了鄱阳湖国家湿地公园,打响了"中国大湖城"品牌。鄱阳县旅游发展态势强劲,迅速启动并崛起,特别是2012年江西实施定点旅游扶贫战略举措后,开始实行定点、定向、定位的旅游扶贫计划,效益显著、效果明显、效应凸显,开启了旅游扶贫带动城市和乡村发展的新模式。笔者自2008年鄱阳县启动申报国家湿地公园开始至今,有幸参与了申报与建设的策划、论证、咨询、谋划等工作,见证了鄱阳县旅游发展和旅游扶贫开发实践,2013年7月10~11日,又与团队成员一起对鄱阳县旅游扶贫开发工作做了专题调研,以期试探性地总结鄱阳县旅游发展与旅游扶贫开发的思路与经验,为江西乃至全国旅游扶贫工作提供有价值的借鉴。

第一节　鄱阳湖国家湿地公园建设与
鄱阳县旅游异军突起

　　鄱阳县的旅游起步于 2008 年,凭借江西启动鄱阳湖生态经济区建设和鄱阳湖生态经济区建设上升为国家战略的机遇,鄱阳县以其国内难得一见的湖泊生态资源优势,启动生态旅游建设,将旅游产业作为经济发展的战略性新兴产业全面推进。发展鄱阳湖湿地旅游成了当地基于资源和县情的正确选择。鄱阳湖国家湿地公园浓缩了鄱阳湖所有精华,个性特征鲜明,具有湿地面积最大、湿地品牌最靓、湿地物种最丰、湿地景观最美、湿地文化最浓、湿地生活最具风情等特点。此外,鄱阳县地处鄱阳湖生态经济区的核心区,位于"名山(庐山、三清山、龙虎山)—名湖(鄱阳湖)—名镇(景德镇)—名村(婺源)"黄金旅游线路中心。

　　以"保护—利用—提高"的规划理念,以鄱阳湖典型的亚热带湖泊湿地生态系统和独特的湿地景观为重要载体,重点推出中国大湖景观游、大湖候鸟游、大湖美食游、大湖运动游、大湖文化游、大湖养生度假游六大系列旅游产品,打造"中国湖泊旅游的窗口",打响鄱阳"中国大湖城"品牌,逐步开启江西旅游的"鄱阳湖时代",逐步建设中国鄱阳湖生态旅游示范区。

　　湿地公园准确定位,科学规划,翻开了鄱阳经济大发展的崭新一页。2009年,鄱阳湖湿地公园旅游试运营,带动了全县旅游发展,全年接待游客 10 万余人。由于市场反响热烈,鄱阳乘胜出击,进行旅游目的地建设和客源地开拓的重点攻坚,多维度建设旅游产品,多形式开展品牌营销,2012 年全县旅游接待总人数达到 216 万人次。仅仅用了五年时间,鄱阳县这匹旅游黑马,旅游业从无到有,从小到大,引爆鄱阳湖生态旅游开发的热潮,一跃成为江西新兴的生态旅游强县、旅游经济大县,在旅游开发史上谱写了辉煌的一页。

第二节　鄱阳湖湿地公园建设与
旅游开发中的扶贫实践

　　"一业兴而百业旺",说的就是旅游产业所具有的带动效应,其实也就是旅游产业所具有的天然的扶贫效益。所以,鄱阳县在制定经济社会发展规划时,应将旅游业发展放在龙头地位。县委、县政府认识到,抓旅游就是抓经济发展,抓产业带动,抓百姓富裕。基于发展战略的考量,选准带动发展、牵引发展、引爆发展的生态旅游业和湿地公园建设工程,践行旅游扶贫工作,通过实施湖泊和城市同步发展,农业与旅业相互联动,游客携居民共同参与等方式,形成鄱阳湖湿地公园建设、"中国大湖城"塑造和生态旅游业发展共生共荣的格局。

一、湖泊和城市同步发展——事业扶贫

鄱阳是一个独具特色的城市,城市在湖泊中,湖泊在城市中,城市与湖泊一体,浑然天成,湖泊与城市同名。鄱阳生态旅游的发展,湿地公园的崛起,为鄱阳城市的发展提供了难得的契机。秉着"城市旅游""城市休闲""无景点旅游"的理念,朝着以旅游为核心驱动力的城市发展方向,鄱阳县城市发展的决策者们,决心让鄱阳成为鄱阳湖东岸中心城市和江西省最优美县城。首先,鄱阳把城区当作景区建设,提升城市品位,完善旅游要素,精心布局产业链,竭力建设宜居宜游宜业鄱阳;其次,努力将景区当作城区打造,将鄱阳县旅游聚散中心和湿地公园游客中心逐步融合起来,以城市—生态—景区建设一体化的休闲综合体为载体,进一步配置多维功能,实现从单一的景区旅游向景区、城区、园区一体化的旅游模式发展,带动鄱阳旅游从观光型到休闲型转型。与此相配套,将景区建设、公园建设与城区建设有机结合,以鄱阳湖湿地生态养护和环境保护事业为抓手,通过建设生态城市、发展生态科考事业、开发生态旅游业,推进全县各项事业的跨越式发展,达到事业扶贫的目的。

二、农业与旅游业相互联动——产业扶贫

农业丰则基础强,农民富则国家盛,农村稳则社会安。鄱阳县大力发展乡村旅游和农业旅游,激发农村、农业、农民各类要素活力,实现农业与旅游业的互动,将其作为促进农民增收的渠道之一。首先,以"农"为特色,以"家"为根本,以"乐"为形式,以"富"为目的,引导鼓励农民创办农家乐、渔家乐。在五年规划中,力争全县农(渔)家乐发展到1000家,各种乡村休闲旅游景点发展到200处。重点实施清洁家园、清洁田园、清洁水源、清洁能源的"四清洁工程",确保实现泥沙不流失到鄱阳湖、垃圾不流落到鄱阳湖、污水不流入鄱阳

湖的"三大目标"。其次,实施绿化工程,开展"建设千里绿色屏障、打造生态中国大湖城"造林绿化活动,把生态建设与产业建设、农村经济结构改善、生态旅游发展结合起来,大力发展林业经济,建设"绿色银行",推进泡桐、杨树产业发展,推进农业产业化扶贫工程。

三、游客携居民互相参与——观念扶贫

五年来,鄱阳湿地公园通过品牌推广和市场营销,成功举办了 2012 年中华龙舟大赛暨鄱阳湖国际龙舟旅游文化节,开启了 2013 年鄱阳湖湿地帐篷观鸟季活动,吸引了全球各地的游客来鄱阳"梦枕湿地"。与此同时,为保护鄱阳的"一湖清水",开明的鄱阳人积极参与生态渔村建设,参加旅游服务培训,用实际行动支持旅游事业发展,将旅游作为共同事业、共同奋斗目标,倾力参与。最难能可贵的是,鄱阳人深知旅游的扶贫效应,积极响应"和旅游一起改变""与旅游一起成长",参与生态科普教育活动,通过景区建设与发展的带动,转变了生产生活方式,改善了收入结构和消费结构。如今,全县形成了人人成为导游、人人都是窗口、人人都是旅游环境的全民参与氛围。

第三节 鄱阳县旅游扶贫开发的 主要思路和基本模式

一、主要思路

鄱阳县牢固树立"旅游扶贫"的理念,充分发挥旅游业的带动力,以农、渔、林为基础,以旅游产业为抓手,以景区、乡村为示范,围绕"扶贫—立业—脱贫—致富"的工作目标,采取政府引导、市场主导、以点(鄱阳湖国家湿地公园)带轴(旅游快速通道),以轴带面(全县贫困村)的稳步推进方式,积极探索鄱阳旅游扶贫开发新模式,打造全国旅游扶贫的样板。

二、基本模式

自 2012 年始,江西省创新扶贫思路,实施"四个一"组合式扶贫模式,即

省级领导每人定点扶贫一个县,指导帮助其指导扶贫攻坚和振兴规划;每县安排一个省直部门协助搞好定点扶贫;每县安排一个国有控股企业、实力较强企业配合开展定点扶贫;2012年起,省财政预算连续十年集中支持国定、省定特困片区和原中央苏区每县每年1000万元。结合鄱阳县的实际,配合鄱阳湖生态经济区、鄱阳湖生态旅游示范区、鄱阳湖湿地公园建设,鄱阳县的"四个一"组合式扶贫工作主要围绕旅游扶贫而展开。可以说,鄱阳县率先实施了"四个一"组合式旅游扶贫工程。

鄱阳县的"四个一"组合式旅游扶贫工程主要由江西省旅游局实施,即将鄱阳县的定点旅游扶贫工作纳入重要工作内容,在摸清鄱阳县旅游资源情况的基础上,明确旅游帮扶的主要任务;帮助鄱阳县制定旅游帮扶规划和年度实施计划;在全省旅游开发计划中,对鄱阳县进行资金、项目和政策倾斜,帮助鄱阳县解决旅游发展的实际困难;选派驻点工作组进驻鄱阳;每年对鄱阳县的旅游扶贫工作进行考核。与此相配合,指定的帮扶企业要根据各自的经营特色,到鄱阳县寻找合作项目,把企业发展和帮扶任务紧密结合起来,实现共赢,每年对鄱阳县的涉旅产业投入要达到500万元以上,实力强的每年要达到1000万元以上。

第四节　鄱阳县定点旅游扶贫的做法与经验

定点扶贫是江西省委、省政府实施扶贫攻坚的重大举措,也是定点扶贫单位肩负的一项改善民生的重要任务。2012年是鄱阳县实施旅游扶贫的第一年,同时也是鄱阳湖湿地公园对外接待的第五个年头,当年启动了鄱阳湖国家湿地公园内"三村"旅游开发工程;蛇山村不但制定了旅游开发规划,而且进行了农家乐等项目的建设,村容村貌和村民素质得到显著改善,旅游扶贫效应明显。很显然,旅游扶贫初见成效是政府政策正确指引、资源优势充分发挥、居民社区积极协作的结果。

一、省县联动,共谋发展

2012年,正值全国实施扶贫攻坚规划的开局之年,朱虹副省长亲自挂帅主抓鄱阳县定点旅游扶贫工作,实施"四个一"组合式扶贫举措。江西省各相关部门高度重视并积极响应,省旅游局成立工作小组,同时下设驻点工作组,深入鄱阳县展开旅游扶贫工作,确保旅游扶贫强力启动、有序推进、取得成效,并在不断推动旅游扶贫进展中,访贫问苦,了解实情,针对存在的实际问题和困难,努力给予支持。此外,提供智力支持,科学规划;落实资金,加强建设;分类指导,协调发展;改善公共服务设施,提升产业功能设施条件和投资环境,促进城乡发展。同时,鄱阳县推广"与旅游一起改变"的发展理念,推动各界积极响应。全县形成了"抓旅游就是抓经济发展,抓旅游就是抓产业带动,抓旅游就是抓环境优化,抓旅游就是抓对外开放,抓旅游就是抓城市品牌,抓旅游就是抓宜居品质"的六大共识。2012 年,鄱阳县荣获上饶市扶贫系统先进单位、省财政扶贫资金绩效考核 A 类县,旅游扶贫工作取得阶段性成效。

二、规划先行,科学布局

为规避风险,解决鄱阳县无旅游扶贫经验问题,使旅游扶贫走上科学发展之路,江西省旅游局制定了《江西省旅游局关于定点扶贫鄱阳县帮扶规划(2012—2015 年)》《江西省旅游局关于 2013 年定点扶贫鄱阳县帮扶计划》和《鄱阳县团林乡蛇山村旅游扶贫规划》。优先重点打造团林乡蛇山村为旅游扶贫示范村,采取重点突破、由点带面、稳步推进的方式,推动鄱阳县的旅游扶贫工作。

三、特色示范,重点带动

为发挥旅游扶贫的"造血"功能,促进资源优势向产业优势、经济优势转化,鄱阳县按照"因地制宜,差异打造,特色吸引,产业培育,带动致富"的总体思路,重点建设 3 个旅游扶贫示范村。一是鄱阳湖美食体验示范村——团林乡蛇山村。该村突出"美食"的主题,按照"一屋一品,分工衔接"的方式,通过培育渔家酒店、发展农家客栈、归集美食产品、建设配套工程,打造鄱阳湖美食体验产品。蛇山村在政府引导和扶贫资金的支持下,建设了近二十家农家乐,从事旅游接待和餐饮经营的人口有近百人。在平常状态下,有 2~3 家通过市场经营取得较好效益,其他农家乐在旅游旺季时成为分流接待能力的补充,有待旅游业规模扩张的强力支撑,也有待农家乐经营者通过特色经营获得生存空间,这方面还有待政府和社会各界的智力支持,以帮助农民经营好农家乐。

二是鄱阳湖文化体验示范村——珠湖乡周家村。该村乡村文化气息浓郁,民间戏曲基础深厚,适合打造融戏剧表演、传统捕鱼互动、特色渔俗文化展示于一体的文化体验示范村。三是鄱阳湖休闲度假示范村——白沙洲乡赵家村。该村着力打造具有浪漫、神秘、梦幻的休闲度假蓝调风情岛。三个示范村的旅游开发,有待实现优势互补、特色互动、客源共享、抱团发展。同时,相关部门应加大对鄱阳县的水、电、路等旅游基础设施的投入,重点帮助解决团林乡蛇山旅游公路建设及蛇山村电网改造,实现渔村景区化、设施城市化、生产庄园化。

四、产业帮扶,乡土为主

首先,鄱阳县把旅游扶贫开发工作与发展现代农业结合起来,大力发展生态农业、休闲农业、景观农业、体验农业,扎实推进产业扶贫,努力形成"一村一品"的发展格局。重点扶持和建设三大示范村为代表的乡村旅游项目。其次,江西省旅游局在景区建设、星级宾馆评定、旅行社建设等旅游产业发展方面给予指导性帮扶,优化其旅游配套功能。帮助鄱阳县进行旅游包装与宣传、旅游线路与产品开发、旅游市场开拓及旅游精品打造。真正帮助鄱阳县构建乡村旅游产业体系,以加速提升其吸纳民间投资、培植乡土企业、形成渔家旅游品牌的能力,最终辐射带动农民增收致富。

五、模式创新,绿色扶贫

转变传统扶贫方式,创建"旅游活动—旅游收入—扶贫资金—扶贫开发—群众致富"的旅游活动扶贫效应模式。与知名高校建立战略合作关系,开展高校学子"神游鄱阳湖,扶贫献爱心"活动,仅2012年5月的首批活动就吸引了南昌地区五千余名高校学子参加。此活动积极借助高校学子强大的公益号召力、市场影响力和媒体传播力,强势拓展了鄱阳湖旅游市场,有力倡导了鄱阳湖生态资源保护理念,有效推广了"游鄱湖、献爱心"活动,实现了旅游活动与扶贫工作的双赢。鄱阳湖国家湿地公园将活动产生的门票收入,作为鄱阳旅游扶贫专项资金,专门用于旅游扶贫示范村建设,进一步助力旅游扶贫工作。

六、借力资源,推广鄱阳

为使鄱阳湖国家湿地公园和旅游扶贫点尽快在旅游市场打开局面,2012年鄱阳县动用的各类旅游宣传资源价值高达 800 多万元。其中,利用省旅游各类宣传广告资源,在央视以及北京、台湾、香港等地旅游硬广告中,开展强有力的宣传攻势。党的"十八大"期间,鄱阳县借力省旅游局投入的 350 万资金,精心推出"江西风景独好——候鸟天堂鄱阳湖国家湿地公园"主题活动,并且在北京惊艳亮相,引起海内外极大关注和好评。2013 年,鄱阳县紧抓"全国社会扶贫试点县"的良好机遇,与社会创新组织联合制作了 30 秒形象宣传广告,在美国时代广场播放,推出了"鄱阳:中国大湖城"品牌。

第五节 鄱阳县旅游产业发展的综合扶贫效应

旅游扶贫是典型的"绿色扶贫",是一项事关国计民生的战略工程、民心工程。鄱阳县最近一年的定点扶贫实践、五年的湿地公园建设和旅游发展历程,其实都是旅游扶贫工程的有机组成部分。据不完全统计,2008~2012 年的5 年间,鄱阳湖国家湿地公园的总投资约为 3.2 亿元,在其带动下,不但全县旅游总收入在 2012 年即突破 10 亿元大关,而且其旅游产业的综合扶贫效应已经在经济发展、社会观念、生态建设等领域多层次显现。

一、产业格局渐成,经济效益明显

经过五年的努力,鄱阳县旅游"吃、住、行、游、购、娱"六要素从散、小、弱、差到不断成熟壮大,产业格局已初步形成,产业体系已初具规模。首先,主景区鄱阳湖国家湿地公园通过快速建设、强力营销,人气不断飙升,成为江西旅游景区的一个新亮点、旅游产业的一个新增长点。2012 年,旅游接待人次突破百万大关,其带动效益日渐增强。尤其是中华龙舟大赛连续两次在鄱阳湖湿地公园成功举办,多方媒体聚焦鄱阳,成功吸引了八方游客,引爆旅游市场,产业共振效益显现。其次,广阔的市场前景使餐饮、住宿等旅游企业如雨后春笋般涌现。2008 年以前,全县尚无一家农家乐、旅游商品生产企业,仅有 2 家旅行社、28 家宾馆,且接待条件差、服务水平低。随着旅游业的蓬勃发展,目前全县有农家乐 40 家,旅游商品生产企业 32 家,旅行社 12 家,仅县城就有各类高端酒店、经济宾馆等 52 家,拥有床位 2948 张。另外,鄱阳县旅游行业协会成立,有近百家旅游企业加入。旅游产业的发展壮大对鄱阳县经济有着"四两拨千斤"的助推作用。此外,为将鄱阳旅游从过境地向目的地提档,从单一观光游向复合休闲度假游升级,以建设中国著名湖泊旅游目的地为目标,加速精品项目建设,加大品牌宣传力度,加强县域城镇体系规划、建设和管理。鄱阳旅游经济不断创造新高,表现抢眼。2012 年,全县旅游接待总人数达 216 万人次,旅游总收入 10.8 亿元,占全县 GDP 总值的 9%,旅游业已成为支撑全县经济发展的重要产业。

二、发展观念转变,社会和谐进步

随着鄱阳旅游业的发展,旅游扶贫效应除了体现在经济价值上,同时还改变了当地人的观念,提升其生活幸福感,促进了社会和谐发展。首先,旅游扶贫成为带动当地农民脱贫奔小康的"民心工程"和"民生工程"。扶贫开发和建设计划不但改善了乡村的生产环境和生活条件,提高了乡村的美观度,提升了乡村旅游的服务水平,而且培育了村民多种经营的意识,让他们知道通过发展乡村旅游和农业休闲旅游可以延长农业产业链,提高农业附加值,并懂得如何保护开发和利用自身特色资源,发展乡村旅游。如旅游扶贫示范村之一的团林乡蛇山村村民在扶贫计划的政策引导与资金扶持下,通过兴办农家乐等旅游企业增加经营性收入。其次,旅游也悄然改变了城乡居民的生活方式。旅游已成为群众时尚的生活方式。鄱阳县开展的全民营销、"和旅游一起改变"活动和中小学生"科普游"等活动刺激当地居民旅游消费支出增多,促进了经济增长、社会发展和人民生活的改善。最后,旅游扶贫改变了鄱阳长期年轻劳动力大量输出的发展形势,打工能人回乡创业的逐渐多了起来,由内而外开始扭转"空心村"不断出现的尴尬局面。故而可以说,作为幸福产业,旅游业给人们生活带来的正能量与幸福感与日俱增,促进了社会和谐发展。

三、城市形象鲜明,生态意识普及

2008 年以来,通过江西全省上下共同努力,鄱阳县成功打造了鄱阳湖国家湿地公园、莲花山国家森林公园 2 张国家级名片,主景区跻身国家 AAAA 级景区,鄱阳湖湿地科学园被中国科学技术协会授予 2012~2016 年"全国科普教育基地"称号。2011 年、2012 年,鄱阳县连续被评为上饶市旅游先进县第二名。旅游品牌价值的不断升级,促进了城市品位的提升,改变了农村的风貌,扩大了鄱阳的知名度。同时,随着鄱阳知名度的提升,鄱阳旅游产业在全国乃至全球的关注度也不断上升,生态意识渐入人心。2013 年上半年,鄱阳县配合"国办"成功举办了为期一周的全国第二期贫困地区基层组织干部与致富带头人培训班,成功举办了来自 17 个国家的 25 名政府官员与清华大学留学生进行的"发展中国家千年发展目标减贫行动官员培训班",完成了实地考察中国政府扶贫开发工作的任务。通过这些活动的举行,鄱阳县给国人和国际友人留下了美好印象,人们心中的生态与环境保护意识明显加强,特别是有地标性质的鄱阳湖,其"一湖清水,为世人守护"理念的实施在世人心中得到了进一步印证。鄱阳县实现绿色崛起、永续发展成为了社会共识。

附录：典型旅游扶贫村调研报告

因课题研究需要，2012年11月初，课题组先后派出五个调研小组，分别前往婺源县、资溪县、瑞金市、乐安县、井冈山市就旅游扶贫情况进行了实地调查。调研组参观旅游扶贫点，走访相关农家乐餐饮、农家旅馆等旅游扶贫经营单位和农户，与部分村民直接交谈了解情况，并在县、乡、村等组织下召开了座谈会，分别形成调研报告。

一、婺源县乡村旅游扶贫调研报告

调研人员：陈志军、李向明
调研时间：2012年11月2日
调研地点：婺源县李坑村、江湾村

（一）发展概况

婺源县位于江西省的东北部，历史悠久，物华天宝，素有"书乡""茶乡"之称。由于历史上一直处于"山阻而弗车，水激而弗舟"的闭塞山区，加之长期受徽州文化的影响和熏陶，婺源境内的广大乡村大多保留着传统的徽派建筑，形成了"家家是风景，风景在家家"之分布广泛、规模宏大、保存完好的特有古村落旅游景观，被誉为"中国最美丽的乡村"。

婺源古村落旅游开发起步较晚，当20世纪80年代末90年代初旅游开发热潮席卷全国时，婺源还是"养在深闺人未识"，因而躲过了那阵具有很强破坏性的粗放式开发风。2001年,江泽民视察婺源江湾,道路的改善和名人效应使婺源旅游迅速升温,游客纷至沓来。尚未准备好的婺源旅游突然驶入了快车道,婺源县巧打"生态""名人""文化"三张牌,大力发展旅游业,并取得显著成效。

李坑是一个以李姓聚居为主的古村落,距婺源县城12千米。李坑村是婺源旅游业发展得最早也较为成熟的一个村落,村内的人家大多居住在小溪的两岸,村内有明清古民居、古桥、古亭、古树等景观,形成了"小桥流水人家"的画卷。20世纪90年代以前,由于交通不畅,商品经济欠发达,全村仍以自给自足的封闭式小农经济格局为主导。在生产结构中,农业以种植业为主,养殖业以生猪为主,农副产品则以出售原始产品或初级产品为主,附加值不高。落后的经济格局与山多田少的自然条件使得李坑村的经济发展与农民收入水平远远落后于江西省及全国的平均发展水平。1993年,香港摄影家陈复礼举办了以"中国最美的农村——婺源"为主题的影展,由此揭开了婺源的面纱。许多摄影绘画爱好者、古建筑研究设计者和记者等专业人士纷纷以采风、摄影、考察为目的,采取徒步或自驾车等方式进入李坑村,此后游客量急剧增加,各级政府、外来投资者、社区居民、旅游者等纷纷参与到旅游业的发展中来。

江湾村,始建于隋末唐初,古称"云湾",因山高河湾、终年云雾缭绕而得名。北宋神宗元丰二年(公元1079年)"萧江"第八世祖江敌迁来云湾,子孙逐渐繁衍成为云湾的巨族,后改名为江湾。江湾位于婺源县东部,距婺源县城28千米,自唐以来,江湾便是婺源通往皖、浙、赣三省的交通要塞,为婺源东大门。

江湾山水环绕、风光旖旎、文风鼎盛、群贤辈出,由宋至清孕育出状元、进士、官宦38人;传世著作92部,其中15部161卷列入《四库全书》。村中既有保存尚好的御史府宅、中宪第等明清时期官邸,又有徽派民居滕家老屋、培心堂等,以及徽派商宅和2003年重修的萧江宗祠,极具历史价值和观赏价值。是国家AAAA级旅游景区,属于国家级文化与生态旅游景区,是江西省爱国主义教育基地。

(二)存在的问题

1.李坑旅游发展现状及问题

2000年,婺源县政府为重点解决旅游开发项目投入资金不足的问题,按照所有权和经营权分离的原则,吸引民资和外企参与旅游业的开发,将李坑村旅游景点的 30 年经营权转让给江西金叶集团有限公司,并确定门票收益的分配方式为:金叶公司 66.5%,镇政府 8%,李坑村委会 4%,李坑全体村民 19%,民居古建景点参观户 2.5%,由此打破了李坑村居民以往的生存与收入方式。

目前全村居民以务农和旅游业经营为主,有一半家庭经营与旅游相关的产品或服务(包括家庭旅馆、旅游租车、餐饮、旅游工艺品、茶馆)。村民家庭收入主要由三部分构成:务农收入、旅游业务、家庭成员外出打工。李坑村委会下辖 4 个自然村,其中李坑、李坑头的居民分别每年享受 2160 元/人和 1728 元/人(80%)的旅游发展分红,每年递增 60 元,共 1111 人享受分红待遇,另享受油菜种植补贴 80 元/亩。

直接参与旅游经营、就业的居民达 50% 以上(具体统计数据缺乏)。旅游经营主要涉及餐饮、旅馆、土特产商铺,就业领域主要集中在酒店服务员、环卫、电瓶车司机、船工等方面。

旅游发展中最突出的问题:第一,区内危房,政府、旅游发展公司对危房修缮补助少,居民不愿花钱维修;第二,村内田地荒废现象严重,农民不愿种地;第三,旅游漏损现象严重,所销售的旅游商品均来自于外地甚至其他县市,当地土特产严重缺乏;第四,景区管理过程中与村民个人利益冲突经常发生。

2.江湾旅游发展现状及问题

2004 年,婺源县政府按照所有权和经营权分离的原则,吸引民资和外企参与旅游业的开发,将江湾村旅游景点的 50 年经营权转让给江西省立天唐人房地产发展有限公司,并确定门票收益的分配方式为:每年按 100 元/人的标准向江湾镇居民发放分红,门票收入的 10% 作为旅游协会会费交婺源县政府。

目前的发展情况是,具有农村户口的 600 多户约 2390 人享受每年 500 元/人的旅游发展分红,直接从事旅游的本村村民与外村村民大致各占一半,开商店、餐馆、旅馆的村民超过 100 户,当地所售商品很多来自外村的一个加工基地,砚台、瓷器、木雕为主要商品,且均来自于外村,本村商品不多。

2011 年人均收入约 6500 元/人,村民主要收入来源为经营、就业、景区建设、旅游分红等。文保单位不准拆除重建,其他均可在原地重建。江湾景区管理较好,内部环境整洁,井然有序,不准摆摊设点,但景区外街道环境较嘈杂、凌乱。景区日常管理对村民日常生产、生活造成一定影响,是矛盾的主要来源,主要通过旅游发展带来的利益进行补偿,另外旅游发展带来物价水平的提高,甚至超过了县城。

(三)开发建议

由于政府、外来投资者、社区居民、旅游者的目标、活动方式和核心利益点各有差异,他们在这一特定的空间内经历着反复的利益和权力博弈,形成错综复杂的关系网络。针对以李坑和江湾为代表的婺源古村落旅游发展现状和存在的问题,为了更好地发挥旅游扶贫效果,本书调查组认为可以从以下几个方面完善目前的旅游开发管理体制与机制:

第一,积极引导社区居民深度参与到古村旅游活动当中,提高旅游的服务质量与水平。

第二,完善社区居民在古村旅游开发的应有地位,可以以适当方式参与古村旅游开发的决策。

第三,进一步优化目前利益分配过程中存在的问题,完善社区居民参与旅游的利益分享机制。

第四,发挥政府在古村旅游开发中的主导、引导、督导等作用,规范旅游市场秩序,引导旅游市场向健康可持续方向发展。

二、资溪县新月畲族村旅游扶贫调研报告

调研人员:何小芊
调研时间:2012 年 11 月 3 日
调研地点:抚州市资溪县乌石镇新月村

(一)发展概况

新月畲族村位于县城以南 20 千米的山洼中,全村有 117 户,共 417 人。因修建新安江水库,全村在二十六十年代末七十年代初从浙江新安江迁居此地。该村的畲族山歌、服装、舞蹈、武术比较有特色。八十年代初村民开始种植苗圃,九十年代末已形成规模,村民收入大幅增长,新月畲族村一举成为有名的"富裕村"和"育苗专业村",现年人均收入 8000 元。新月村多次被国务

院和江西省政府授予"民族团结进步先进集体"和"文明村镇"等多种荣誉称号。

新月畲族村几年前就被列入资溪县十大景区之一（对外宣传资料显示，2006 年已发展乡村旅游，累计接待游客 8 万人次），2008 年曾有宁波一家规划机构做过旅游控制性详细规划。实际上新月畲族村还没有进行旅游开发，没有建什么旅游项目，平时没什么游客，只是节假日有熟人来此转一下、吃个饭。2010 年，新月畲村建设有 1 家农家乐（由村主任经营，多面向村、乡、县等各级公务接待），另有 3 家家庭旅馆（在村民家里，只是挂了个牌子，很少接待游客）。

（二）存在的问题

1.交通不便

新月畲族村位于山间盆地，离县城有近 20 千米，公路多为盘山公路，且路面是 4.5 米宽的水泥路，大型客车很难进入。

2.缺乏资金

县里每年会拨一些钱，但也就十几万元，县旅游局也多次提到搞乡村民俗旅游，但无法解决资金问题。村民种植苗圃的收入还不错，但整个村子的年收入也就三四百万元，无力承担旅游开发工作。招商引资也只是口头讲讲，没有实质性开展。

3.缺乏政策扶持

村干部认为村子要开发旅游，县政府就要在土地、税收等方面提供优惠，但具体政策短期内无法落实。

（三）开发建议

1.充分挖掘民俗文化旅游资源

新月畲族村自然和人文旅游资源都较为丰富，但自然风光不具有独特性，最突出的是畲族文化。独特的畲族文化旅游资源应该进行充分挖掘，通过实物、表演等形式展示出来，以吸引游客。

2.多方筹集资金

政府先期投入启动资金并制定相关优惠政策,通过招商引资或村民入股经营的方式解决资金难题。

3.加强基础设施建设

交通是瓶颈,首先要改造资溪县城到新月村的乡村公路,增强可进入性。

4.编制旅游规划

旅游开发必须先做好旅游规划,聘请省内有资质的旅游规划机构做好总体规划和详细性规划。

(四)访谈记录

调研组:新月村是怎么发展起来的?

村支书兰念瑛(全国人大代表):从20世纪80年代后期开始,村民把目光瞄准山上、山外,做起了"山"文章。村民们一边种植一边积累育苗经验,苗木面积不断扩大、品种不断更新。2001年,组建了"资溪县新月畲族村苗木发展有限公司",以"公司+农户"形式实行股份制经营。村民以苗圃入股,按股分红,全村种植面积最多时达600多亩,品种有50多个,年总产值200多万元。近几年来,受激烈的市场竞争和2008年冰雪灾害的影响,苗木种植规模有所缩小。

调研组:村里目前开展了哪些旅游活动?

兰念瑛:村里的自然风光很好,秋天的时候山上有很多野果子,很多熟人和朋友在周末都想来乡下转一圈,吃吃农家饭。村子里有一些独特的绿色食品,如桂花酒、粽子、艾米果等。

调研组:是否有发展乡村旅游的计划?

兰念瑛:2008年邀请宁波一家规划机构做过一个规划,但没有实施。近几年,已经邀请了专家对畲族文化进行搜集整理,组建畲族特色风情表演队,发展山歌、打尺寸、盘柴槌、过火山、骑海马等特色节目,筹划建设民族特色宾馆、湖水娱乐项目、新红鸳鸯湖、新月森林公园及珍稀植物园。

调研组:发展乡村旅游面临哪些困难?

兰念瑛:村干部和村民都想搞旅游,但目前还没有系统的规划,不知道该建什么、建在哪儿。开发资金也无着落,县里每年会拨一些钱,但也就十几万,没有以旅游名义投入的资金,整个村子的年收入也就三四百万。县里还没有明确的土地、税收扶持政策,具体怎么搞旅游开发都还只是停留在头脑中。

三、瑞金市沙洲坝旅游扶贫调研报告

调研人员:黄志繁、陈友华
调研时间:2012 年 11 月 1~2 日
调研地点:瑞金市沙洲坝镇

(一)发展现状

沙洲坝镇,距离市区 3 千米,是毛泽东等老一辈无产阶级革命家曾经生活和战斗过的地方,是瑞金市著名的革命遗址群之一,主要有红井、中执委和人民委员会旧址、中华苏维埃共和国临时中央政府旧址、中央革命军事委员会旧址等 21 处革命旧址。景区门票 25 元/人,2011 年接待游客 300 多万人次,旅游综合收入约 8.4 亿元。近年来,通过旅游开发,当地农民收入得以快速增长。全镇涉及旅游的村落有沙洲坝村、官山村、金龙村三个村,三个村共有民户 1800 户,7000 人,农民人均收入 4300 元左右,但参与旅游并获得收益的大概只有 20 户。

(二)存在的问题

(1)有好的旅游开发项目,但缺乏所需的建设资金;农民有积极性,并且组织了合作社,但由于资金短缺而难以发挥应有的作用;想与某些旅游公司合作,却又面临着用地的瓶颈等问题。

(2)当地政府用围墙把景区与村民分隔开来,将景区里面的服务行业承包给少数人,致使当地村民无法参与到旅游开发建设当中去,没有形成旅游服务一条街。

(3)当地一直想组建客家文艺队,但没有专门的资金因而没有建立起来。

(4)现有的旅游规划没有考虑如何将乡村的各个旅游点串联起来,融入到所设计的旅游线路中去,以作为吸引游客的"亮点",带动这些景点的日渐"升温"。

(三)开发建议

(1)建立旅游扶贫项目库。如有发展前景好的项目,在经过专家论证且得到大家认可后,应直接给予资金扶持。例如,沙洲坝的"乡村圩场""百花园"等旅游及其相关项目,当地政府部门可直接拨款进行重点扶持,"扶贫办"及扶贫相关部门在调研确认后可直接予以帮扶,力使其早日上马,早见成效。

(2)旅游设施建设方面应建立合理的资助制度。要进行旅游扶贫,可以针对农家乐制订操作性很强的补助措施。例如,可以借鉴赣州的经验,按照农家乐的床位数和接待人数直接给予现金补贴。

(3)旅游用地方面采取倾斜政策,特事特办,以促进当地旅游业的大发展。例如,可以考虑根据农业设施用地的标准,划拨一定的土地作为专门的"乡村旅游用地"。为保证不占用建设用地指标,可规定旅游用地上不能有太多的固定建筑,但可以兴建一些临时性建筑或架构物(如塔、铁架等物)。

(4)应建立稳定的旅游教育和旅游服务培训制度。要有相对稳定的教育培训经费,以建设高校、旅游企业联合的旅游职业培训制度,为乡村旅游从业人员提供免费培训,以提升其服务素质与水平。

(5)旅游规划方面,应设立专项资金。免费给乡村旅游点做旅游规划,旅游规划所需资金可从中支付。

(四)访谈记录

调研组:请问你们在旅游发展初期及旅游发展过程中做了哪些基础性工作? 有哪些收获?

罗书记:红色旅游项目当中,大的项目是由国家和政府投资,地方政府则做一些延伸项目和边缘项目。我们在这方面也做了一些探讨。自 2009 年、2010 年以来的这几年,我们几乎每年都会带涉旅企业到一些地方,如广西柳州、南昌蒋巷、福建泰宁去考察,了解当地的居民是如何融入到旅游当中去的,了解政府在政策上是如何加以引导的。考察最多的是福建省上杭县的古田村,井冈山的菖蒲村则成为我们接触井冈山第一个点。

我们在古田村直接与县旅游局局长接触,据他介绍,古田村当初没有一点基础,发展条件并不好,最后却变成了成片的以旅游为主的村庄,发展比较成功,也比较有生命力。之所以如此,主要是由于政策和资金补贴推动了相关产业的发展。联户经营的方式,使得整个古田村成了好几个组团,并且建立了信息发布体系和接待发布体系。通过发展旅游事业,不仅取得了经济收益,而且提升了整个村庄的文化氛围。

考察团回来后对本村的旅游开发建设也进行了一些引导。比如,百花园农庄、"红井人家"都是在这几年发展起来的。在此过程中,经历了一些波折,环境也有所变化,有些项目没有按照预想的方向发展起来,还在曲折中摸索前行。

调研组:请问省里和国家对发展乡村旅游实施的扶持政策对你们所起的效果如何?

罗书记:省里有一个发展乡村旅游的意见,但更多的是停留在口号上,缺乏有力的支点,难以把乡村旅游撬动起来。沙洲坝出现了景区和村民分隔的状况,只是在封闭式地发展。思想萌动时,没有得到政府有关部门有效的引导,特别是景区隔离,更加糟糕。浙江就不一样,从蒋介石老家到村庄里面,沿街旅游商品发展得很好。

但我们这里不行,根子在于整个环境和政策,人流和车流分流没有条件。洁源村正在策划发展乡村旅游,有一定财力扶持(因为有省长直接进行帮扶)。但旅游不能光靠自己,要有市场引导。如何和旅行社联合,如何让乡村旅游点成为红色景点的延伸,这些都是我们一直在思考的问题。如果仅仅依赖领导,那也不行!领导扶持也只有三年时间。要想使本地的旅游有生命力,还得靠自己去想办法。洁源村离景区只有三千米,生态环境好,田园风光好,有大樟树、古树,这些都是很好的旅游资源。

调研组:你们在开发旅游资源方面有哪些举措呢?

曾委员(县政协委员):(1)旅游表演活动方面有了专业表演队伍,设计了很多精彩的表演项目。例如,建立了客家文艺队,百花园也组建了腰鼓队。但由于资金缺乏,致使有些工作难以开展。因此,要针对这些人员出台政策,给予特殊政策和经费支持。

(2)改造土坯房,结合当地特色创建特色民俗村。例如,九堡村(离县城30多千米),将特色民俗整合在一起,让旅游资源更丰富一些。他们那里有自己的特色,如养蜂业、白莲、土鸡、土鸭,等等。

旅游局钟局长:关于旅游发展方面,我也谈谈个人的看法。关于乡村旅游,市旅游局出台了相应的意见,在资金上给予了一些扶持。对农家乐,按标准给予资金扶持,一个标间给多少钱,接待人数给多少钱都是有标准的。对于

"红井人家",直接给了5万元。

下面,我再具体谈谈旅游发展和扶持方面的事情:

1.要解决全省战略引导问题,对村镇旅游发展要予以指导

旅游业的重要性还没得到体现,讲得很重要,但在项目安排中就变得不重要了。旅游业在国民经济发展规划中的位置,在每年的项目和资金安排上要得到体现。全省发展哪几个主题的旅游,如何分布,发改委把旅游业放在一个什么样的位置等,总之,要把旅游当成一个重要战略进行安排。具体到每个市、每个县也要旅游和发改部门共同解决,光靠旅游部门单打独斗解决不了问题。乡村旅游点如何分布、如何组织,也应规划,只有全省一盘棋,才能通盘发展。

2.政策性的扶持

新农村建设、林业发展中分点儿资金,旅游业得不到任何好处。应无条件地给乡村旅游发展安排专门项目资金。首先,硬件投入要扶持,还要对经营效益进行评估,根据效益之间行奖励。另外,应保障用地安排,国土和规划部门在制定土地利用规划时应该考虑,要优先扶持(百花园投了几百万,后来因安置和项目需要,被迫停下来了)。用地指标可作为农业设施用地考虑,所有用地作为项目用地,都要经过招标、拍卖、挂牌程序。

3.加强从业人员培训,进行技能型"扶贫"

乡村旅游要规范起来,必须要加强对乡村旅游管理人员的培训,管理层人员培训至少要放到社区、市去安排,服务人员和导游可以到县里参加培训。不要什么培训都放到劳动人事部门,一定要利用高校和市、县的旅游实体资源。要安排有实战经验的人员进行培训。可通过组织竞赛让大家开阔眼界,如组织技能竞赛等。

4.关于旅游村(点)的经营管理,应提供"智力型扶贫"即传授管理经验

大的景观和小的景点如何衔接,设区市规划中小的景点如何分布等,都是旅游经营管理中会遇到的问题。比如瑞金,不可能把乡村旅游放在一个地方。我们的乡村旅游可能要多一些,便于产生集聚效益。另外,导游路线如何安排,大的项目和小的景点如何进行组合,旅行社和乡村旅游如何进行对接,能否在土地利用规划中"专列乡村旅游用地",等等,政府部门最好能派一些旅游专家来本地对这些问题进行具体指导。

再说具体一些,本地的旅游墟场、客家民居风格、瑞金的小吃,如何通过一定的途径和方式来吸引外地游客,让他们也来赶集(购物)集聚人气?可以在客家民俗文化村,通过办客家喜事宴,如小儿满月宴等不同的喜事,展现不同菜肴的礼规,展现当地的民俗风情。这些东西肯定能成为招牌性项目。但可惜的是,建筑设计施工图做出来了,却被叫停了。

四、乐安县流坑村旅游扶贫调研报告

调研人员:黄志繁、陈友华、董律
调研时间:2012 年 11 月 8~9 日
调研地点:乐安县流坑村

(一)发展现状

流坑古村,位于江西省乐安县牛田镇东南部的乌江之畔,距县城 32 千米。流坑村距今已有一千多年的历史,是一个董氏单姓聚族而居的血缘村落。村中现存 500 余幢建筑中,明清时期的建筑物及遗址达 206 余处。村中古建筑均为砖木结构楼房,质朴而简洁,而建筑装饰则十分讲究。明代建筑——怀德堂中的雀(爵)鹿(封)猴(侯)砖雕壁,堪称其中的精品。数以百计的屋宇,堂上有匾,门旁有联。其中保存完好的木质油漆匾额共计 188 方,门头墙壁的各种题榜 362 方,祠堂名额近 60 处,楹联 72 副,合计 628 方(处)。从流坑沿乌江顺流而下,有一片香樟林,夹杂少许青枫,总计有 1 万多棵,树龄大多在 200~800 年之间,其中 500 年以上的有 3000 多棵,800 年以上的有 1400 多棵,具有极高的观赏价值。这些都是非常珍贵的旅游资源。

现在,古村门票为 30 元/人。2011 年,门票总收入约 30 万元,其中的 10%用于村民分配,但由于人口众多,村民每人每年只得到六七元(流坑总人口 6700 多人,2011 年农民人均收入约 3000 元)。目前,有旅游饭馆 4 家,导游 8 人(无导游证,但经过培训,县政府认可,年收入大概一年 1 万多),另有名叫“状元红”的小作坊 1 家,主要制作、销售“豆腐乳”和“霉鱼”,每年能销售 10 万瓶。全村参与旅游并获得利益的民户不超过 20 户,大多数村民没有获得真正的好处。

(二)存在的问题

(1)旅游基础设施不完善。流坑村虽然在江西小有名气,但还不是成熟的景区,无游客服务中心,旅游接待设施(宾馆、指示牌、公厕、停车场、休憩场所等)缺乏。

(2)古建筑得不到合理的保护和修缮。村中有老房子260多栋,但很多是危房。村民想到外面建房,也规划了用地,且土地已经进行了平整,但没有用地指标,无法建设,于是村中出现了很多违章建筑。

(3)资金缺乏,难以开展工作。村中虽然成立了相关协会,负责旅游开发和文物保护,但由于没有专项经费,致使大家的工作积极性不高。

(4)人才缺乏。虽然村民想成立股份公司,但不知道如何运作。

(三)对旅游扶贫的建议

(1)进行"政策制度扶贫"。应将旅游开发结合中国历史文化名村的现状,向上级争取建设用地。

(2)"项目扶贫"。对已经有名气的历史文化名村应设立专门的资助项目,帮助建设游客服务中心等接待设施。

(3)多渠道(组合型)扶贫。结合新农村建设,将旅游扶贫与新农村建设结合起来。

(4)旅游规划与产品设计"扶贫"。对古村进行旅游开发,要立足本地特色,并尽量整合周边的资源,避免产品的单一化和同质化。

(5)人才队伍建设扶贫。可以考虑请省旅游局予以帮助和指导,专门设立一个古村旅游开发、策划团队,负责古村开发控制性规划的制定和修编等工作。

(6)旅游商品开发与管理上的"扶贫"。在这方面,可以考虑模仿农业部门的"绿色食品"标准,专门设定一个有关旅游商品的标准,以帮助乡村旅游商品正规化,从而打开市场。

(7)管理体制(机构)上的"扶贫"。即从行政机构和干部配置(高配干部,流坑管理局是正科级单位,局长是县政府党组成员)上扶贫,设立专门的管理局。

(四)访谈记录

调研组:余局长,您作为县旅游局的副局长,能否请您谈谈本地在旅游开发方面存在的问题,如遇到什么样的困难,有怎样的开发思路等?

余庆光:几个问题:(1)保护压力太大,古宅维修任务和压力巨大,工作环境和压力很大;(2)旅游环境很糟糕,如魏小安在此考察时说找不到氛围;(3)从业人员素质不高,从业人员包括导游、讲解员等,售票服务人员、接待人员管理也不规范,管理人员本身在旅游这一块做得也不够,有所欠缺;(4)旅游产品只是观光型的产品,非常单一,旅行社只能赚到 10 元钱。因此,应将流坑村的旅游开发整体纳入"抚州才子之乡"这个大环境中加以考虑,把樟树林和金竹放在一起进行联合开发,力求将其打造成一个旅游景点。

开发方面的看法:流坑的文化和文物的价值无法估量,政府非常重视流坑村的旅游开发问题。目前流坑管理局负责旅游开发和文化保护,政府已经投入了 2000 多万资金,规划方面花了几十万。应该将樟树林和流坑放在一起,打造一个十里画廊。乌江,由于两边风景单一、水流量等方面的限制,无法开展漂流活动,但可以开发水上娱乐项目。而投资要求在十个亿以上。人员素质提高这一块,已和就业局联系,对旅游管理人员要求凭证上岗。

政策方面的期盼与要求:能否将流坑纳入扶贫旅游开发试验区,结合金竹的开发,才子之乡的开发,使之成为旅游目的地?关于流坑管理局的干部问题,由于流坑的工作环境压力很大,因此希望在待遇各方面有所提高。希望在人才战略方面多给予支持,管理局现有 10 人,可以选派一些优秀干部到风景区工作,旅游院校也可以派学生来此实习。当地居民的文物保护意识有待提高,流坑小学已有 800 年历史,可以对小孩开展文物和环境保护方面的教育。

调研组:能否请大家再谈谈流坑旅游开发前后的变化和自己的一些想法。

董老师:我是土生土长的流坑人。1989 年省委宣传部周銮书副部长来流坑至今,我经历了整个的开发过程。我有个困惑,就是流坑要怎么开发?有些老板投资,有些搞股份制。目前流坑的状况是比较贫穷:新中国成立前以科举加经商为主,95%的人不种地;新中国成立后,两块切断,生活陷入困境。流坑人多田少,2600 亩地,6000 多人口,这种状况制约了经济发展。1989 年后,旅游业有了点儿发展眉目,门票收入大概停留在 30 万元左右。究其原因,主要在于基础设施没有搞上去,十来年前的流坑和现在相比,没什么区别。卫生稍微上去,但需要大笔的钱,老百姓拿不出这份钱。最近几年,百姓通过打工,收入稍微好点,手头积蓄全部用来盖房。现在是不是能成立一个股份公司,让老百姓享受开发带来的红利? 可是,公司怎么弄我们也不知道。

现在村中能建立一些休闲场所,开发一些本身有特色的游乐项目,如水车等。傩舞还在搞,但每月两三百元收入,无法维持生活。政府应加大公共投入,交通要改善,休闲设施要加强建设。体制问题应研究一下。流坑管理局,上一届没有编制,现在流坑管理局全部纳入县财政,状况有所改善。

董荣生(流坑村党支部书记):我做了两届主任,一届书记。我认为,想要搞好流坑村,一定要依靠群众,群众没得到利益就没有积极性。门票收入的10%分给村民,现在每人每年仅能得七八元。老百姓违章建筑太多,应成立一个旅游公司,想来入股的都来,就会维护旅游,可以用老房子入股,提高老百姓积极性,这样就比较好开展管理工作。管理局一来,村里的卫生状况好转了。如果不和群众利益联系在一起,再大的老板都没有办法搞成。

董老板:流坑是个好地方,这个地方山好、水好,人也好。特别是古村有260多栋古建筑,还有瀑布,可以漂流,山上有树,村里有展览馆和古村的民风习俗。但是,干部和群众脱离了关系,老百姓没有从中得到实惠,有些人就私建厕所收费(一共有7个)。如何使老百姓得到实惠呢? 采取股份制当然好。有30多人成立了流坑协会,负责文物保护、旅游开发,协助村委会投资。现在,老百姓的素质都有所提高了。

江南宾馆用供销社收入装修,没有收入,卖给村民变成民房。以前"五一"节,一天来过七八百人,一天100元也不错。成立了股份制公司后可招商引资,如果招商引资不成,则需要贷款。协会应给予资金,不能只做事。

流坑的地方特产,如霉豆腐、水酒、霉鱼,因为流坑水质好,做法独特,很受外地人喜欢。但由于不懂得市场促销,所以销售规模很小,年售10万瓶左右,收入大概只有30来万元。

调研组:邓局长,您作为县旅游局局长能否麻烦您从大的方面来谈一谈今后流坑旅游发展的问题?

邓新荣:流坑旅游业搞了这么久,10多年了,目前为止还很不像样。其中有几个制约因素:第一个就是交通条件——基础设施的制约。到乐安县没有高速,交通不便利。第二个因素就是,乐安县经济非常贫困,现在有一部分干部工资发不出去;景点建设资金缺乏,光有古村,没有其他配套的设施,留不住游客。第三个是,我们自己本村老百姓的素质和修养必须提高,要以我是流坑人为荣,每个人都应有主人翁精神。自己的声誉提高了,流坑就能成为一个温馨的地方。

关于旅游开发,应采取哪种方式呢? 无非两种:一种是以政府为主体,结合老百姓一起搞。这种方式政府投入非常大,没有几个亿的资金投入是不可能的,我们已经组建了文化旅游投资公司(政府投资)。另一种就是招引外商。上海有个中金外商,他们是带资金投资,老百姓则以资产入股。公司不可能和每家每户发生关系,所以应成立协会,由村委员会和管理局组织,由其出面与公司进行交涉。对景区居民的文化素质要有一定的要求,百姓要支持公司的工作。

所以,政府应先做工作。政府应对正在开发的旅游景点从资金上给予支持,建议省政府可从信用社调拨资金,如果能纳入重点景区开发则应给予一定的政策扶持。省旅游局要有负责开发、规划的团队,对纳入重点规划的各个景点,进行实地调研,对那些可纳入正规扶持渠道的项目进行支持。

建设厅和文化厅对江西省的各大历史文化名村的保护提到了用地问题。历史古建筑不但没有得到很好的保护,违章建筑反而增加了很多,责任不能全在老百姓身上,政府也应检讨一下自身工作是否存在问题。老百姓不可能不盖房子,政府只是阻,不是疏,这就存在问题了。2012 年县委县政府对此给予重视,要求古村里不能留人太多,也不能没有人。针对没有用地指标问题,昨天省政府开了协调会,在工业园区、城市建设、古村保护方面,给予用地倾斜。

江西省文化历史名村保护工作繁重,省政府应给予国家保护单位一定的支持。对国家级文保单位省政府如何给予支持,如何建设新农村? 如何首先将流坑村纳入扶持计划? 我想新农村资金可利用起来。公共厕所、自来水设施都缺乏,这些基础设施可从这方面获得资金支持。

另外,一个政府有七所八站,老百姓如何应对得过来? 沿海很多乡镇都搞了综合办,省政府应负责各种验收,一个政府应搞一个行政中心,协调各项工作。

五、井冈山市菖蒲村旅游扶贫调研报告

调研人员:黄红珍、黄川

调研时间:2012 年 11 月 3 日

调研地点:井冈山市菖蒲古村

(一)发展历程

菖蒲古村位于井冈山市厦坪镇东南面,毗邻泰井高速公路与井冈红旗标志性建筑,是进入全国著名红色旅游景区井冈山的"必经之村"。菖蒲古村始建于明朝末期,村内主要以王姓、尹姓、吴姓为主。全村面积 1 平方千米,下辖山田垅和南城陂两个村小组,现有 112 户农户、460 名村民。村内民风淳朴,和谐氛围甚浓,书画之风盛行。地方居民以庐陵风格马头墙建筑为主,青砖黛瓦,造型简洁大方,风格统一。经过 6 年的旅游开展,菖蒲古村已成为全国巾帼示范村、全国民主法治示范村、江西省优美村庄、江西省文明村镇、江西省"一村一品"示范基地、江西省乡村旅游示范点,备受全国各地游客青睐。

2005 年井泰高速通车之前,游客进入井冈山主要是走 319 国道。菖蒲古村虽位于井冈山脚下,但远离景区交通干线,古村藏在深闺之中,鲜为人知。村中只有少量妇女到井冈山旅游接待中心茨坪镇从事酒店服务员工作,其余的劳动力则与井冈山旅游没什么关联,井冈山旅游开发没有给他们带来多大经济收益。全村村民主要从事农业、手工业,经济收入不高,尚未脱贫致富。

2005 年 4 月,泰井高速正式通车,成为游客进入井冈山的主干线。菖蒲古村正好位于泰井高速井冈山景区出口处,交通便利,区位优势明显。2006年,菖蒲古村被列入新农村建设点,政府投资的新农村建设使得菖蒲古村村容村貌大为改观,基础设施明显完善。2007 年,村民吴建中开办了第一家"农家乐餐馆",在吴建中的带动下,有志创业的村民开始开办农家乐餐馆,古村餐饮服务体系逐步形成。2009 年 1 月 25 日,农历大年三十,时任中共中央总书记胡锦涛同志来到古村与村民共度春节,古村知名度大大提升。2012 年 2 月25 日,中央政治局常委李长春视察菖蒲村。到目前为止,古村共开设旅游餐馆 17 家,农家旅馆 4 家,年收入 600 万元;开辟 1200 亩葡萄基地、100 亩有机农业观光园,年销售收入 600 万。到 2012 年 11 月,全村参与旅游服务业的农户达 90 余户,占总户数的 80%,实现人均增收 966 元,人均收入 6800元,旅游收入占农民人均总收入的 72%。旅游业成为农民脱贫致富的主导产业。

(二)主要做法

1.找准定位,挖掘潜力兴旅游

井泰高速的建成通车和新农村建设的政策扶持使得菖蒲古村落后的面貌得到了改善。不过,传统的农业耕种和外出手工业务工依然是村民的主要收入来源。虽然温饱问题已经解决,但古村经济仍发展缓慢,2007 年村民人均收入不足 2800 元。要使古村"生产发展"、村民"生活宽裕",就必须改变传统的经济模式,发展主导产业。如何培育适合古村的主导产业是摆在村民和当地乡镇领导面前的一大难题。当时在菖蒲古村挂点的井冈山市委书记王晓峰(现任江西省旅游局局长)一眼就看中了这里独特的区位和古村良好的资源禀赋,认为其具备发展旅游的优势和潜力。经深思熟虑,王晓峰书记决定引导村民依托井冈山客源市场发展农家乐,以旅游带动经济发展。但村民当时却没有发展旅游的意识,没有人敢第一个尝试。经过多方走访,王书记找到一位比较开明的村民吴建中,鼓励他用自家的房子开办农家乐餐馆。吴建中一直在镇里从事建筑行业,家境比较宽裕,一开始对开餐馆也持怀疑态度,徘徊不定。经王书记多次上门劝导,分析投资前景,吴建中终于投资 4000 多元兴办了第一家农家乐餐馆,当年毛收入就有 10 多万,生意越做越火。在吴建中的带动下,村民纷纷效仿,古村农家乐如雨后春笋般涌现,形成了一定的规模。随着游客纷至沓来,菖蒲古村农家旅馆、休闲农庄、旅游商店、农业观光园等迅速发展,村里也开发了多个旅游景点,古村旅游渐成气候。

2.抢抓机遇,大力宣传拓市场

2009 年 1 月 25 日,农历大年三十,时任中共中央总书记的胡锦涛同志来到古村与村民共迎春节,参观了菖蒲古村,并饶有兴致地在古村磨豆腐、炒板栗,使古村人们备受鼓舞,同时也给古村带来了千载难逢的发展机遇。借此机会,井冈山市委、市政府抓住千载难逢的机遇,加大宣传力度,充分利用电视、广播、报纸、电信等媒体强势宣传,推介菖蒲古村农家乐,扩大和提高农家乐的知名度。同时,村委会将胡总书记磨豆腐、炒板栗、讲话点打造成旅游景点,依托胡总书记亲临视察政治优势发展"红色旅游",承接来山接受政治历史教育游客,菖蒲古村成为井冈山红色旅游的一个新景点。2012 年 2 月 25 日,中央政治局常委李长春视察菖蒲村,古村又一次受到关注。政府不失时机的强力宣传使得菖蒲古村名声大噪,大量游客慕名而来,古村的农家乐旅游产业得到迅速发展。

3.政策扶持，齐心协力促发展

菖蒲古村从一个名不见经传的贫困小山村一跃成为省内外著名的乡村旅游点，与政策的扶持密不可分。2006 年，菖蒲古村被列入江西省"省级新农村建设示范点"和"吉安市新农村建设综合示范点"，由井冈山市委、吉安市交通局、组织部、人防办四家单位挂点帮扶。自 2006 年至今，各级政府投入资金达800 万元。新农村建设以改造和完善基础设施、改变村容村貌为突破口，重点实施了"三清六改"和"五通一气四普及"基础设施建设工程，对富有特色的民居进行修葺和保护，使青砖黛瓦马头墙的建筑和青山绿水相得益彰，同时进一步对村庄进行了美化、绿化、亮化，建立健全了环境卫生管理长效机制。在新村建设过程中，共拆除不规范建筑 3300 余平方米，新建牛栏、猪圈、厕所 2040余平方米，新修水泥路 1550 米，新铺设鹅卵石游步道 5100 余平方米，新建沼气池 76 座，新种植各类树木 2500 余棵。古村秀美的新貌为发展乡村旅游奠定了坚实的基础。为提升旅游服务质量，帮扶单位会同井冈山市政府、旅游部门和古村所在的镇村举办了多次以农家乐系列标准、种养殖技术、科技培训、烹饪和行业管理等为主要内容的培训班，提升了从业人员素质。

4.产业联动，全面融合增效益

围绕做大做强旅游龙头产业的目标，菖蒲古村逐步推进产业转型，着力打造与旅游融合发展的特色生态产业。一方面，突出餐饮的乡土风味，引导村民发展生态种养业，重点培育红米、蔬菜种植及土鸡、大白鹅、清水鱼等特色养殖，做到全村农家餐饮时蔬、鱼肉等均取材于本村及周边村庄，村庄的菜农每户年均收入也达到 2 万元，有效带动了村民创收。另一方面，围绕旅游发展休闲农业，建设葡萄、杨梅、桃李等果园。2007 年，福建返乡创业青年张颖所开办了综合型的生态农业科技示范园——金葡萄庄园。在井冈山市委组织部的帮扶下，庄园与浙江省农业科学院联手合作，依托该院科技成果具体转化、运用、示范，辐射当地农户利用科技成果转化提高生产力。庄园为结合菖蒲古村景点旅游资源优势，打造生态旅游和生态农业新农村经济模式示范，丰富种植园区的示范成果，因地制宜实施多样化种植模式，做到了生态农业园区内四季如春，融有花有果、休闲小憩、趣味体验于一体的立体旅游效果。现在庄园扩大到 1200 亩，年销售收入 600 万元，解决本村及附近村民就业人数 130 余人，带动农户人均增收 1 万元，引导 350 万元社会资金注入。此外，古村旅游商品销售业也逐步发展,旅游特产超市也开进了古村。菖蒲古村已发展成一个集餐饮、观光、休闲、娱乐、农事体验为一体的乡村旅游点,农民收入快速增长。

(三)存在的问题及开发建议

菖蒲古村旅游发展虽然取得了较大的成绩,是旅游带动老百姓脱贫致富的成功案例,但也存在一些差距和不足。一是古村旅游开发目前尚处于发展阶段,虽然政府着力引导,但在旅游开发中仍存在自发性、盲目性的状况,景区开发建设还需进一步统筹规划。二是古村农家乐餐饮虽初具规模,但餐饮水平参差不齐,服务人员专业素质不高;小贩到处兜售纪念品,缺乏统一管理,存在"宰客"现象,整体服务质量有待提升。三是古村旅游产品比较单一,除农家餐饮、葡萄园和总书记视察点吸引力较高外,其他看点和卖点还不够丰富,乡村风情上也未能做足文章。四是村集体的收益项目少。由于旅游开发主要是个体投资收益,经济实力强的家庭投入早、收益大,家底薄的贫困人口没有钱投资旅游项目,加上集体共同收益的旅游项目较少,故而贫困人口收益较小。

菖蒲古村旅游要实现可持续、跨越式发展,应以旅游富民为目标,重点做好以下三个方面工作。一是在政府指导下统一规划,有效整合旅游资源。菖蒲古村应及时做好市场调研,充分考虑客源市场、发展潜力、环境的承载力等因素,科学规划,因地制宜,合理布局,以保证菖蒲古村旅游的持续发展。二是加强流动商贩的管理,加大对古村旅游管理人员和从业人员的业务培训,着力培养高素质的乡村旅游人才队伍。三是深入挖掘文化内涵,结合旅游新业态,深度开发具有古村特色的旅游产品,打造复合型旅游名村。四是加大宣传。借助网络媒体进行营销,并开发网上预订等相关服务功能,使广大游客都能够通过网络了解菖蒲古村。五是出台有利于本村贫困人口参与的政策措施,让更多的贫困人口通过旅游脱贫致富。

(四)访谈记录

调研组:您这餐馆是什么时候开业的?

吴建中:2007 年,也就是刚搞新农村建设的那一年。

调研组:您当时投入了多少钱?

吴建中:4000 多元,现在已经投入 10 多万了,房子装修了,座椅也全部更换了,餐馆面积也扩大了,现在一餐能接待 20 桌。

调研组:村里像您这样的餐馆有多少家?

吴建中:20 多家,17 家搞餐饮,还有 4 家旅馆,能住上百人。

调研组:您这个餐馆有多少人从业? 都是本地人吗?

吴建中:有 10 多人,6 个自家人(我大儿子儿媳、女儿女婿、我和老伴),还有洗碗端菜的服务员,都是自家亲戚。忙的时候还会请一些临工,本村和邻村的亲戚,60 元每天。

调研组:餐馆一年收入多少? 需要缴纳哪些费用?

吴建中:40 多万,实际上就是开发票千分之五的税金,每年缴纳卫生检疫费 1000 元,工商年检 100 多元。

调研组:听说您是这个村第一个开旅游餐馆的,也是现在村里做得最好的,当时您怎么有这个眼光啊?

吴建中:新的上山公路修通后,我们这个村正好搞新农村建设,当时是市委书记王晓峰(现任江西省旅游局局长)在这里挂点。说实在的,当时我也不敢搞,是王书记多次上门进行劝导,我才花 4000 多元兴办了第一家农家乐餐馆,没想到当年毛收入就有 10 多万。后来有胆识的村民就跟着做起来了,现在都做得蛮好的。隔壁樟树坪就是村支书家属承包的,他现在每天都要接待好多旅游团队。

调研组:你们现在希望政府能帮你们做些什么?

吴建中:宣传,每天来井冈山的游客这么多,感觉还是有好多人不留意我们这个村,而且路边又不能打大广告牌,交通部门有规定,我们单个经营户又搞不成,要是政府能多帮我们或组织我们宣传就好了。

调研组(在村后的菜地里):您好,大妈,您家菜地的菜长得真好啊,这一大块地都是您的?

村民王大妈:是啊。

调研组:这么多菜这么吃的完呢?

村民王大妈:可以卖啊,就卖给他们(手指村里的餐馆)。

调研组:一年可以卖多少钱啊?

村民王大妈:一两万吧,反正就我和老伴边带孙子边种,孩子都不在家。

调研组:这个村农家乐从什么时候开办的?

王国荣:2006 年启动新农村建设,2007 年新农村建成就开始搞农家乐。

现在村里都有 20 多家了,生意都不错。

调研组:政府对你们这个村有什么支持?

王国荣:我们这个村是吉安市人防办、交通局、组织部挂点帮扶单位,也是井冈山市委主要领导亲自挂点单位,国家支持了七八百万,主要是村容村貌改造,修路绿化、通水改厕等,也扶持了一些旅游项目,如金葡萄庄园,尹氏宗祠,古村巷道,大樟树,菖蒲村展览室,游客服务中心,胡总书记磨豆腐、炒板栗、讲话点,河道漂流等。

调研组:村里除了餐饮住宿等服务,还有其他与旅游直接相关的项目吗?老百姓受益怎么样?

王国荣:2008 年元月引进了葡萄园,200 亩,做得很好。葡萄熟了大部分都是游客采摘,不愁卖,茨坪天街也有个这里的葡萄直销摊点。现在庄园扩大到 1200 亩,年销售收入 600 万元,解决本村及附近村民就业人数 130 余人,带动农户人均增收 1 万元,引导 350 万元社会资金注入。卖东西的也很赚钱,村头红旗(雕塑)有个大的特产超市,还有很多村民就游走在各农家乐周边,别看是卖些小东西,一年下来收入也有三四万。村头那个最大的饭店菖蒲大食堂就是村集体的,由井冈山旅游总公司出 20 万装修,总公司有 51%的股权,现在承包给了私人经营,每年八万六千租金,村民可以分租金的红利。

调研组:现在古村旅游发展主要存在什么问题?

王国荣:感觉好玩的地方还是少了点,规模还不够大,还有好多东西没有利用起来,还有就是服务不是很规范。

参考文献

一、中文文献

[1] 黄细嘉等:《红色旅游与老区发展研究》,中国财经出版社 2010 版。

[2] 蔡雄等:《旅游扶贫》,中国旅游出版社 1999 年版。

[3] 魏小安:《天下旅游看四川》,成都时代出版社 2008 年版。

[4] 姜爱华:《政府开发式扶贫资金绩效研究》,中国财政经济出版社 2008 年版。

[5] 郑志龙、丁辉侠、韩恒等:《政府扶贫开发绩效评估研究》,中国社会科学出版社 2012 年版。

[6] 王华:《广西旅游扶贫试验区建设的相关问题思考》,《东南亚纵横》2004 年第 7 期。

[7] 白凤峥、李江生:《旅游扶贫试验区管理模式研究》,《经济问题》2002 年第 9 期。

[8] 阮剑兰:《桂林国家旅游综合改革试验区建设思考》,《中共桂林市委党校学报》2010 年第 4 期。

[9] 卢丽刚:《赣南红色旅游资源特征分析及开发策略》,《江西科技师范学院学报》2008 年第 5 期。

[10] 黄三生、卢丽刚:《赣南红色旅游发展的战略思考》,《华东交通大学学报》2008 年第 5 期。

[11] 谢庐明、陈建平:《赣南红色文化资源分析评价与开发研究》,《党史文苑》2007 年第 20 期。

[12] 李松志、熊云明、何广、贾超:《基于系统论的江西红色旅游扶贫运行机制探析》,《经济研究导刊》2009 年第 25 期。

[13] 冉红、周之良、贾超:《江西红色旅游扶贫的运行机制与实现途径》,《经济研究导刊》2009 年第 25 期。

[14] 丁焕峰:《国内旅游扶贫研究述评》,《旅游学刊》2004 年第 3 期。

[15]汪俊辉:《乡村旅游与扶贫开发——以中国最美乡村江西婺源为例》,《老区建设》2009年第21期。

[16]周歆红:《关注旅游扶贫的核心问题》,《旅游学刊》2002年第1期。

[17]冯学钢:《皖西地区旅游开发扶贫探讨》,《经济地理》1999年第2期。

[18]谷丽萍、方天堃:《旅游扶贫开发新论》,《云南财贸学院学报(社科版)》2006年第3期。

[19]冯万荣:《贫困地区的"旅游扶贫"之路该怎么走》,《太原大学学报》2007年第3期。

[20]肖星:《中西部贫困地区旅游扶贫开发探索》,《开发研究》1999年第2期。

[21]郭清霞:《旅游扶贫开发中存在的问题及对策》,《经济地理》2003年第4期。

[22]王国涛、张保军:《关于河南省旅游扶贫开发战略的理论分析》,《河南农业》2008年第9期。

[23]赵霞:《贫困地区旅游开发扶贫战略探讨——以青海省为例》,《开发研究》2006年第3期。

[24]职晓晓:《基于旅游扶贫模式的陕西省古镇旅游开发研究》,《小城镇建设》2009年第12期。

[25]高凌江、夏杰长:《中国旅游产业融合的动力机制、路径及政策选择》,《首都经济贸易大学学报》2012年第2期。

[26]陈琳:《从产业融合的角度探讨农业旅游的发展》,《黑河学刊》2006年第2期。

[27]刘绍吉:《滇东少数民族贫困地区旅游扶贫问题研究——以云南省师宗县五龙壮族乡为例》,《经济师》2008年第11期。

[28]张祖群:《扶贫旅游的机理及其研究趋向——兼论对环京津贫困带启示》,《思想战线》2012年第2期。

[29]胡志毅:《社区参与和旅游业可持续发展》,《人文地理》2002年第2期。

[30]高舜礼:《对旅游扶贫的初步探讨》,《中国行政管理》1997年第7期。

[31]唐治元:《红色旅游扶贫实现的途径》,《老区建设》2006年第3期。

[32]李培军:《贫困地区旅游扶贫研究与分析》,《社科纵横》2008年第5期。

[33]袁翔珠:《论西部大开发中的旅游扶贫战略》,《乡镇经济》2002年第7期。

[34]毛勇:《农村旅游扶贫的适应性条件及应注意的问题》,《农村经济》2002年第10期。

[35]王国涛、张保军:《关于河南省旅游扶贫开发战略的理论分析》,《河南农业》2008年第9期。

[36]刘向明、杨智敏:《对我国"旅游扶贫"的几点思考》,《经济地理》2002年第2期。

[37]王明霞、李旭超:《河北省青龙满族自治县旅游扶贫调查与研究》,《满族研究》2007年第4期。

[38]廖兆光:《PPT战略及其在旅游扶贫开发中的实践》,《郧阳师范高等专科学校学报》2007年第4期。

[39]王丽:《基于系统论的旅游扶贫动力机制分析》,《商业经济》2008年第7期。

[40]黎克双:《湘西自治州旅游扶贫开发探讨》,《吉首大学学报(社科版)》2008年第6期。

[41]李永文、陈玉英:《旅游扶贫及其对策研究》,《北京第二外国语学院学报》2002年第4期。

[42]孟宪文、秦作栋、薛占金:《山西省旅游扶贫开发研究》,《忻州师范学院学报》2008年第2期。

[43]李培军:《贫困地区旅游扶贫研究与分析》,《社科纵横》2008年第5期。

[44]向延平、彭晓燕:《旅游扶贫开发的思考与建议》,《宏观经济管理》2012年第4期。

[45]陈友莲:《"旅游飞地"对旅游扶贫绩效的影响及其防范》,《三农探索》2011年第12期。

[46]丁焕峰:《国内旅游扶贫研究述评》,《旅游学刊》2004年第3期。

[47]张伟、张建春、魏鸿雁:《基于贫困人口发展的旅游扶贫效应评估——以安徽省铜锣寨风景区为例》,《旅游学刊》2005年第5期。

[48]唐建兵:《旅游扶贫效应研究》,《成都大学学报(社科版)》2007年第2期。

[49]王伟:《农业旅游的扶贫效应研究》,《消费导刊》2009年第4期。

[50]隆学文、马礼:《坝上旅游扶贫效应分析与对策研究——以丰宁县大滩为例》,《首都师范大学学报》2004年第1期。

[51]杨红英:《少数民族贫困地区旅游扶贫的思考》,《经济问题探索》1998年第4期。

[52]朱国兴、翟金芝:《旅游业辐射效应及其机理研究》,《合肥工业大学学报(社科版)》2012年第3期。

[53]白义霞:《区域经济非均衡发展理论的演变与创新研究——从增长极理论到产业集群》,《经济问题探索》2008年第4期。

[54]吴林海、顾焕章、张景顺:《增长极理论简析》,《江海学刊》2000年第2期。

[55]王伟:《农业旅游的扶贫效应研究》,《消费导刊》2009年第4期。

[56]于正东、易必武:《湖南西部民族地区旅游支柱产业的发展途径》2003年第4期。

[57]荆艳峰:《以旅游业为先导产业的经济结构调整模式探讨》,《社会科学家》2011年第7期。

[58]肖星:《中西部贫困地区旅游扶贫开发探索》,《开发研究》1999年第2期。

[59]赵曙明:《人力资源管理理论研究现状分析》,《外国经济与管理》2005年第1期。

[60]田润乾、甘露:《基于系统论的旅游扶贫战略分析——以平顶山新城区为例》,《中国商界》2009年第10期。

［61］刘筏筏：《旅游扶贫的经济风险及应对策略探析》，《商业经济》2006 年第 12 期。

［62］张小利：《西部旅游扶贫中的乘数效应分析》，《商业时代》2007 年第 7 期。

［63］李佳、钟林生、成升魁：《中国旅游扶贫研究进展》，《中国人口·资源与环境》2009 年第 3 期。

［64］向延平：《基于 WTP 法的旅游扶贫社会绩效评价研究——以德夯苗寨为例》，《郑州航空工业管理学院学报》2011 年第 1 期。

［65］李国平：《基于政策实践的广东立体化旅游扶贫模式探析》，《旅游学刊》2004 年第 5 期。

［66］田润乾、甘露：《基于系统论的旅游扶贫战略分析——以平顶山新城区为例》，《中国商界》2009 年第 10 期。

［67］伍延基：《论国内旅游扶贫开发中的几个战略问题》，《漳州师范学院学报（哲学社会科学版）》2004 年第 2 期。

［68］韦力、赵涛、张中强：《对旅游扶贫工作的几点建议》，《商场现代化》2005 年第 12 期。

［69］王颖：《中国农村贫困地区旅游扶贫 PPT（Pro-Poor Tourism）战略研究》，上海社会科学院博士学位论文，2006 年。

［70］王铁：《基于 Pro-Poor Tourism（PPT）的小尺度旅游扶贫模式研究》，兰州大学博士学位论文，2008 年。

［71］刘卉：《车溪景区旅游扶贫效益的空间差异研究》，华中师范大学硕士学位论文，2011 年。

［72］李佳：《三江源地区扶贫旅游发展模式与机制研究》，中国科学院研究生院博士学位论文，2009 年。

［7］裴闯、石新荣：《乡村旅游：中国反贫困战略的新实践》，《人民日报（海外版）》2004 年 10 月 27 日。

［74］蔡华锋、周人果：《旅游扶贫：开创全国扶贫新模式》，2012 年 8 月 30 日，见 http://news.southcn.com/g/2012-06/30/content_49623757.html。

二、英文文献

［75］Deloitte,Touche.IIED and ODI,"Sustainable Tourism and Poverty Elimination Study: A report for the Department of International Development",1999.

［76］Lisa M.Campbell,"Ecotourism in Rural Developing Communities",*Annals of Tourism Research*,1999,26(3):534-553.

［77］Bramwell B.,Sharman A.,"Collaboration in Local Tourism Policy Making",*Annals of Tourism Research*,1999,26(2):392-415.

[78] Matthew J.Walpole, Harold J.Goodwin, "Local Economic Impacts of Dragon Tourism in Indonesia", *Annals of Tourism Research*, 2000, 27(3): 559-576.

[79] Ross E.Mitchell, Donald G.Reid, "Community Integration Island Tourism in Peru", *Annals of Tourism Research*, 2001, 28(1): 113-139.

[80] Sanjay K.Nepal, "Tourism in Protected Areas: Nepalese Himalaya", *Annals of Tourism Research*, 2000, 27(3): 661-681.

[81] Vanessa Slinger, "Ecotourism in the Last Indigenous Caribbean Community", *Annals of Tourism Research*, 2000, (2): 520-523.

[82] VS Avila Foucat, "Community-based Ecotourism Management Moving towards Sustainability in Ventanilla, Oaxaca, Mexico", *Ocean & Coastal Management*, 2002, (45): 511-529.

[83] Clive Poultney, Anna Spenceley, "Practical Strategies for Pro-Poor Tourism: Wilderness Safaris South Africa: Rocktail Bay and Ndumu Lodge", *PPTWorking Paper*, No. 1, 2001.

[84] Taylor J.E., "Tourism to the Cook Islands Retrospective Prospective", *Cornell Hotel and Restaurant Administration Quarterly*, 2001(2): 70-81.

[85] Wall, G., "Perspectives on Tourism in Selected Balinese Villages", *Annals of Tourism Research*, 1996, 23(1): 123-137.

[86] Gurung H., "Environmental Management of Mountain Tourism in Nepal", Report on Study Conducted for Economic Social Commission for the Asia and the Pacific(ESCAP), Bangkok, New York: United Nations(ST/ESCAP/959), 1991.

[87] Nicholson T., "Culture, Tourism and Local Strategies Towards Development: Case Studies in the Philippines and Vietnam", Research Report (R6578) submitted to ESCOR, London: DIFD, 1997.

后　记

　　2012 年暑期的 7 月 13 日，我正在澳大利亚巴拉瑞特大学短期进修学习的时候，获知上半年由我领衔申报的 2012 年度江西省经济社会发展重大招标研究项目"我省开展旅游扶贫的战略思想与实现途径研究"，经过专家评审获得立项资助，已在《江西日报》上公示，激动之余，也深感压力很大。

　　为了做好这个课题，在开题会上，我对研究任务作了自己的解读：对于研究人员来讲，要找出问题，以便对症下药；对于课题成果来讲，要提出解决问题的方案以服务于扶贫决策；对于贫困人口来说，要为他们指出出路，帮助他们实现脱贫。为此，我带领团队进行了认真的准备和系统的研究工作。

　　首先，对课题研究方案进行了优化和调整。一是研究思路的调整。原先拟以赣南旅游扶贫实践工作为例作实证研究，后来考虑到赣南地区虽有断断续续的旅游扶贫工作在开展，但这些工作还不系统、不成熟，实践还不够，没有作实证研究的前提条件。实证研究是在提出一个理论、构建一个模型后，再通过实践的检验和数据分析，以验证该理论、该模型的正确性和科学性。如果以赣南地区为例，即使我们提出一种理论并建立了模型，也要等实施后才能作实证检验工作，所以提出实证研究的思路是不现实的。再说，我们的研究主要是对策性研究，不宜把重点放在理论的构建上。所以，必须作研究思路的调整，以符合实际需要。我们根据研究的理论和模式，提出一个赣南旅游扶贫试验区的构想，这是研究思路的重大调整。二是研究内容的调整。最初设计的八章内容是：第一章，绪论；第二章，我省对贫困地区扶贫开发的投入机制和作用机理；第三章，我省旅游扶贫开发的战略思想、战略选择、重点领域和战略目标；第四章，我省旅游扶贫开发模式创新；第五章，我省旅游扶贫实施途径；第六章，我省旅游扶贫政策支持与多维保障体系；第七章，赣南地区多维扶贫耦合机制及其调控方式的实证研究;第八章,结论与建议。招标课题时评审专家提出了三点意见:第一,要有前瞻性,研究将来会出现什么问题、困难及如何去应对。第二,要有实践性,用理论方法指导实践,对策和建议要具有可操作性。第三,要有针对性。在江西的旅游发展当中,如何通过旅游业来帮助相当一部分贫困地区的群众脱贫,这是大家要关注的重点问题,研究要围绕解决这个问题来进行——经课题组讨论,为更符合实践性、对策性研究要求,我们将研究内容调整和优化为:(1)现状和问题,(2)实践与经验,(3)对象与重点,(4)战略与任务,(5)途径与措施,(6)政策与保障,(7)实验与示范。三是研究人员的调整。将原先由 13 人组成的课题组增加至 15 人。由于有 3 名原课题组人员因种种原因不能参与研究,所以一共新增了 5 名研究人员。新增的人员当中,(1)增加了实践部门的研究人员,由原先的 2 人增加为 3 人。(2)增加了校外研究人员,以优化学缘结构。这方面由原先的 3 人增加为 7 人,真正实现了在全省范围内调集精兵强将以更好地完成任务的承诺。(3)增加了年轻有为的博士学位人员,由原先的 8 位增加到现在的 10 位,大大提高了团队的研究能力和水平。调整后的课题组成员是:负责人南昌大学黄细嘉教授;顾问江西省扶贫和移民办公室副主任张志豪,江西省旅游局副巡视员曾宜富;成员有南昌大学陈志军讲师,江西财经大学李向明副教授,南昌大学黄志繁教授,九江学院李松志教授,宜春学院龚鹏教授,东华理工大学何小芊讲师,南昌大学陈友华副教授,江西省旅游研究院黄红珍规划师,南昌大学杨福林副教授、龚志强副教授和许庆勇讲师。四是研究计划的调整。放弃了一些与本书内容重复的子报告或专题研究报告,以集中力量做好本书和主报告。

其次,进行了全方位的课题讨论。一是会议讨论。开题后,课题组共召开了三次集体讨论会,第一次是在 2012 年 8 月 10 日召开的提纲讨论和分工讨论会;第二次是提纲确定后于 8 月 20 日召开的问题讨论和重点讨论会;第三次是 8 月 25 日在省扶贫开发办公室召开的全体成员辅导式讨论会,请张志豪副主任专门作了辅导报告。其他由主要研究人员参加的碰头会多次,均有针对性地解决了写作过程中的一些问题。二是成员间讨论。互有联系的章节的承担人在我的邀约下,分别进行了个别讨论,如我省旅游扶贫开发模式选择与国内外扶贫开发模式借鉴由两个不同的作者写,为了在借鉴与选择方面找到适宜点,就需要多次对接和讨论。三是师生间讨论。进入新学期后,我动员老师在讲课过程中或讲课的间隙与学生讨论,这引起学生极大的兴趣,他们纷纷献计献策,对研究提供了许多帮助。四是走访式讨论。通过到一些县市从事旅游规划与策划工作,我们走访了很多地市旅游局局长,与他们讨论旅游扶贫开发的问题,很有收获。五是机遇性讨论。通过出国学习和给来南昌大学学习的外国学生上课,抓住机遇与他们讨论旅游扶贫问题。我在澳大利亚巴拉瑞特大学学习的时候,正好有一位教旅游管理的教授,我在课堂上提问,请他详细介绍了澳大利亚对土著人部落的旅游扶贫开发,并与老师进行了讨论;2012年10月,我给来访的澳大利亚学生讲授中国文化与旅游的系列课程时,也与他们简单探讨了澳大利亚对土著人的旅游扶贫工作。

再次,开展了深入细致的课题调研。一是到省旅游局调研。我们专门采访了副巡视员曾宜富先生,并与他进行了深入的研讨,同时还请规划财务处的杨鹏飞帮助查找资料,请江西旅游规划研究院的黄红珍参加到课题组,参与研究工作。二是到省扶贫和移民办公室调研。访问了张志豪副主任,并请他专门做了扶贫开发的辅导报告;同时就江西省旅游扶贫开发的情况作了采访式调研,采访了李林生处长和龚志平主任,就需要的资料向他们提供了清单,他们均一一予以落实,才使得我们的研究得以顺利开展。三是随机调研。课题组在获批该项目之前和之后,先后应邀到赣南的上犹县进行旅游开发规划,就其建立红色旅游景区温泉扶贫开发模式进行了探讨,并开始了平富温泉扶贫开发区建设的探讨,形成建议性报告,提交上犹县政府决策参考,该项目正在启动政府与公司的合作,有望付诸实施。另外,在这之前,课题组部分成员多次到宁都县小布镇考察红色旅游资源,就小布镇红色旅游资源的扶贫开发与县委孙晖常委进行了系统研究。这些工作均是本课题研究难得的基础性工作。四是到省旅游局的扶贫点调研(如早期的安义古村群、前几年的星子县和如今的鄱阳县等)。五是对特殊地区(如贵溪樟坪畲族乡)进行电话调研,对少数民族地区的旅游扶贫开发有了初步的认识。

通过近两个月的工作,本书课题组取得了初步的研究成果,并将初稿送省社科规划办提交专家审读。2012年10月15日,课题组成员参加了课题中期汇报会。出席会议的省委常委、宣传部部长姚亚平,省委宣传部常务副部长陈东有,省社联主席祝黄河等领导和中期论证专家对课题研究工作提出了很好的指导意见和具体的修改建议。这些意见和建议,在后期研究中均得到了贯彻和落实,促使我们的终期研究成果更能够符合要求和实际。

在后期研究中,我们重点做了以下几方面工作,使得研究成果不断得到充实和完善。

一是进行了重点地区的针对性调研。2012年11月间,黄红珍、黄川前往井冈山市菖蒲村，黄志繁、陈友华、董律前往瑞金市沙洲坝村，何小芊前往金溪县新月畲族村，陈志军、李向明前往婺源县李坑村和江湾村，黄志繁、陈友华前往乐安县流坑村，进行旅游扶贫开发工作的调研。在课题成果通过鉴定后，为了完善研究成果，遵照朱虹副省长"请作者认真总结鄱阳县旅游扶贫的经验，作为全省旅游扶贫的一个经典案例"的指示，2013 年 7 月 10～11 日，黄细嘉、刘九华、施艳艳、黄川等，前往鄱阳县进行深度调研。这些调研工作既是带着问题而来，更是发现问题而归，对于研究的进一步深入很有帮助。同时，进一步剖析相关案例，将主要关注点集中在赣南地区，以进一步完善赣南红色旅游扶贫开发试验区建设的构建，增强对策的指导性和操作性。二是开展重点和难点问题攻关，以集中精力解决江西旅游扶贫开发的战略重点领域和模式创新、实现途径、保障体系等重点难点问题，尤其是让所提对策具有现实的可操作性。三是以会议的形式进行讨论性改稿工作，边议边论边改，以增强各章节间内容的协调性、思想的统一性、对策的针对性。四是核心团队成员逐渐进入修改统稿程序，以保证按质按量完成课题研究报告。五是抽出精干力量，封闭式、隔离式集中完成总报告，提高总报告的完成质量和水平。六是在完成研究任务的基础上，撰写关于江西旅游扶贫的系列对策性研究文章，供省领导决策参考，真正发挥课题为江西经济社会发展服务的作用，让研究成果尽早进入实践应用工作中。

2012 年 12 月 27 日，带着最终的研究成果，我们参加了课题成果鉴定会。社会科学界联合会鉴定专家方志远先生对本课题成果的评价是："比较好地达到了课题设计的目标，在同类报告中，我觉得是十分突出的。具体表现在视野非常宽广，理论与实践相结合，提出了问题以及解决问题的办法，涉及我省旅游扶贫的具体方案，并且具有一定的可行性，特别是提出了从地区脱贫到人口脱贫的思路，具有很强的针对性和指导性。但也有一些问题，例如，谁来扶贫、怎么扶贫、扶什么以及该扶谁的问题，我认为还要说得更明白一些。特别是在扶贫过程中，自身造血功能不全，应该怎样改进，要回答这个问题。不过，学者的研究工作只能做到这个份上。至于其他的细节还可以继续完善……从结题报告本身来说，我觉得做得非常优秀，而且操作性很强。"

成果顺利通过鉴定，但我们的研究并没有就此停止。在江西省"两会"后，我们以课题成果的核心部分为基础，写成几篇对策性文章，分别登载在江西省社会科学界联合会编辑的《内部论坛》2013 年第 12、14、29 期上。文章发表后，得到了多位江西省领导的肯定性和鼓励性批示。5 月 24 日，朱虹副省长在黄细嘉、李向明、何小芊、陈志军撰写的《深入推进我省旅游扶贫开发的思路、模式与措施》一文上批示："我省是最早提出并实施旅游扶贫的省份,现在已取得了明显的成效。所提对策建议很好。请作者认真总结鄱阳县旅游扶贫的经验,作为全省旅游扶贫的一个经典案例。"7月1日,朱虹副省长在黄细嘉、陈志军撰写的《赣州市国家旅游扶贫试验区建设策略研究》一文上批示:"战略构想很好,关键是抓好落实。可选择一两个切入点,抓出成效。"黄细嘉、曹高明、姚婷、施艳艳、刘九华、黄川撰写的《让百姓生活与旅游一起成长——鄱阳县旅游发展与旅游扶贫开发调查》发表后,分别受到江西省委书记强卫同志、江西省副省长朱虹同志的批示:11月6日,朱虹同志阅读此文后批示:"晓峰、康华、之良同志:鄱阳县是我省最大的贫困县,又是全省旅游业增长最快的县。他们以旅游作为切入点帮助扶贫取得显著成效,经验值得总结。这篇文章开展了深入分析,给我们许多有益启示。"11月24日,强卫同志在百忙之中仔细阅读了此文,并批示:"请送朱虹、晓峰同志阅。"这些批示,说明了省领导对旅游扶贫工作的高度关注和重视,也是对我们研究成果的肯定,更是对我们工作的鼓励和激励。

课题成果通过鉴定后,我们又对成果进行了将近一年的深入和提升,解决了一些资料信息过时、表述不一等遗留问题,进一步完善了书稿,我在2014年元旦和春节期间,和陈志军对书稿进行了修改、统稿和定稿,并联系人民出版社商谈出版事宜。至2014年元宵节后,人民出版社将其列入出版计划,本书进入出版程序。

在此基础上,我们进一步整理完善研究成果,形成课题成果终稿,在将书稿送出版社前,我通过信函恳请朱虹副省长为本书作序。朱虹副省长爽快地同意了我的请求,并且对我的研究作了批示:"细嘉同志的研究卓有成效,同意所提建议。"再一次对我们的研究工作给予了肯定性鼓励。

本书是在2012年江西省经济社会发展重大招标研究项目结题成果的基础上完成的。感谢在批准立项、中期论证、终期鉴定过程中对本课题给予关心的领导和专家;感谢朱虹副省长拨冗赐序,并给予积极鼓励;感谢南昌大学旅游规划与研究中心,给予出版资助支持;感谢人民出版社将书稿列入出版计划并精心编辑装帧;更要感谢课题组所有成员,是他们不辞辛苦、不计报酬、不怕困难,和我一起努力提供有"干货"、接"地气"、入"法眼"的成果。

南昌大学黄细嘉　赘述于南昌前湖

2014 年 7 月 25 日